# 历史的疤痕

《伴随》编辑部/编著

/ LISHI DE BAHEN /

北方文艺出版社

图书在版编目（CIP）数据

历史的疤痕 /《伴随》编辑部编著 . –– 2 版 . –– 哈
尔滨：北方文艺出版社，2017.4（2021.3重印）

ISBN 978–7–5317–3821–3

Ⅰ . ①历⋯ Ⅱ . ①伴⋯ Ⅲ . ①中国历史 – 通俗读物
Ⅳ . ① K209

中国版本图书馆 CIP 数据核字 (2017) 第 040294 号

**历史的疤痕**

Lishi De Bahen

作 者 /《伴随》编辑部

出品人 / 宋玉成

责任编辑 / 李玉鹏 张 喆 　　　　　封面设计 / 鼎新 品牌设计 · 小成

出版发行 / 北方文艺出版社 　　　　　地 址 / 哈尔滨市南岗区宣庆小区1号楼

网 址 / www.bfwy.com

邮 编 / 150080 　　　　　　　　　　经 销 / 新华书店

印 刷 / 保定市铭泰达印刷有限公司

开 本 / 715×960　1/16 　　　字 数 / 225 千 　　　　　印 张 / 18.5

版 次 / 2017 年 4 月第 2 版 　　　印 次 / 2021 年 3 月第 2 次印刷

书 号 / ISBN 978–7–5317–3821–3 　　定 价 / 59.80 元

# CONTENTS

# 目录

# 第三编　叹一声情为何物——且看古人为爱痴狂

## 第四编 命不由己却由天——自然崇拜下的疯狂

# 第一编

## 黄沙下的悲鸣

—— 细数权力更迭下的人生起落

# 第一章　留发不留头，留头不留发

　　乾隆三十年（1765年），35岁的洪大容随朝鲜使节团出使清帝国，到达北京后，照例在正月初一盛装去朝拜皇帝。朝拜之后，走出午门，有很多好奇的人围上来。这时，"有两官人亦具披肩品帽戴数珠，观良久不去"，洪大容觉得很诧异，便上前询问："老爷熟看我们何意？"两人笑容可掬地回答："看贵国人物与衣冠。"洪大容追问道："我们衣冠比老爷如何？"两人都笑而不答。

　　据洪大容事后记载，这两个人是翰林检讨官，一个叫吴湘，一个叫彭冠。此二人围观的朝鲜衣物，其实就是被清朝灭掉的明朝衣冠。到北京的时候，这些朝鲜使节团成了清帝国首都的一道异样风景，不止这两个翰林检讨，另一个李姓太常寺少卿也曾经来问："贵处衣服是遵何代之制？"而另一个叫周应文的读书人更好奇地问："贵处衣冠可是箕子遗制否？"显然，清帝国的文化人对于这种本来属于汉族的衣冠已经不太熟悉了，对它们充满了好奇。

　　其实稍早的时候，经历过明清之际那一场天崩地裂的老人是记得这种旧朝衣冠的，这就是旧朝大明的衣冠。对于曾经沧海桑田的人来说，被迫改易服色，可能是一个痛苦的过程。那时还是顺治六年（1649年），也就是明朝刚刚灭亡五六年的时候，尽管南明朝廷还在南方挣扎，朝鲜还在东边坚持沿用崇祯年号，可汉人却已经不得不改易发服，以至若干年后朝鲜使者来朝，国人却已然忘却了自己民族的服装与发式，足见当年剃发令影响之深远。

## 底蕴深厚的三千烦恼丝

历史上最早关于头发的记载来自商汤。《书传》记载，汤伐桀之后，大旱七年，史卜曰："当以人为祷。"汤便把自己的头发、指甲作祭品，也算是为万人请命，于是天降甘霖，方数千里。在这里，汤其实用头发替代了自身。华夏民族在远古时期就认为，头发可以代表人的整体，汤以牺牲自我而求雨，体现了很高的境界。

商代男子发式以梳辫发为主。从形象资料来看，这个时期的男子辫发样式较多，有总发至顶，编成一个辫子，垂至脑后的；有左右两侧梳辫，辫梢卷曲，下垂至肩的；有将发编成辫子盘绕于顶的，等等。

提到商的发式，又不得不提笄。笄是我国在新石器时代就有的发饰，如骨笄、蚌笄、玉笄、铜笄等，用来固定发髻。周代男女都用笄，笄的用途除固定发髻外，也用来固定冠帽。古时的帽大可以盖住头部，但冠小只能盖住发髻，所以戴冠必须用双笄从左右两侧插进发髻加以固定。固定冠帽的笄称为"衡笄"，周代设"追师"一官进行管理。衡笄插进冠帽固定于发髻之后，还要从左右两笄端用丝带拉到颌下拴住。从周代起，女子年满十五岁便算成人，许嫁，谓之及笄。如果没有许嫁，到二十岁时也要举行笄礼，由一个妇人给及龄女子梳一个发髻，插上一支笄，礼后再取下。

随着中华文明的演进，头发被赋予了更多特殊的含义。《孝经》的一句话最为人所熟知："身体发肤，受之父母，不敢毁伤，孝之始也。"华夏儿女除了出生时剃一次胎毛外，在相当长的历史时期，几乎终生不再剪发。不剪发，但需勤洗发，而且"五日一沐"，故有周公"握发吐哺"的精彩篇章。周公摄政时，既日理万机，又礼贤下士，洗头居然要

"一沐三握发"，频频被来访的客人打断。

头发如此显眼，便成了古时人们互相辨认的重要标志。春秋时期，楚平王悬赏捉拿伍子胥，并画了人像，挂在各地城门口。伍子胥白天躲藏，夜晚赶路，来到吴楚两国交界的昭关。因为官吏盘查得紧，伍子胥一连几宿睡不着觉，愁白了头发，竟使守关役卒辨认不出，侥幸逃脱，典型的坏事变了好事。

头发的妙用在一代奸雄曹操那儿更是得到了充分发挥。曹操讨伐张绣，正值麦熟季节，乃颁布军令："大小将校凡过麦田，但有践踏者，并皆斩首。"岂料他自己的坐骑却踩坏一大片麦田。戏剧性的一幕上演了，曹操闹着自杀，被劝阻后，来了一个"割发权代首"。这在当时可不算"作秀"，而是相当严肃的自我惩罚。如上述所言，头发"受之父母"，"全而生之，当全而归之"，所以中国古代曾有"髡刑"，强行剃去人的头发，这是对人精神和人格的一种蹂躏。

头发不仅被政治家所用，也为读书人所用。汉朝儒学大师孙敬小时候读书非常用功，经常通宵熬夜，为防止瞌睡虫来袭，就干脆将头发用绳子系在屋梁上。这便是《汉书》所记"头悬梁"的故事。而读书人一旦注意上头发，便激发出无限诗情——面对安史之乱，忧国忧民的诗圣杜甫才四十多岁，就头发稀疏，甚至连簪子都插不上，"白头搔更短，浑欲不胜簪"就是他的写实。苏东坡虽然仕途不顺，日子却一直过得比较洒脱，但贬官黄州、游历赤壁之际，瞻思周公瑾当年雄姿英发、建功立业，也不禁感慨自己"早生华发"。同样抑郁的李白，更将头发的写意发挥到极致——"白发三千丈，缘愁似个长"，要知道太白笔下的庐山瀑布不过"三千尺"，长达三千丈的白发可谓"前无古人，后无来者"。

男人如此，女人则更甚。深宫妃子，青丝争宠有传统；为人母者，为儿卖发得孝心。在头发的传奇中，巾帼自古不让须眉。卫子夫就是凭一头秀发，像磁石般地吸引了汉武帝。《太平御览》有述：卫皇后"与武帝侍衣得幸。头解，上见其发鬓，悦之，因立为后"。又如中华第一美人杨贵妃，野史称，杨玉环出生时，居然没有一根头发，而且到了现在读小学的年纪，还有些光秃，后来饮水"独头泉"，才长出乌黑油亮的头发。对此大家不必太当真，但《资治通鉴》记载的事可千万得信。

有一回，杨贵妃与唐玄宗闹别扭，被赶回了娘家，最后还是唐玄宗心软了，将御馔分了一半送去，把玉环小姐感动得直哭。于是，杨贵妃当场剪下一缕头发，交给宦官说："妾罪当死，陛下幸不杀而归之。今当永离掖庭，金玉珍玩，皆陛下所赐，不足为献，惟发者父母所与，敢以荐诚。"唐玄宗一看见杨玉环的青丝，怨气顷刻烟消云散，连忙让高力士将之接回宫，从此"宠待益深"。

重视头发的女人，慈禧太后也算一个。这对太监们来说可是件苦差事，因为梳断了慈禧的头发，说不定就梳掉了自己的脑袋。功夫不负有心人，善于揣摩慈禧心理的李莲英倒有一套办法，他边给太后梳头，边讲笑话。慈禧的注意力被分散了，即使掉了几根头发，李莲英也能悄悄装入袖筒，弄得神鬼不知。就凭这手绝活，小李子脱颖而出，飞黄腾达了。

女性爱美乃是天性，因而随着文明的发展，历朝历代女性发式的变化也愈来愈多。秦代妇女的发型，根据《中华古今注》记载，"秦始皇下诏令皇后梳凌云髻，三妃梳望仙九鬟髻，九嫔梳参鸾髻"。其他古书中还记载有神仙髻、迎春髻、垂云髻等。到了汉朝，妇女的发型也以梳髻最为普遍。髻的式样很多，综合各古书的记载，当时有迎春髻、垂云髻、堕马髻、盘桓髻、百合髻、分髾髻、同心髻、三角髻、反绾髻等，名称相当多，其中受西域影响不少。直至东汉，妇女的发髻出现向上发展的趋势。例如，当时就有"城中好高髻，四方高一尺。城中好广眉，四方且半额"的歌谣。这种崇尚高髻的风气，一直延续到南北朝及唐朝。梳高髻必须拥有又多又长的浓密头发，若头发不够多，便必须使用假发。汉代的各种发髻式样中，最突出的要算是梁冀妻子孙寿所梳的"堕马髻"了。这是一种侧在一边、稍带倾斜的发髻，好像人刚从马上摔下来的姿态，所以取名为堕马髻。此发型一直流传下来，甚至到清代还有这种发髻，只是流传至不同的时代，式样会稍有不同。

根据古代史志、杂记的记载，魏时的发髻式样相当多，其中尤以"灵蛇髻"最为特别，因为这种发髻的变化很多，而且是可以随时随地地改变发式。西晋时的发式，除了汉代"堕马髻"的遗式外，还有梳髻后作同心带垂于两肩，再以珠翠装饰的"流苏髻"，以及梳髻后以缯（丝织物）在髻根处紧紧扎住再做环的"颉子髻"。

到了东晋，妇女头发的装饰似乎更朝向盛大方面发展。当时，妇女喜欢用假发来作装饰，而且这种假髻大多很高，有时无法竖立起来，便会向下靠在两鬓及眉旁，也就是古籍中所说的"缓鬓倾髻"，当时妇女便是以这种宽厚的鬓发和高大发髻的妆饰来代表盛妆。但这种假髻因为用发多而且很重，无法久戴，必须先放在木上或笼上支撑着。

南北朝时，妇女的发髻式样也大多向高大方面发展。此外，由于南北朝时信仰佛教的人很多，当时还流行把头发梳成各种螺型的发髻，称为"螺髻"。相比之下，唐朝妇女的发型和发式则显得非常的丰富，既有承袭前朝的，也有刻意创新的。在初唐时，妇女的发式变化还比较少，但是在外形上已经不如隋代那般平整，已有向上耸的趋势了，以后，发髻越来越高，发型也推陈出新。

唐初贵族妇女喜欢将头发向上梳成高耸的发髻，比较典型的发式是"半翻髻"，是将头发梳成刀形，直直的竖在头顶上。在当时流行的式样中，还有一种比较主要的发髻，髻式也是向上高举，叫作"回鹘髻"，这种发型在皇室及贵族间曾广为流行。到开元、天宝时期，发式特征是"密鬓拥面"，蓬松的大髻加步摇钗及满头插小梳子（当时于发髻上插小梳子有多到八把以上的）。一些贵族妇女并流行戴起假发义髻，使头发更显得蓬松，并且在发髻上插花装饰，宋初流行的花冠便是延续唐末、五代用花朵装饰头发的妆饰而来。唐人尤其重视牡丹花，将牡丹花插在头发上，显得妩媚与富丽。唐代妇女的发髻基本上崇尚高髻，而且注重华美的饰物，可谓琳琅满目，美不胜收。

宋时的妇女发式多承前代遗风，不过也有其独特的风格。大致可分为高髻和低髻两种，高髻多为贵妇所梳，一般平民妇女多梳低髻。"朝天髻"是当时典型的发髻之一，其实也是一种沿袭前代的高髻，需要假发的辅助，以达到朝高大发展的效果。

与宋同时的北方辽金地区，妇女的发髻式样变得非常简单，一般多梳为高髻、双髻或螺髻，也有少数为披发式样。在辽赵德钧墓壁画中可看到妇女"三尖巧额"的额发式样，这是当时北方地区流行的一种额饰。辽代妇女颇善于运用巾子来做发饰，在内蒙古哲里木盟奈林稿出土的辽侍女壁画中，就可看到梳各种发髻的侍女，以彩色丝带系扎发髻作为装饰。根据《大金国志》的记载，金代的妇女和男子一般都留辫发，只不过男子是辫发垂肩，女子则辫发盘髻，稍有不同。

不久及元，高髻又流行了起来，曾有诗句"云绾盘龙一把丝"，其中的"盘龙"就是一种高髻，也称为"云盘髻"。"椎髻"不但是平民妇女常梳的式样，就连贵族也常梳这种发髻。此外，双髻丫、双垂髻、双垂辫等多为少女或侍女所梳的发式。

明朝妇女的发髻式样基本上保留了宋元时期的式样，但在发髻的高度上收敛了不少。同时，明朝妇女还模仿汉朝"堕马髻"的发式，不过不尽相同。明朝堕马髻是后垂状，梳时将头发全往后梳，挽成一个大髻在脑后，当时梳这种发式是属于较华丽的妆饰。

到了清朝，起初妇女的发式既有满式，也有汉式。而后相互交流影响，逐渐彼此互融。普通满族妇女多梳"大拉翅"，这是一种横长形的髻式，是满族妇女最常梳盘的发型。旗头的髻式是将长长的头发由前向后梳，再分成两股向上盘绕在一根"扁方"上，形成横长如一字形的发髻，因此称为"一字头"、"两把头"或"把儿头"，又因为是在发髻中插以架子般的支撑物，所以也称为"架子头"。

随着高髻的过时，取而代之的是平髻、长髻。到了清末，梳辫逐渐流行，最初大多是少女才梳辫，后来慢慢一般妇女也都梳辫。在额前蓄留短发也是这个时期妇女发式的一大特色，称为"前刘海儿"，本来是属于女孩的打扮，后来也不限于女孩，而成为一种流行的趋势，甚至有覆盖了半个额头的刘海儿。到了宣统年间，更有将额发与鬓发相合，垂于额两旁鬓发处，直如燕子的两尾分叉，时人称之为"美人鬓"。

头发既然这么要紧，自然就有人造假。最早的记载见于《周礼》。传说鲁哀公在城墙上见到一个发美如云的女子，就派人剪了她的秀发，给王后吕姜做假发。可以想见，假发在汉代以前主要由王公贵族享用，像长沙马王堆汉墓的女主人辛追就戴着假发入葬，但到了南朝就开始在民间盛行。时兴戴假发，就有人卖头发。《晋书·陶侃母湛氏传》记载：陶侃年轻时家境贫寒，范逵有一回到他家投宿。为了买点酒菜招待客人，陶母湛氏悄悄剪掉自己的长发卖给邻人。范逵得知原委后叹曰："非此母不生此子！"陶侃日后终成大器，想必是常常感念慈母卖发而励志的结果。

从这些真真假假、曲曲折折的故事里可见，对于汉人而言，头发的意义可远不止"三千烦恼丝"那么简单。

## 剃，还是不剃？这是一个艰难的选择

"千古兴亡多少事，悠悠。不尽长江滚滚流。"大词人辛弃疾名作《南乡子》中这寥寥数语，正是江山易主、社稷更替的最好写照，其兴衰变换恰如长江之水，一浪又接一浪。

明崇祯十七年（1644 年）三月，李自成攻破北京城，思宗朱由检自缢煤山。四月，山海关总兵吴三桂引清兵入关，打败李自成，五月入北京。同月，福王朱由崧在南京即帝位，年号弘光。次年二月，清军南下，四月，淮河防线失守，督师史可法不屈遇害。五月，南京城破，弘光帝殉国，江南尽为清军所有。自此，大明国祚已无力回天。

夷狄入主，文化上的同化自然早就提上了日程。后金天命七年（1622 年），努尔哈赤进入广宁，传令"老年人可以不剃，年轻人必须剃"。满族男子剃发留辫，实源于北方女真族的风俗习惯。在战争中，辫发渐成征服外民族的一种标志。投降或归附满族者要剃去四周头发，扎成辫子。

此时，辫发还未完全成为一种政治符号，至多是满族对于投降或归附者发式服饰同一的要求。此后，皇太极继位，采取了某些缓和满汉民族矛盾的措施，但是却要求被征服地区的汉人剃发。清军每到一处，便要当地人不分老少一律剃发。随着对明战争的日益扩大，剃发的范围也逐渐扩展，剃发逐渐演变成一种固定的制度。

在满族贵族看来，只要汉人肯剃发，就会弃明忠清。而明官和汉人则把不剃发作为保持民族大义的表现。许多被迫剃了发的汉人在从辽西

清代男子辫发

逃至关内的途中，被明军妄杀。因为有没有剃发，成为区别满汉的首要身体依据。随着满族与明朝之间战争的加剧，"剃发"也开始逐渐上升到有关民族、文化层面的问题。但是值得注意的是，"剃发"最终成为有清一代著名的政治与文化符号的历程却是相当复杂的。

清顺治元年（1644年），随着清军入关，剃发制度也从关外推行到关内。多尔衮强令官民剃发的举措引起汉人的普遍不满，甚至因此改变对清军的态度。"入关之初，严禁杀掠，故中原人士无不悦服，及有剃头之举，民皆愤怒，或见我人泣而言曰，我以何罪独为此剃头乎？"发之重要性由此可见一斑。不久，在吴三桂等降清汉臣的建议下，鉴于强行"剃发"所引起汉人的抵制情绪，多尔衮下令罢除剃发，以收买人心。此举收到奇效，极大地减少了清军南下的阻力。明朝大臣史可法在复多尔衮的书信中也说："且罢剃发之令，示不忘本朝。"清在剃发问题上的暂时妥协，缓解乃至削减了满汉双方的矛盾与冲突。

然而，剃发令行而复罢既发挥了积极的作用，同时也造成了新的矛盾。这种新的矛盾表现在：先期归顺者已经剃发，后来投降者则不用剃发，于是不可避免地出现了某些混乱。清军南下时，又实行了"剃武不剃文，剃兵不剃民"的政策，进一步加剧了"一半剃一半不剃"的局面。于是在归降的汉官中引起了争端：没剃发者主张一体从汉，以保留捍卫礼仪之邦的尊严，对剃发所象征的"蛮夷"有某种排斥心理，尤其是对于那些先期归降的"剃发者"怀有一种鄙夷的心态。而已剃发者则要求一统从满，以表明自己忠于清主；同时，也可以释缓后归降者保留发式的心理压力。

不仅如此，普通百姓也因剃发与否成为了王朝之间政治斗争的牺牲品。在常熟，剃发者与未剃发者杂处，"清兵见未剃发者便杀，取头去做海贼首级请功，名曰'捉剃头'，海上兵（明兵）见已剃发者便杀，拿去做鞑子首级请功，号曰'看光颈'。途中相遇，必大家回头看颈之光与不光也"。社会上弥漫着恐慌心理："福山数十里遗民，不剃发则惧清兵，剃发又惧明兵，尽惴惴焉不聊生矣。"此时的辫发已无关乎民族风俗，其所代表的降清还是附明的政治含义被进一步凸现出来，由此拉开有清一代"辫发"与政治纠缠史的序幕。

顺治二年（1645 年），清军进入南京，多尔衮遂改变剃发与否"听其自便"的政策，命礼部向全国发布"剃发令"。在剃发令的罢而复行中，部分降清汉官起了很大作用。清军南下旨在夺取明朝江山，使被统治者从满俗、废汉俗，以免触发人们的故国情思。辫发既然是满汉习俗在身体外观上最显著的差异，又具有这么丰富的政治内涵，所以多尔衮接受了这些汉官的意见，重新实行强制剃发的政策。至此，辫发完全成为了一种政治符号，多尔衮视剃发为征服汉人的重要手段以及汉人是否接受满族统治的突出身体标志。为此，清军不惜采用血腥镇压的手段。各地官府派兵士监督剃头匠挑着担子上街巡游，强迫束发者立即剃头梳辫。稍有反抗，当场杀害。有的还被割下首级，悬在剃头担子上示众。这样一来，汉人由反对满族的象征——辫发，进而反抗满族统治。所谓"江阴十日"、"嘉定三屠"等等，都是由此而引发的惊天地泣鬼神的历史事件。无奈强令难违，男人从此不得不"五天一打辫，十天一剃头"。更为重要的是，这些因"剃发"而发生的流血屠戮的悲惨事件，不仅在当时的明清战争中影响巨大，更成为满汉民族冲突的痛苦的文化记忆，贯穿于有清一代。

## 宁愿留忠发，不肯剃奸头

江阴为江南常州府辖下之县。值明清动荡之际，士绅商议后决定降清，明朝知县林之骥解印去职。这本来无可厚非，普通百姓管不了龙椅上坐的是哪家哪姓的天子，还是要照缴皇粮国税，只要日子过得去就行。千百年来莫不如此。

清知县方亨上任后，循例颁布剃发令。江阴士民大哗，汉人心目中须发受于父母，衣冠源自先祖，岂可轻易动得！仅是亡国倒也罢了，只不过是换一批官吏收粮使役，但改人发式衣冠，这可就是变种！

于是，明崇祯十七年（1644 年）六月二十八日，乡耆十多人入县衙议请留发。双方僵持不下，民意坚决，方亨失态破口大骂引起众怒，众人回斥道："汝身为中国进士，头戴纱帽，身穿圆领，来做鞑靼知县，不知道羞耻吗？"方亨无言以对，只好暂停所议。

闰六月初一日清晨，方亨以上香为由，召集地方诸生及乡绅、百姓百余人会于文庙。众人问："江阴既已归顺，应该没有什么事了吧？"方亨道："只剩下剃发了。刚才所差四兵，便为押人剃发之故。"众人问："发可以不剃吗？"方亨道："这是大清律法，不可违背。"说罢回衙。众人聚集不去，在明伦堂共同立誓道："头可断，发不可剃！"

正在这时，常州府发来严令剃发的文书，其中便有那句令人目眦尽裂的"留头不留发，留发不留头"。方亨命书吏将府文抄做布告，书吏写到这句话时，血脉贲张，掷笔于地，大叫："就死也罢！"消息很快传遍全城，立刻群情鼎沸。方亨见士民不从，密报常州府请派兵"多杀树威"，密信被义民搜获，更如烈火浇油。江阴义民即于初二日擒住方亨，斩杀清差，推典史陈明遇为首，以"大明中兴"为旗号，正式反清。

江阴百姓抗清的消息传开以后，清常州知府宗灏派兵丁300人赶来镇压，闰六月初五日被江阴义民歼灭于秦望山下。其后江阴军民在陈明遇的带领下又多次打退小股清军的进攻。同时严查城中奸细，宣布有能检举、抓获奸细的人，赏银50两。处决了私通清朝的原县令方亨以及众多出卖情报、有投敌企图的奸细，有效地遏制了江阴内部的崩溃。

闰六月二十一日，清贝勒、大将博洛命降将刘良佐统重兵包围江阴城，二十四日，刘良佐作招降书一纸，从东城外射进。江阴军民公议后，回书拒绝。刘良佐见劝降无效，便四处捕杀城外义兵，企图断绝城内军民外援。七月初一日，开始攻城。城中严密防御，清兵箭如雨注，城上的人一手拿锅盖遮蔽，一手接箭，每天能得到箭三四百支（一作三四十万支）。

江阴形势日益严峻，陈明遇虽忠肝义胆，却自感缺乏军事组织才能，于是想起了智勇双全的前典史阎应元，想推荐赋闲在家的他代替自己领导守城，但因遭到守备顾元泌坚决反对，而不了了之。七月五日的守城战斗中，顾元泌登城射敌，放出的箭每每射不到敌人就坠落在地，众人有所怀疑。其后，他又命令马矮子偷窃火药从城上投给敌人，众人便把顾元泌捉住，同往他住所搜查，果然找到一道清兵文书。于是处死了顾元泌及同犯40人，从而断绝了清兵的内应。陈明遇原想请阎应元主持担负守城重任，如今顾元泌被诛，他旧事重提，众人一致赞同。陈明遇专门委派 16 人连夜出城，到阎应元住所请他出山，应元道："你们能从我则可。不然，不为你们主持。"众人道："敢不唯命是听？"

九日，阎应元带领江阴城祝塘少年 600 人，执械入城，途经七里庙时，在墙壁上题诗，表达了自己誓死抗争的决心。入城后，阎应元立即把全城的户口分别丁壮老幼详加调查，挑选年轻力壮的男子组成民兵，会合乡兵 20 余万人分班上城，每个城垛 10 名，按时换班。由武举人王公略守东门，汪把总守南门，陈明遇守西门，应元自任守北门。他和陈明遇兼负昼夜巡查四门的责任。对城中过往行人严加盘诘，肃清内奸。为了解决军械粮饷供应，阎应元同绅民商议后，委任擅长理财人士负责把城内公私所藏物资分类征集，统一分配使用。在阎应元的领导下，很快就做到了人尽其才，物尽其用，各方面的工作做得井井有条。

十一日，清兵攻打阎应元镇守的北门，城上矢石如雨注，清兵不敢接近。主帅刘良佐大怒，命令上将九员先架云梯上城，城上以长枪刺之，上将五死四伤，有的身中三箭，有的被劈去头颅，有的坠下摔成齑粉，有的被火箭烧死。主帅更怒，传令十营内选猛将几员，步军三万，扎云梯十张，来日分十处上城，如有退者立斩。次日，清兵仍攻北门，城外放炮呐喊，三万军造浮桥十条，一齐渡过外城河，分十处登云梯上城。阎应元指挥城上用砖石掷下，以长枪拒敌；一时间乱石纷飞，炮火连绵，双方死亡不计其数。某满人大将自恃勇猛，穿着三层甲，腰悬两把刀，背背两把刀，手执双把刀，亲登云梯，跨上城垛，执刀乱砍。城上守军用棺木抵挡，以枪刺其身，竟不能入。有人喊道："刺他的脸。"于是众人纷纷刺其面，一汤姓童子，持铁钩镰，用力钩断其喉管，竹匠姚迩割下他的头，满将身子坠落城下。清兵齐来抢尸，城上梆鼓齐鸣，砖石小箭如雨点，清兵又伤亡千余人。

刘良佐见状，命令军士索那满将的头，阎应元不允。刘良佐愿意用银赎买，命人将银当面装入银鞘吊入城。又命军士于城下哀号："还我将军的头！"阎应元让人以蒲包裹一黄狗头，掷还之，将满将的头悬在城上。刘良佐亲自带人在城下苦苦哀求，方把头扔下。清兵拿了头回去，与身缝合，挂孝三日。

阎应元击退了北城的攻击，但知道不日清兵必有更大规模的攻击。于是积极铸造守城工具，招青阳弩王黄鸣岗等千余人，入城造小弩千张、小箭数万支，分派给守城军士。又用季从孝所合火药敷在箭头上射人，见血立死。弩长尺余，箭长五寸，百步之外，皆可命中目标。又从狱中放出陈瑞之子，令他制造火砖、木铳。火砖广三四寸许，着人即烧；木铳类银鞘，长三尺五寸、广二三寸，木制，中间藏有火药，敌人到来时，投下，机关暴发木壳崩裂，铁菱角飞出，触人即死。阎应元还亲自制造挝弩，用一块铁，边上造几个钩子，后面拴着棉绳，抛出勾住敌人，近前斩之。又模仿旧制，制造火球、火箭之类，无不精巧绝妙。所以清兵虽多，每每望城兴叹，战栗无人色。即使是满洲兵将也闻之胆丧，每次攻城下来都要为幸免不死而大肆庆祝。

清兵攻城不利，又起劝降之念。刘良佐亲作《劝民歌》，希望江阴投降，阎应元不从。于是清兵在城下搭建牛皮帐篷，做好长期作战的准备。十五日，清兵攻东北城，刘良佐命西南放炮，东北掘城，皆用山爬攻城，城内以火球、火箭抵抗。清兵不敌欲退，刘良佐严令方止。阎应元继续命城内投下砖石，清兵不及闪避，数百人死于城下。刘良佐惭愧、惶恐。于是搭设三层牛皮帐，守而不攻。帐内有九梁八柱，矢石投在上面，都被反弹起来，不能进入。阎应元下令用人粪，掺上桐油，煎滚浇下，牛皮烫穿，浇在清兵身上，肉烂而死。没被烧着的清兵惊惶散去，城内用挝弩射向逃散的清兵，钩中者，即入城中枭首。清兵手足无措，纷纷逃散。敌营以为守城者杀下，命令发射木铳以御，反伤自己的马步卒无数。无奈之下，刘良佐命令移营至邓墓。

在坚守的同时，江阴向四方请求援助，黄蜚、吴之葵领兵至太湖，与清贝勒博洛大军相遇，二人兵败被俘后，投降清朝。海寇顾三麻子因敬慕阎应元的为人，率舟师来援，苦战三日后失败，扬帆远去。此外，义阳王来援，败于砂山；秀才金矿会集精勇四百余人来援，被刘良佐以铁骑三千截在周庄左右，全军俱没。外兵屡败，江阴沦为孤城。即便如此，刘良佐心有余悸，不敢再攻城，只用火炮攻击北城，彻夜不息，城垛在炮火的轰击下塌陷数丈。阎应元命石匠砌墙，石匠畏惧不前，阎应元言辞恳切，动之以情，石匠深受感动，于是冒死登城修葺城垛，使之牢固如初。

十四日，阎应元利用清军劝降之机，派出百余名壮士，以奉送"降礼"为名，暗携火器进入清军营帐，炸死清军官兵2000余人。十七日夜，阎应元挑选勇士千人出南门劫营，或执板斧，或执短刀，或用扁担，突入敌营，伤千余人。及他营来救，应元兵已返回城中。此役之后，刘良佐再次后撤，扎营在十方庵。

十八日，刘良佐令十方庵的僧侣向城跪泣，陈说利害，劝江阴军民早降。城中皆愿以死报国，要他速去。当晚，僧人又来劝降，再次被众人遣走。十九日，刘良佐策马来到城下，劝阎应元道："弘光已北，江南皆下。若足下转祸为福，爵位岂在良佐下，何自苦如此？"阎应元从容道："江阴士民，三百年来食毛践土，深戴国恩，不忍望风降附。应元是大明典史，深知大义所在，绝不服事二君。将军位为侯伯，掌握重兵，进不能恢复中原，退不能保障江左，有何面目见我江东忠义士民乎？"刘良佐惭愧不已，又以清廷召谕相示，劝江阴士民接受招安。阎应元怒道："有降将军，无降典史。"一声梆响，火箭齐发，刘良佐连跨三四马逸去，叹息道："江阴人没救了！"

清朝亲王多铎闻知江阴久攻不下，极为震怒。他先派恭顺王孔有德"率所部兵协攻"，接着又派贝勒博洛和贝勒尼堪带领满洲兵携红衣大炮前往攻城。贝勒博洛平定松江后，统率所部20万大军来到江阴城下。他认为刘良佐曾任明朝伯爵，手握重兵，却连一个江阴县城也攻不下来，无能至极，于是打了他一顿板子。他登山而望，巡视江阴城防后，对手下讲："此城舟形也，南首北尾，若攻南北，必不破。惟攻其中，则破矣。"他命人绑缚降将黄蜚、吴之葵到城下，命令他们作书劝降，黄蜚道："我在城中没有相识，写了劝降书又有何用？"吴之葵则涕泪交横，仰头悲楚地劝阎应元投降。阎应元叱道："大臣被缚，当速就死，何必喋喋不休！"吴之葵再拜泣下，黄蜚则默默无语。

博洛见阎应元义不可动，发起总攻，分兵先阻断各镇救兵，又以竹笼盛火炮，鼓吹前迎，炮手披红挂彩，限三日破城。二十日至二十七日，清兵轮番攻城不息，阎应元指挥防御，浴血奋战，终保江阴城池不失。

八月初，江阴民兵昼夜守御，甚感疲惫。开始有人出城投降。清兵在城外四处杀掠，民不聊生，为江阴百姓不齿。那些剃发投降的人，被城上看见，必然痛骂，即使是至亲也像仇敌一般。阎应元见城防吃紧，遍取民间乱发，投城下诱敌。清兵惊喜，报告刘良佐。刘良佐道："还不能相信，去观察一下守城的人剃发了吗？"清兵查看后，方知是诈降。

博洛久攻不下，心中焦急，于是重新劝降。称只要拔去大明中兴的旗号，四门悬挂大清旗号四面，则只杀首事者数人，其余一概不论，即使不剃发，也会撤兵。阎应元看出博洛的缓兵之计，便说："只斩我一人？我没有罪，凭什么杀我！"博洛又称只要在四城竖起大清旗四面，也会立刻退兵。阎应元情知有诈，仍不应。前吴军门督军王海防至江上，宰牛杀羊与诸将起誓，称江阴归顺后绝对不许杀掠。他自恃在江阴素有恩信，请缨来劝降，但临城招抚，却无人应和。此后摄政王多尔衮晓谕招安，博洛命人用箭射入城中，言明已亡，何苦死守？阎应元命人在书后补上："愿受炮打，宁死不降！"射还给清兵。清廷多次劝降，三城已经开始有人犹豫，但因阎应元镇守的北门誓死固守，众意遂绝。

被困既久，江阴城内伤亡惨重，战斗力日减，城中石灰断缺，不能乘夜修城。饭米越来越少，只能靠征集民间的米以备缺乏，阎应元下令两日领一次米，不得预先领取。中秋前后，百姓携壶提觞登上城楼，举杯痛饮，诸生许用模仿楚歌，作《五更转曲》，让善歌的人登高传唱，以笙笛箫鼓相和。当时天无纤翳，皓月当空，清露薄野，剑戟无声，黄弩、师鼓、胡琴于西城之敌楼，歌声悲壮，响彻云霄。清兵争着靠前倾听。或怒骂，或悲叹，甚有泣下者。歌中唱道："宜兴人，一把枪。无锡人，团团一股香。靖江人，连忙跪在沙滩上。常州人，献了女儿又献娘。江阴人，打仗八十余日，宁死不投降。"还有许多歌曲，但意思大致如此。刘良佐针锋相对，命人作劝降词，让士卒相倚而歌，自己与幕僚在帐中饮酒，不一会儿，城上炮、箭齐发，遂散去。

二十一日，博洛令数百人把200余座大炮全部搬到花家坝，专打东北城。城上守军因敌炮猛烈，见清兵燃火，即躲到围墙后面。炮声过后，再登上城楼。清兵看到这种情况，故意放空炮，并让炮中只放狼烟，烟漫障天，咫尺莫辨。守城者只听炮声霹雳，认为清兵不能很快进入，而不知清兵已潜渡护城河，从烟雾中蜂拥而上，众人来不及防御而崩溃。江阴终于被攻陷了。当清兵上城时，一队民兵对城列阵。清兵怕有埋伏，僵持半日不敢进攻。到黄昏时，城中鼎沸，民兵阵脚散乱，清兵才敢下城。

城破之时，阎应元带着千人上马格斗，杀死清兵无数，欲从西门突围而不得。他环顾左右道："为我谢百姓，吾报国事毕矣！"拔短刀刺中自己的胸口后，倒在前湖中。义民陆正先想把他从水中扯起，正赶上刘良佐遣兵来擒，刘良佐自称与阎应元有旧，要生擒他，于是清兵把他捞起绑住，没有杀他。刘良佐踞坐在明佛殿，见阎应元来了，跃起，两手拍阎应元背而哭。阎应元道："有什么好哭的，事已至此，只有一死。速杀我！"博洛坐在县署，急索阎应元至堂上。阎应元挺立不屈，背向贝勒，骂不绝口。一卒以枪刺他的小腿，阎应元血流如注，不支倒地。博洛命人把他关到栖霞庵。当夜，寺中僧人不停听到"速杀我"的声音，天明时，终遇害。

二十二日，清兵开始屠城，百姓或力战到底，或坦然就义，都以先死为幸；妇女多忠义贞烈，投河而死；连幼齿孩童都毅然就义，无一人顺从。清军屠城两日后"出榜安民"，城内百姓仅剩"大小五十三人"而已。"有明之季，士林无羞恶之心。居高官、享重名者，以蒙面乞降为得意；而封疆大帅，无不反戈内向。独阎、陈二典史乃于一城见义。向使守京口如是，则江南不至拱手献人矣。"此言甚当，沧海横流方显英雄本色，在江南各地望风披靡之时，微末下吏阎应元凭借江阴百姓的支持，面对强敌，临危不惧，坚持了近三个月，击杀清兵数万人，重挫了清兵锐气，钳制了清兵主力南下，推动了各地的抗清斗争。在城破以后，仍拼死巷战，"竟无一人降者"。

江阴，与扬州、嘉定这些重镇比，不过是一座小小的要塞，全城仅9万多人。被百姓们推举为守城统帅的阎应元既无一品大学士史可法的10万大军，又无三品通政使侯峒曾的显赫地位，但他居然应全城百姓重托，于24万清兵的大炮、强弩之下，担当起了9万平民百姓的指挥官。写下"江山代有才人出，各领风骚数百年"的著名诗人和史学家赵翼是一个何等苛刻、狂妄的人，但他在面对阎应元的画像时却也不得不肃然起敬。在81天的血战中，阎应元与全城百姓同仇敌忾，击毙清军

75000 余人，其中有 3 位王爷、18 位大将。阎典史几乎使用了三十六计中的所有计谋，诈降、设伏、火攻、草人借箭、装神弄鬼、声东击西、夜袭敌营、城头楚歌，等等。

有人统计，江阴小城，城内被屠者 97000 余人，城外被杀者 75000 余众，江阴遗民仅 53 人躲在寺观塔上保全了性命。阎应元临终前一日，在江阴城楼上留有一首绝命联，说的就是"宁愿留忠发，不肯剃奸头，穿戴汉服死，不做旗装奴"的凤愿：

八十日带发效忠，表太祖十七朝人物。

十万人同心死义，留大明三百里江山。

## 想揭竿？还是从头发说起

有清一代，剃发和蓄发始终是一个尖锐的政治问题。为挑战清王朝剃发令，很多民众起义都发布了蓄全发令。蓄全发几乎成为这些起义军的突出标志。然而，每当民众起义失败后，接受清王朝统治的人们又无一不恢复辫发。这其中，蓄发的身体特征实际上表达的是一种政治反抗，也是对文化记忆的一种追认，以"复衣冠"的形式来表明对于汉文化的认同。

"起义"与"蓄发"结合的历次反抗，发展到近代时期以太平天国为顶峰。太平天国农民起义曾颁布"蓄发令"，明令恢复古代男子束发不留辫的习俗，不再剃头，从而掀起了以头发为外在表现的又一场政治斗争。作为身体的一部分，本身并无阶级性、政治性的辫发，继续被太平天国赋予阶级性、民族性等多重含义，成为农民起义军反抗统治者的口号和目标。以杨秀清和萧朝贵的名义发布的《奉天讨胡檄布四方谕》中就写道："夫中国有中国之形象，今满洲悉令削发，拖一长尾于后，是使中国人变为禽兽也。"

太平军每攻占一地，发布的第一道公告往往就是"蓄发令"。对拒绝蓄发者，太平军予以严惩。太平军不断宣布"有再剃者杀无赦"、"凡剪发剃胡刮面……斩首不留"。这种做法难免会遭到民众的反感和不满，民众再一次因辫发问题而夹杂在不同的政治势力之间。蓄发令和剃发令都是针对发式而颁布的政令，取向和最后的结果并不相同，但推广手段和实施过程却十分相似；在社会各阶层中产生的影响也颇为相近，既有逢迎者，又有反抗者。

对于反对蓄发者来说，随着清王朝统治的延续，辫发已由"夷风"变成了"正统"。民间以"长毛"、"发逆"来称呼太平军将士，本身就包含了对蓄发的非正统认定。这是伴随着辫发所体现的风俗传统、儒家理念与清政治统治三者的确立而产生的。美国人类学家本尼迪克特曾说："我们对风俗习惯方面哪怕是极其细微的变化感到恐惧和害怕，这实在是没有必要的，这些变化一旦成为传统，就会拥有其他时代的旧模式所具有的同样丰富的内容、同样重要的意义和价值。"

这里的"风俗习惯"一词不单指社会习俗，而是包括生活方式、文化观念、政治意识等多重涵义在内的一个总体概念。辫发已在潜移默化中成为了国家和人民中的一部分，对它提出挑战就像清初挑战束发一样，是对传统理念和固有政治的一种冲击，必然会遇到阻力。加之民众比较崇尚权威，畏惧天命，讲究传统，推崇经验等，不愿改变。而太平军某些下层兵士的扰民欺民举动也使人们产生恐惧和抵触心理，因此人们对于禁剃发并不是全力奉行。辫子在一些人的心目中已经成为日常生活中不可分割的一部分，束发倒是显得有些与"传统"格格不入。

支持蓄发的人们对辫发的认知也并非整齐划一，包括太平军将士在内也存在着明显的差异性。曾国藩在率领湘军镇压太平军时，往往发现所谓"满发老贼"特别勇悍善战，因为这些人大多是参加太平军时间较长的老战士，头发已经长得很长，甚至有"长发尺许"的。而前面头发不长的是新兵，战斗力自然要差得多。资历长短，一望头发便知。《金陵被难记》中载："广西真长发并不多，大约皆两湖新裹之众"，所以守城时"每令妇女披发假装男子，上城击鼓鸣锣，呐喊巡视"，以此来壮大声势。可见由于政治对抗，辫发与蓄发被人为地对立起来，不仅成为了政治的风向标，而且还代表了个人的身份与资历。

另外还有一些人为逢迎太平军而蓄发，甚至还模仿其衣冠。据《自怡日记》记载，太平军在常熟"开市颇盛，牌署天朝，掌柜者俱土人，亦辫红履朱，诩诩自得"。《花溪日记》甚至说，海宁通元镇"镇人尽小帽无结，发系红绳"。这些人看起来似乎是对太平军有归降之意，至少是并不把太平军看作"反贼"，当然也不排除有些人是出于从众心理才这样做的，但大部分人主动改变发式，则与其内心的政治倾向变化相关。另外，有些人还对蓄发持保留甚至摇摆的态度，看到太平军来了就蓄发；太平军刚离开，以为"长毛既遁，官兵且至"，便"争先剃发"。凡此种种，使蓄发与辫发的较量也呈现出复杂多样的局面。这正是当时政治斗争和社会心理复杂多样的具体体现。

对于违抗蓄发令的人们，太平军处以残酷刑罚，明显地暴露出辫发中所蕴涵的政治含义。这种做法，在百姓看来是暴政。从某种意义上说，这也使太平天国失去了不少民心。对于主动蓄发者，太平军往往怀柔、安抚有加，无论其蓄发的最初动机如何，一律视为顺民。由发式来简单而绝对地判定其政治倾向，实在有失公允。但在当时的社会背景下，这种辫发的泛政治化倾向也是一种历史的必然。可以说，辫子作为一种政治符号而被特殊化，正是政治斗争激烈的表现。

然而，有一种人却可以游离于辫发的政治斗争之外，那就是往来于太平天国统治区与清王朝统治区的商人。他们向太平军交费，领一张剃头准许证，就可以光明正大地剃发了。"剃头凭"是太平天国为保护和鼓励商业发展而实行的一项政策。它不是一种权宜之计或偶然发生的个别现象，而是在太平天国地方政权的正式文告中公开宣布的一项重要规定。如海宁的太平军驻军长官就"谕百姓剃头过江贸易，每给剃头凭，须费仅廿六文，剃者甚众"。如此可见，太平天国强令蓄发主要是出于政治的目的，是以蓄发取代辫发来挑战清朝政权的一种政治手段。

这场与发式密切相关的战争最后以太平天国的败亡而告终。辫发所代表的清正统地位的再次强化，使得蓄发人又开始了剃发。太平天国时期的农民起义战争，将清初以来辫发乃是代表着政治态度、民族情感的身体标志进一步强化，也随之影响了之后革命的历史进程。

晚清时节，尤其是辛亥之后，革命党人照方抓药，也采取了剪辫子的方式来激发民众的反清意识。武昌起义一经发动，顺理成章地引发了一场剪辫风潮，但这次远非清朝入关时强迫留辫那样血腥。

1911 年 10 月 10 日，凡是参加武昌起义的所有将士和民众都剪掉了辫子。湖北军政府和各地宣布反清的新政府还将新军士兵和学堂学生组成宣讲团，到大街小巷宣讲。一些城门口和重要的街道口，都有士兵或执勤人员把守，没有剪辫者不得通行。并且配有剪辫队，深入千家万户义务剪辫。新政府甚至规定，机关工作人员不剪辫，收工作证；军人不剪，不发军饷；学生不剪，不许进学堂。上海一位名叫徐志棠的富商自掏腰包：凡是自愿剪去辫子的，奉送大肉面一碗。

沪上报纸在 1911 年 11 月 10 日刊登了沪军都督陈其美的《都督府告谕》："结发为辫，乃胡虏之殊俗，固地球五大洲所无之怪状，亦历史数千年来未有之先例……今幸天福中国，汉土重光，凡有血气者，莫不争先恐后，剪去发辫，除去数寸之胡尾，还我大好之头颅。"见大清大势已去，一些清朝的官僚政客也开始借剪辫跟上形势。袁世凯在 1912 年 2 月 12 日清帝宣布退位的那天晚上才剪掉了辫子，也由此一举成为了"革命同志"。

画家王军余留下的一段记录，真实地反映了剪辫风潮中的市井百态：

1911 年的最后一天，也就是孙中山就任临时大总统的前一天，王军余当时在南京，参与接管造币厂，听说临时政府要下令强迫剪发，以肃清余孽。他乘坐造币厂的黄包车，想沿途看看热闹。一出厂门就有警察拉住他的车夫，要剪去辫子，车夫当即跪在地上，恳求他代为说情保留。王军余反而对警察说："不管他，剪了再说。"

一路上，只见剪辫队络绎不绝，街道上、火车中、江岸边，遇有垂辫者，无不立刻将之剪去。其间有不愿割爱的，多是跪地求免。被剪掉辫子的人表现各不相同，有手提断发垂泪而归的，有摩顶长叹的，有大笑的。王军余觉得煞是好看，大快人心。等他从下关返回时，一路上望去，街上已尽是光头。

毕竟留了几百年的辫发，一些人有一种难以名状的留恋之情，反对剪辫。有成立"保辫会"、"复古会"相对抗的；有将辫子盘在头上蒙上头巾，假装已剪辫的；有被剪掉辫子后跳河寻死的；还有人剪了辫子不舍得扔掉，偷偷捡回来收好，说等下葬的时候一块搁进去保存一个全尸。

虽然剪辫子只是一种形式，一个人不可能一夜之间就从旧我变成新我，更不能说剪了辫子革命就成功了。但这毕竟标志着一个时代的结束，中国人以全新的面貌出现，由此开始一种新的生活方式。

## 剪不去的心中的辫子

与太平军和革命党人不同，近代军阀冯玉祥对待辫子的态度和太平军相比可谓截然相反。

冯玉祥（1882—1948年），安徽巢县人，原名基善，字焕章。北洋军阀陆建章的内侄女婿，此人在38年的民国历史上可是一个响当当的人物。早年在清军里面混，后来又起义加入国民革命军，而且还是老蒋的拜把子老大哥，势力最大的时候居然成了独霸西北数省的土皇帝。他曾与阎锡山和桂军联合讨蒋，但抵挡不住老蒋炮弹加银弹的狂轰滥炸，手下纷纷背叛，他成了孤家寡人。日寇侵华后，他随国民政府逃到陪都重庆。好在老蒋看在曾经磕头拜把子大盟兄的份上，仍然给了他一个"国民政府副委员长"的头衔。

冯玉祥早年征兵时便显出了一份老练的狡猾——利用一条辫子，就识破了什么人是可利用的奴才。当时清朝灭亡群龙无首天下大乱，冯借此机会大肆扩充队伍招兵买马，壮大自己的实力。清朝刚灭亡时，普天之下绝大部分人还生活在大清王朝的梦里，200多年的留发辫的历史早已深入普通老百姓的心，和女人的臭裹脚布一样被并列为保守派眼里的"国粹"，和祖宗牌位一样重要。冯玉祥既然是革命军，那么他的军队是不能留辫子的。为了给新兵剃辫子，他亲自提枪督阵，强行让新招的兵剃辫子。于是乎，那些视辫子如生命的新兵一旦被割去了"宝贵"的辫子，便如丧考妣号啕大哭，甚至哭得昏厥过去。

可是不久，有一次招兵，冯玉祥居然宣布凡是剃了辫子的一概不要，这便让人大跌眼镜了，为什么呢？这里面大有玄机。主动剃辫子的一般都是有思想的新潮人物，不便于被管理和统治。老冯深知，只有那些奴颜卑膝到骨子里的奴才，才能成为帮助他实现暴力扩张的干将和得力助手——奴才们的典型特征是没有思想，没有孤胆，谁给骨头就为谁卖命。老冯正是看中了这一点，征招来了一大批为之卖命的奴才。

冯玉祥用辫子来挑选出那些辫子已经长进骨头，长在心窝里的愚民。而民国初年却还有一人，虽然智慧，却在风云变幻之际固执到底，至死也留着头上的辫子，他就是国学大师、北京大学的教授辜鸿铭，他是坚定的保皇派，是顽固不化的前清遗老。辜鸿铭脑后那根长长的辫子一直拖至1928年死的时候还留着，人称清朝最后一根辫子。

辜鸿铭（1857—1928年），生在南洋（祖辈由福建迁居南洋马来半岛），学在西洋（留学英、德），婚在东洋（辜的侧室是日本人吉田贞子），仕在北洋（任张之洞幕僚20年）。知识渊博，学贯中西，精通英、法、德、拉丁、希腊、马来西亚等9种语言，获得13个博士学位，能把英语报纸倒读如流。他又精研儒学，是第一个向西方译介《论语》、《中庸》、《大学》等中国经典文化的人。他在东交民巷使馆区内六国饭店用英语演讲《春秋大义》要售票，开演讲售票的先河，而且票价比梅博士演《天女散花》还要贵（梅兰芳票价1.2元，他的票价2元），听众几乎清一色是各国使馆外交人员，可见外国人对他的器重。

辜鸿铭

20世纪初，当中国知识分子中的精英大力宣讲西方文明的时候，辜鸿铭却用西方人的语言倡扬古老的东方文明。作为东方文化的捍卫者，他用中国"温柔敦厚"的思想去晓谕教化那些"四夷之邦"，以理想主义的热情向世界展示中国文化才是拯救世界的灵丹妙药。他的学说在欧洲尤其在德国产生巨大影响，他那部《春秋大义》（即有名的《中国人的精神》）德文版出版时，在正在进行"一战"的德国引起巨大轰动。他平生喜骂西方人，反以此见重于西方人，是因为他骂得鞭辟入里，骂在要穴和命门上，使西方人不得不叹服，甘愿受他的骂，还崇拜他到了痴迷的地步。"到中国可以不看紫禁城，不可不看辜鸿铭"，成为当时旅华西人的口头禅。

辜鸿铭主张皇权，但举国为慈禧太后生日祝寿时，他在寿堂当众口读"贺诗"："天子万年，百姓花钱；万寿无疆，百姓遭殃。"他力主恢复帝制，但袁世凯称帝他却竭力反对，骂"筹安会"为"臭安会"，近世人物中，辜鸿铭最看不起袁世凯，他骂袁世凯寡廉鲜耻，连盗跖贼徒都不如，直骂得袁世凯体无完肤，一无是处。袁世凯死时，全国举哀三天，他倒特意请来一个戏班，在家开堂会热闹三天。

辜鸿铭反对新文化，却又坚决支持新文化主将蔡元培，当蔡元培两次被迫离开北大，他两次辞职以表示抗议。辜鸿铭曾在课堂上对学生讲过："中国只有两个好人，一个是蔡元培先生，一个是我。因为蔡先生点了翰林之后不肯做官就去革命，到现在还是革命。我呢？自从跟张文襄（张之洞）做了前清的官员以后，到现在还是保皇。"可见他对蔡元培颇为尊重。1919年6月初，北大教授在红楼开会，主题是挽留蔡元培校长，大家都无异议，问题只是具体怎么办，是拍电报呢，还是派代表南下？大家都讲了一番话，辜鸿铭也登上讲台，赞成挽留校长，他的理由很特别——"校长是我们学校的皇帝，非得挽留不可"，这么一说就显得滑稽了。好在大家的立场和意见一致，才没人选这个时候跟他抬杠。

正是这样一个特立独行的人，在新文化运动的发祥地北京大学教书时，拖着长辫走进课堂。青年学生哄堂大笑，他平静地说："我头上的辫子是有形的，你们心中的辫子却是无形的。"顿时，狂傲的大学生一片静默。

# 第二章　战争里的罪与罚

　　战争，总是伴随着血腥的杀戮。自古至今，到底有多少人死于战乱，人类已经无法作出精确的统计。但至少有一点是肯定的，那就是战争同灾荒、瘟疫一样，都可以说是人类历史上最为悲惨的、人口减员最为明显的灾祸之一。"醉卧沙场君莫笑，古来征战几人回。"战争中杀人是再正常不过的事了，战场上人数的零消耗是根本不可能达到的。

　　刀枪无眼，战场往往惨烈异常，"伤人一万，自损八千"，马革裹尸是常有的事。所以豪放者"不破楼兰终不还"，慷慨者"纵死犹闻侠骨香"，报国者"捐躯赴国难，视死忽如归"，悲凉者"金河戍客肠应断，更在秋风百尺台"。战场上杀人，杀的都是对方，但也有杀自己人的。有一种残酷的战术，叫作"同归于尽"。比方说，为了对付金兵的拐子马，岳飞专门训练了一种步兵，专门拿刀砍敌人的马腿，但这样就将己方的士兵置于更危险的境地：或者被敌方杀死，或者被马蹄践死。另外，战场上有一种不成文的规矩，即将军如果战败的话就应该自杀。春秋时的楚国就是这条不成文规矩的忠实信守者。有名的城濮之战，楚国战败，将军子玉便自杀了。不过这些毕竟是其中的小数目。从数目的角度来讲，战争所造成的双方将士的死伤人数远远少于战争所造成的平民的死伤人数。战争造成平民死伤的原因有很多，其中最为主要的一种就是人们所熟知的屠城。

## 四十万军队血染长平

两千多年前的一个春天，赵国45万军队在长平全军覆没——他们仅有数万人死于秦军战阵，更多的人是在投降后被砍头、活埋、枪挑、弓箭射杀……至今，这里依旧被视为中国最大的"万人坑"。

这是一个从历史深处走来的血腥故事：战国时期，秦、赵两国都具有统一列国的实力。秦国在关中地区经过商鞅变法后，已日益强盛；而赵国经过赵武灵王"胡服骑射"改制之后，军力也盛极一时。两国开战的原因也很简单：公元前261年，秦国大举攻韩，在攻克野王（今河南沁阳）后，秦军将韩国拦腰截为两段。孤悬于外的韩国上党郡（今山西长治、晋城地区）军民，在上党太守冯亭的带领下投靠赵国，赵国欣然将上党郡并入自己的版图。这一举动无异于虎口夺食，引起秦国的极大不满，秦赵矛盾全面激化。秦王乘机出兵攻赵，赵军在大将廉颇的率领下，在长平一线扼险而守，摆开阵势，期待与秦军决战。

当时的长平古战场，就是现在的山西高平市。从军事地理角度来看，此地具有极其重要的战略地位：长平的地理位置使其成为上党郡乃至赵都邯郸的战略屏障，无论秦国从河东道进攻，还是从南路的太行道进攻，长平都是其军队的必经之路。只要长平不失，秦国就不能接近赵都邯郸。

从长平的地形来看，当地东、西、北三面环山，境内山峦绵亘，丹河从境内纵贯而过，又有五大支流呈网状遍布全境。其地理环境在战争中极具价值——不仅守军在山地作战中有险可凭，在西、北方面又有高平关（今高平、沁水界）、长平关（今高平、长子界）、故关（今高平、长治界）等诸多要塞可以防守。当年廉颇进驻长平，确是一位谙熟军事的战略家的精准选择。

山西多山，古来交通运输、军队行军容易受地形条件制约，廉颇充分利用了长平的地理优势，依次在这里构筑三道防线：即空仓岭防线、丹河防线和百里石长城防线。其中，空仓岭防线南北长达40公里，与高平古寨和秦城三者呈犄角之势，构成防卫集群；丹河防线东南长达亦40公里，并拥有高平关和韩王山两大制高点，登高而望，可使整个战场敌我态势了如指掌；而百里石长城防线西起丹朱岭，逶迤向东经南公山至羊头山，再经金泉山至陵川与壶关交界的马鞍壑，因沿山岭构筑有简易的石长城而得名，它担当起了邯郸安危的最后一道防线。

就这样，在公元前262年春夏间，长平之战打响。廉颇在空仓岭一线布防，秦军主将王龁率领秦军于沁河沿线突击。初战，秦军锐不可当，一举便攻破了空仓岭。赵军企图做出加固南北两翼以钳制深入之敌的努力，结果没有成功，空仓岭南北几十里防线数日后便完全陷落。

但秦军的进攻，并没有让廉颇失去信心，相反，廉颇在初战失利后，反而摸透了秦军的底细，他明白不可与其正面硬拼。于是，这位身经百战、老成持重的将领，没有再出击收复空仓岭，而是选择撤回丹河东岸，以河险为依托，固守第二道防线的有利地形，以不变应万变。

这场相持战后来被后人用一个叫作"旷日持久"的成语来形容，在《史记》中有"廉颇坚壁以待秦，秦数挑战，赵兵不出"的记载。双方这一僵持，竟然耗费了长达3年时间，实力强大而急于求战的秦军主将王龁一筹莫展，却始终不能跨越丹河一步。再加上秦军远道而来，补给维艰，又被冠以好战嗜杀之名，当地居民见了秦军就跑。赵军则以逸待劳，补给源源而来，更有上党吏民全力支持与合作，很快，优势倒向了赵军。

不过，秦王与他的谋士们终究棋高一着，最终，他们运用谋略打开了缺口，为后来的战略进攻创造了条件。他们先向各国制造秦、赵和解的假象，使赵国在外交上丧失了与各国"合纵"的机会，失去援兵的赵国陷入了被动孤立的局面。再者，他们采用了一次绝妙的离间计，挑拨赵王与廉颇的关系，四处散布流言：廉颇固守防御，是出于投降秦军的目的。秦军这样做的目的，是希望赵国撤掉廉颇，让赵括当将军。结果赵王果然中计，撤换下廉颇，并不顾谋臣蔺相如和赵括母亲的谏阻，任命赵括为赵军主帅。同时，秦国也调整了自己的军事部署，不仅从国内再增援军，还征调了被后人视为"战国时期最杰出军事将领"的武安君白起，封他为上将军，代替王龁统率全军。

在这样的情况下，秦军又开始重占上风，而赵军军心却在赵括率领下开始动摇了：赵括极其缺乏实战经验，上任后一反廉颇所为，更换了诸多将佐，改变军中制度，让赵军上下离心离德，斗志消沉。更让人不能理解的是，他甚至改变了廉颇的战略防御方针，下令西渡丹河，全线出击，企图一举而胜。

针对赵括的出击，白起领军队佯败撤退，吸引了固守丹东防线的数十万赵军或越过丹河，或云集丹河东岸待渡。这时，白起悄悄分遣两支骑兵，迂回包抄已经空虚了的赵军后路：这两支队伍一支从秦河（今端氏河）河谷迂回北上，断了赵军粮道和援兵；一支直插小东仓河河谷一线，将赵军一断为二。自此，出击的赵军失去了后方大粮山的军粮和辎重补给，留守的赵军则失去与主将赵括的联系，陷入一片混乱。

战局急速恶化中，各路赵军仓促构筑壁垒固守，等待援救。但赵国政治、外交无能，临近的楚、魏等诸侯国慑于强秦之威不敢驰援。而秦国方面，得到合围住赵军主力且有奇兵断绝粮道的消息后，秦昭襄王亲自从咸阳赶到临近前线的河内郡（今河南沁阳一带），给所有的郡民赐爵一级，命令郡内 15 岁以上男丁悉数出征，组成一支"新军"，他们经晋城、顺蒲河、绕陵川西，迂回到马鞍山、百里石长城，与断绝赵国粮道的秦军汇合，彻底切断了赵国援军的来路。

终于，赵军在被围 46 天，断粮一个月后，将士们开始宰杀战马，甚至杀死伤兵吃人肉，军心大乱。赵括连续组织了 4 支突围部队，轮番冲击秦军阵地，希望打开一条血路突围，但都未能奏效。绝望之中，赵括亲率赵军精锐部队强行突围，突围到今日的谷口村时，秦军强弩齐发，赵括身中十余箭，仍然指挥战士奋力向前，但最终，他还是死在了秦军的乱箭之下。

至今，在长平古战场中，还有一座名叫弃甲院的古代阁楼。相传赵括屡次突围不成，正是在此将重甲弃在村中，带领部队赤膊上阵。而在位于高平市区北 4 公里的寺庄镇，还有一座"箭头村"，在长平之战发生两千多年后，那些带着血腥味的秦军"箭头"，在这个村子里还时有出土。

主将身亡，剩下的赵军群龙无首，最后全部放下武器投降。秦军清点俘虏人数，发现竟有近40万人。而在这场战争中，秦军部队也伤亡过半，所以白起对人数众多的俘虏心有余悸——万一他们突然反叛怎么办？于是，他作出了一个让后世两千多年后依然为之震惊的决定：将俘虏全部杀死。

惨剧就这样发生了：秦军假意许诺降兵，说要将他们中身体强健的带回秦国，而年老体弱伤残幼小的会放归赵国。就这样，近40万赵国俘虏被分割成若干个小集团，分别被砍头、活埋、枪挑、弓箭射杀……长平地区一时尸横遍野、丹河的水也被血染成了红色，河水被尸体阻断，竟断流多日，可谓惨绝人寰。最后，赵军中只有240名15岁左右的娃娃兵被放归了赵国，其意是让这些人归赵后散布秦国之威。

关于这40万俘虏的尸体是怎样被处置的，历史上没有确切记载，但今天的事实却在不断地为人们真实地演示着当年那场残忍的屠杀。至今，每逢下雨，生活在长平地区的人们，经常会在古战场内发现被雨水冲出的人骨。而人们也多次在这片土地上发现"尸坑"，如1995年5月，高平永禄乡永禄村农民李珠海和他的儿子李有金在耕地时，在一尺的土下发现骨头，越挖越多，他儿子还发现了几十枚赵国刀币，便报告文物部门。经考古人员发掘，此坑约有赵国军队尸骨100余人，往西还有两三个比这更大的尸坑。

在目前已经发掘出的17个尸坑中，赵军战士的尸骨随意叠压，有的在头盖骨上还有中箭造成的三角型坑。当地人说，当时在发掘时，还发现有的尸骨的胯骨上还深深地嵌着铁头铜尾的箭头，有的胸腔内遗有箭头，有的四肢有明显刀砍痕迹，以及挂有铁钩——他们的尸体曾被用铁钩钩住后悬挂。专家推断，当年，秦军将战俘尸体抛入沟内后，只是填上一层薄土加以掩盖，可谓残忍至极。

迄今为止，经考证，在长平等地共发现450多个与长平之战相关的地名或村庄。如赵庄村，县志记载长平大战后此地一度成为废墟，赵括死后，当地老百姓将赵括尸体偷回，葬于村北的二仙岭上，为使子孙后代不忘赵国，遂将此地改名为赵庄。再如谷口村，相传是白起坑杀赵军最多的地方，这里曾挖掘发现了大量赵国士兵遗骸，因此，谷口村又名杀谷、哭谷、省冤谷。

这些遗址中，最为著名的无疑是骷髅山与骷髅王庙。史书记载，唐玄宗李隆基曾巡游至此，见白骨遍野，头颅成山，情形触目惊心，遂将此地命名为骷髅山，在山旁修建骷髅王庙，"择其骷骨中巨者，立像封骷髅大王"。现骷髅王庙为清代遗构，庙内塑有赵括夫妇像。明代诗人于达真曾在此赋诗一首，写出了唐玄宗的震惊，也写出了白居易、陈子昂、朱元璋等人巡游此地后的心声：

此地由来是战场，平沙漠漠野苍苍。

恒多风雨幽魂泣，如在英灵古庙荒。

赵将空余千载恨，秦兵何意再传亡？

居然词宇劳瞻拜，不信骷髅亦有王……

## 扬州十日与嘉定三屠

明朝末年，政治腐败，生民疾苦。闯王李自成揭竿而起，于1644年农历三月攻陷北京，明朝覆亡。谁知这时手握雄兵的守卫山海关的明朝将领吴三桂打开山海关，投降了清军，几十万八旗铁骑踏遍中原。清军入关，一遇抵抗，必"焚其庐舍"，"杀其人，取其物，令士卒各满所欲"，转战烧杀三十七载，使中国人口从明天启三年（1623年）的51650459人减至顺治十七年（1660年）的19087572人，净减三分之二。著名的"扬州十日"、"嘉定三屠"都是在城中之人几乎被杀绝之后才下令"封刀"，仅扬州一城，死者就多达80余万人。

1645年5月13日，清军兵临扬州城下。招御其守将"史阁部"史可法、翰林学士卫允文及四总兵官、二道员等，不从。5月20日，豫亲王多铎令拜尹图、图赖、

史可法

阿山等攻克扬州城。就时间而言，这场攻城战从 5 月 13 日开始，到 5 月 20 日告终，无疑是短暂的。但对当时的人来说，这个过程却分外漫长。

一般说来，在战斗中大炮尽管并不绝对具有决定性，但却是非常重要的。这种武器曾使清军初期战斗取得很大成功，因此，当豫亲王多铎的先头部队驻扎在扬州北的斑竹园时，实际上是在等待后面的炮队。

史可法本人也非常知道这种现代化大炮的重要性。正是他在 1643 年建议，南京军械库的陈旧、笨拙的"神器"应该换成更为轻便的"三眼枪"（即三筒枪）。因而，在南京政权建立的头几个月里，史可法尽了极大的努力改装他的炮队。徐光启的学生陈于阶替他制造了一种新的葡萄牙重炮。陈于阶曾经在一个改变了他宗教信仰的天主教堂的铸坊学过这种技术。这样，在 1645 年 5 月 20 日开始的攻城战斗中，史可法由于沿石墙架在木制平台上的外国重炮而掌握了最初的主动权。一旦多铎的士兵进入这些重炮的射程之内，那么就有成百上千的人被杀死杀伤。

但是，多铎不慌不忙地指挥自己的炮队向城墙西北角射击，随后清兵一拥而上，通过大炮的火力网，一直冲到城墙根儿底下。在那里，史可法又掌握了瞬间的主动，因为他的弓箭手们可以直接射杀城下的那些进攻者。可是，多铎已经命令他的士兵不惜代价夺取西北角了。每当一名清兵倒在箭下，另一个便补了上来。很快，尸体越堆越高，一些清兵甚至不需要梯子就能爬上城墙。随着清兵越上越多，城墙防御工事沿线的守兵们开始恐慌起来，争着跳上木制炮台，以爬上最近的房顶逃跑。在很多地方，过重的炮台塌陷了，那些守城士兵不是被压死，就是在随后的肉搏战中被杀死。

接着，这种恐慌在城里也蔓延开来。不知是因为叛徒的鼓动还是因为一些谣言(有人说,守军以为满军是黄得功将军派来的一些增援部队)，主要城门很快被城内的人们丢弃不管了。随着清军的涌入，南明的士兵丢弃了他们的头盔和长矛，狼狈不堪地逃向南门，企从那个方向逃走。另外一些人知道这座城市已经被全部包围了，干脆就不抱有任何希望。曾经以日记体的《扬州十日记》记载了当时发生的灾难的王秀楚还记得："突有一骑自南而北，撒缰缓步，仰面哀号，马前二卒依依蓦首不舍，至今犹然在目，恨未传其姓字也。"

就在守城的士兵丢盔卸甲，急忙在城中民房里寻找藏身之地时，史可法离开他在城北门的炮台，骑马穿过内城，直奔南门，他希望从那儿出去，然后从侧翼进攻满人。但为时太晚了，清军已经到达了城南门。史可法这时意识到，他已经失去了扬州，抵抗可能已是毫无意义的了。

一两天前，史可法曾经问庄子固，如果扬州城陷落，他是不是准备为主尽忠。庄子固不假思索地回答说，他会的。此刻，史可法真的请求庄子固把他自己杀死，但是庄子固不忍这样做。于是史可法猛然拔出自己的佩剑自刎。但是，他没有受到致命伤，只是倒在庄子固的怀里血流不止。史可法大声呼叫其养子助他速死，但是史德威犹豫再三未能下手。结果从城北门逃来的败兵把他们席卷而去，后面有满人紧追不舍。混战之中，庄子固被杀死了，史可法被一个认出了他的清军将领捉住。

史可法很快就被带到豫亲王多铎那里。多铎很友好地对史可法说："前以书谒请，而先生不从。今忠义既成，当畀重任，为我收拾江南。"

史可法答道："我此来只求一死耳。"

多铎问道："君不见洪承畴乎？降则富贵。"

史可法答道："彼受先帝厚恩而不死，其不忠于尔国明矣。我岂肯效其所为？"

于是多铎命令宜尔顿将军"劝说"史可法屈服，但是三天过去了，史可法仍然拒绝投降，并高呼："我中国男儿，安肯苟活！城存我存，城亡我亡！我头可断而志不可屈！"遂英勇就义。

乾隆皇帝御题的"褒慰忠魂"

扬州的城防崩溃后，扬州城居民只有听天由命了。尽管当时大雨倾盆，但是一些居民忙着烧香，祈祷能保住性命。与此同时，他们开始大量地隐藏金银财宝。但是，这座古老的扬州城在腥风血雨中陷落之后，再次面临更大的劫难。城陷不久，清军统帅多铎便以不听招降为名，下令屠城。一时间，几世繁华的烟花古巷变成了血流成河的屠宰场。

　　清军入城之后，便在那些投降的汉人带领下从一个富户进入另一个富户。清兵们先是抢银子，后来就无所不掠了。直到 20 日的白天，还没有人身伤害。但是夜幕降临之后，人们听到了砸门声、鞭子抽人声和受伤人发出的号叫声。那个夜晚火势蔓延开来，但有些地方的火被雨浇灭了。到 5 月 21 日，一份告示保证说，如果藏起来的人能够出来自首的话就会得到赦免，于是许多藏在自己家里的人走了出来。可他们走出来后，却被分成 50 人或 60 人一堆，在三四个士兵的监督下，被用绳子捆起来。然后士兵就开始用长矛一阵猛刺，当场把他们杀死，即使扑倒在地者也不能幸免。王秀楚在《扬州十日记》中记载了当日的惨状：

　　一满兵提刀在前引导，一满兵横槊在后驱逐，一满兵居中在队伍的左右看管以防逃逸。三满兵驱赶数十人如驱犬羊，稍有不前，即加捶挞，或立即杀掉。妇女们还被用长绳索系在脖子上，绳索拖挂，累累如贯珠，女人们由于小脚难行，不断跌倒，遍身泥土，一步一蹶。此时街上但见满地都是被弃的婴儿，或遭马蹄践踏，或被人足所踩，肝脑涂地，泣声盈野。路过一沟一池，只见里面堆尸贮积，手足相枕，血流入水中，化为五颜六色，池塘都被尸体填平了……街中尸体横陈，互相枕藉，天色昏暗无法分辨死者是谁。在尸体堆中俯身呼叫，漠漠无人声应答。远远地看到南面有数火炬蜂拥而来，我急忙躲避，沿着城墙而走。城墙脚下尸体堆积如鱼鳞般密密麻麻，我几次被尸体绊倒，跌在尸堆上与尸体相触。由于到处是尸体，无放脚之处，我只好趴下以手代步，一有风吹草动即趴在地上装做僵尸。

　　血腥恶臭弥漫，到处是肢体残缺的尸首。那些从城墙上跳下去企图逃跑的人不是摔断了大腿，就是落到了流氓无赖和散兵游勇手中，他们把这些人抓起来拷打，要他们交出财宝来。在城里，一些人藏到垃圾堆里，在身上涂满烂泥和脏物，希望以此躲开人们的注意，但是清兵不时地用长矛猛刺垃圾堆，直到里面的人像动物一样蠕动起来，鲜血从伤口流了出来。大火蔓延开来，那些因为藏在屋子里或地下室里仍然活着的人们，或者是被无情的大火所吞噬，或者是战战兢兢地跑到街上来，被那些仍然在屠城的清兵杀死了。甚至那些被正规的清军放过去的、赤身裸体在街上游转的、孤弱无助的市民，又被成群的散兵拦住，乱棒打死。

到 5 月 25 日，即滥杀和抢劫的第 6 天，这场大屠杀方才结束。清军接到豫亲王的命令，就此封刀。和尚们得到命令开始收集和焚烧尸体。到 5 月 27 日，开始赈济口粮。根据焚尸簿的记载，在这次大屠杀中死难的人共有 80 余万人，其中还不包括落井投河、闭户自焚及在偏僻处自缢的人。

惨绝人寰的屠城使得几世繁华的扬州城在瞬间化作废墟之地，江南名镇一夜之间成了人间地狱，后人称之为"扬州十日"。

而提到另一桩震惊世人的屠城——"嘉定三屠"，还需从"剃发令"说起。对于让汉人剃头从满制，清王朝本是相当谨慎的。弘光朝投降，豫亲王多铎进入南京之后，曾有这样的公告：

剃头一事，本朝相沿成俗。今大兵所到，剃武不剃文，剃兵不剃民，尔等毋得不道法度，自行剃之。前有无耻官先剃求见，本国已经唾骂。特示。

然而，不久之后，这项政策却发生了 180 度转变。这里面有两个原因：一是政局出人意料地进展迅速，江南半壁臣服，除了东南西南，清王朝已基本控制了整个中原，安抚之策已达到目的；二是汉人官员的推波助澜，一些业已归顺的官员们虽换了主子，倒也不甘寂寞，或自动剃发，以示忠心不二；或上书建议，以媚上谋取赏识。清朝感觉名正言顺地推行满制的时机已成熟，疑虑之心消除。六月，清军再下剃发令，命令十天之内，江南人民一律剃头，"留头不留发，留发不留头"。

剃发对当时的汉人而言，心理上是难以承受的。"身体发肤受之父母，不可损伤"，这是千年以来形成的伦理观，也是一种根深蒂固的思维方式。剃发不仅有违传统，也被视为一种侮辱。因此这项政策不仅遭到了传统知识分子的抵制，也激怒了下层民众。于是，本已逐渐平静的江南又骚动起来了。清顺治二年（1645 年）六月二十四日，各地相继骚乱，地方官和民众纷纷揭竿而起，嘉定总兵官吴志葵响应，逐走清政府派来的县令，占据了城市。当时，李成栋正在追剿占据崇明的明军残余势力，闻讯从吴淞回兵镇压，嘉定第一屠开始。

七月初一，两军会战，当地的"乡军"虽集合了十几万人，但都是平民百姓，熙熙攘攘，拥挤堵塞，属乌合之众，毫无纪律，更谈不到组织和战斗力了；李成栋虽只有不足五千兵力，但均为装备精良、训练有素的精兵。一开战，李成栋以骑兵冲击，乡兵即四散奔走，自相践踏，被打得落花流水，大败而回。李成栋以大炮攻城，"终夜震撼，地裂天崩，炮硝铅屑，落城中屋上，簌簌如雨"。初四，嘉定城破，李成栋下令屠城，放部下大肆劫掠屠戮，大屠杀持续了一日，约三万人遇害，"自西关至葛隆镇，浮尸满河，舟行无下篙处"。

白色恐怖并未吓倒民众，李成栋一走，四散逃亡的民众又再度聚集，一位名叫朱瑛的反清义士率50人进城，纠集民众，又一次控制了嘉定。"乡兵复聚，遇剃发者辄乱杀，因沿路烧劫，烟焰四路，远近闻风，护发益坚。"李成栋遣部将徐元吉镇压，因嘉定居民闻风逃亡，这一次的目标主要是城郊，"数十里内，草木尽毁。时城中无主，积尸成丘……民间炊烟断绝"。尤其是外冈、葛隆二镇，因为组织乡兵进行了抵抗，几乎被烧杀殆尽。此为嘉定第二屠。

第二次屠城也未能削弱民众的反抗意志，抵抗的余波还在继续。八月二十六日，原南明总兵绿营把总吴之藩造反，此人本是吴淞守军将领冯献猷部下，随冯投降了李成栋。吴之藩率余部反攻嘉定城。城内清兵猝不及防，城内民众纷纷奔至吴军前，"踊跃听命"。然而，吴军乃乌合之众。清兵反扑之时，"一时溃散"。清兵涌入城内，李成栋恼怒，嘉定也再遭浩劫，城内外又有两万多人被杀，这是嘉定第三屠。

自闰六月初嘉定人民自发起义抗清，两个月内，大小战斗十余次，民众牺牲两万余，史称"嘉定三屠"。三次屠杀，死者无数，繁华都市，化为废墟。当时，清朝是满族建立的政权，而中原地区是一个以汉族为主体的国家，中原汉族政权历来视少数民族为"夷狄"，清朝入主中原在一些汉族文人心目中等于"亡国"。清军入关之初又实行屠城、圈地政策，并长期对汉人进行民族压迫与歧视，这无疑在汉人心目中烙下深深的印记。

# 零落成泥的女人花

仍是在明末清初的时候，农民军与明政府展开殊死搏斗，社会动荡不安，各种势力较量整合，此消彼长，最终推翻明朝统治；满族入关后攻城略地，战火蔓延全国各地；南明王朝及各地人民顽强抗清。持续不断的战争，严重破坏社会生产力，极大危害人民的生命财产安全。而女性，作为社会弱势群体，在战争中遭到了极为残酷的蹂躏。明末战争中，女性受难对象之广，人数之多，被害手段之残忍，令人发指。

农民军在明末战争性暴力中扮演了与其重大历史作用极不相称的角色。李自成率领的农民军是明末农民军的主力，他曾规定士兵不得淫掠，晓谕"杀一人如杀我父，淫一妇如入我母"。然而进入北京后，享乐思想在军中迅速抬头。有些不守纪律的士兵深夜时在所驻扎的百姓家里奸淫其妻女，然后"杀降兵于棋盘街，诈称贼兵淫人妻女者弃市，以示警"。还有的强行要求百姓妻女陪睡，并公开掳掠女性："初入人家，曰借锅灶。少焉，曰借床眠。顷之，曰借汝妻女姊妹作伴"；见有姿色妇人，"爱则搂置马上，有一贼挟三四人者，又有身搂一人，而余马挟带二三人者"；甚至"有八贼轮奸一幼女，立刻而毙"的兽行。而守城的农民军士兵，"每得一妇女即舁拥城上，挨次行奸，循环不已，妇女即时殒命"。漕抚路振飞在给总督张国维的手书中写道：1644 年 3 月 10 日，"一贼带二百余人至，选民间妇女六十人，假称娼妓，恣行淫辱"。世居京师齐化门外的吴信妻王氏，"知不免，闭门自缢"，却被兵救活，兵"见其美，强奸之"，王氏"嚼断贼舌，贼怒，剖其腹"。另一位农民军领袖张献忠攻占武昌时，精选城内妇女有"殊色者"送到"婆子营"（营妓）供军队淫乐。农民军将领罗汝才"所至郡邑，辄择子女之美者数十人，后房数百，女乐数部"。李自成进京后"以宫女分赐随征诸贼"，每人各 30 名。更有少数偏激分子，"裸孕妇于前，共卜其腹中男女，剖而验之以为戏"。古人认为女阴有辟邪厌胜的"神秘"作用，于是，崇祯九年（1636 年）正月，张献忠率领农民军久攻滁州不下，部队伤亡惨重，为鼓舞士气，张军"掠妇女数百，裸而沓淫之"。然后"尽断其头，环向堞，植其跗而倒埋之，露其下私，以厌诸炮”，称为“阴门阵”。以后在围攻六安、舒城、汴州等地时，农民军也采用过类似的方法。

由于战争的瞬息万变，人已无法把握自己的生死命运，于是追求暂时的享乐可能是农民军将士对弱势群体的女性进行性暴力的动机之一。当李自成从山海关败归时，将士悲观失望情绪居于上风，此时“贼益肆淫掠”。当然，由于这些史料作者大都从维系正统明王朝出发，对农民军极尽蔑视丑化，视农民军为洪水猛兽，其对农民军的记载与评价必然会夸大其词。但农民军在战争过程中确有过性暴力行为发生则是不容怀疑的事实。

清兵在性暴力方面比农民军是有过之而无不及，越是抗清最坚决的地方，女性遭受清军的蹂躏也最残酷。《扬州十日记》记载，清兵在扬州的淫虐暴行令人不寒而栗。顺治二年（1645年）4月，清兵攻陷扬州城，有数卒“掳四五妇人，内二老者悲泣……忽一卒将少妇负至树下野合，余二妇亦就被污，老妇哭泣求免”，二少妇被“数十人互为奸淫”，以致“其中一少妇已不能起走矣”。清军还命令掠来“诸妇女尽解湿衣”，“因威逼不已，遂至裸体相向，隐私尽露，羞涩欲死之状难以言喻。（兵）乃拥之饮酒，哗笑不已”。

清军在嘉定的性暴力事件更令人不忍卒读。据《嘉定屠城纪略》记载，清将李成栋围困嘉定城时，将在城外掳掠来的妇女，“选美妇室女数十人……悉去衣裙，淫蛊毒虐”。城陷后，清兵一见相貌丑陋妇女就砍杀，而“大家闺彦及民间妇女有美色者生虏，白昼于街坊当众……有不从者，用长钉钉其两手于板，仍逼淫之”。一些妇女在性暴力过程中当场丧生，“妇女不胜其嬲，毙者七人”。

清兵在江阴的观音寺“掠妇女淫污地上，僧恶其秽，密于后屋放火。兵大怒，大杀百余人，僧尽死”。《明季南略》卷4载，顺治二年8月21日江阴城陷时，有母子三人，“一母一子，一女十四岁。兵淫其女，哀号不忍闻”，后兵杀其子，释母，“抱女马上去”。又有一兵“挟一妇人走，后随两小儿，大可八岁，小可六岁”，兵杀二子，抱其母走。

相对农民军和清军来讲，明军作为国家正规的武装军队，其性暴力罪行似乎不怎么耸人听闻。这大约与政府的平时军纪训练不无关系。崇祯帝曾多次谕示，兵丁不许入村堡劫掠，"违者听民间堵御，将官不得故纵"。不仅如此，还在军营设置监视员，"专核有无侵掠，更不时召居民父老，令其自诉。有犯立诛，监视隐罪者同斩"。即使这样，处在战争时期失控的社会秩序中，明军还是参与制造了不少骇人的性暴力事件。

明将左良玉统率的军队，号称"兵半群盗，甚淫毒……所掠妇女，公淫于市"。崇祯九年（1636年）7月，左部尾随张献忠占据襄阳城，城内百姓家家驻有左军，"淫污之状不可言"，以至于百姓"不恨贼而恨兵"。崇祯十七年（1644年）3月，凤阳总督马士英部士兵闯进淮安城西门，城中妓女"俱被擒"。16岁幼妓燕顺坚拒不从，"上马复堕者三，兵以布缚之马上，顺举身自奋，哭骂不止，兵杀之"。5月，马士英手下士兵在白天径直闯入新城一杨姓大家，以"奉军门将令，欲借银数百两助饷"为名，直奔内室，"主人方措问间，诸贼乱掠妇女，互相争夺"。当老奴仆鸣锣呼救，"已有二女子被污矣"。为了冒领军功，明军甚至以妇女人头充数，《明季北略》卷7载，崇祯四年，明军陕西副总兵赵大胤在韩城"出斩（贼）五千级，验之皆妇女首"。

史料显示，战争中遭受性暴力的女性涉及面十分广泛，下至民妇，上至王妃，都难以逃脱施暴者的魔掌。平时养尊处优的皇室女眷，受害不亚于平民百姓。李自成军至北京时，皇室中的女性过惯了骄奢的生活，在突然而来的战乱中饱经了非人的折磨。崇祯帝两宫自尽，其妃嫔宫人或被掠或被杀，15岁的长女乐安公主亦成了断臂公主，幼女昭仁公主被帝所杀。《流寇志》卷5记载，福王选侍孟氏、萧氏、李氏也在战乱中自尽；《也是录》称：永历帝进入缅甸后，吊于树上的宫女如累累瓜果。其他藩王的妃嫔也遭同样悲惨下场。顺治二年（1645年）5月9日，南京失陷时，当涂孙陶氏守节已10年，被清兵所掠，"缚其手，介刃于两指之间，曰：从我则完，不从则裂。陶曰：义不以身辱，速尽为惠。兵稍创其指，血流竟手。曰：从乎？曰：不从。卒怒，裂其手而下，且剜其胸，寸磔死"。广州的益阳王妃也死于性暴力，史载顺治四年（1647年）春，益阳王死，妃"有殊色"。为了对付清兵的性迫害，王妃在身上捆缚了许多刀尖朝外的小刀，"兵欲犯妃，妃大骂。兵抱持益急，身数十处被创，血泫泫仆地。妃乃反刀自杀"。

明末清初战争中的性暴力行为极为凶残暴虐，其手段狠毒残忍。《平寇志》卷12记载，清兴安总兵任珍"强夺营兵妇女"及良家女达100多人，"淫欲无厌"。制作长押床，裸姬妾数十人于床，"次第就押床淫之。复植木桩于地，锐其表，将众姬一一签木桩上，刀剜其阴，以线贯之为玩弄，抛其尸于江上"。乾隆朝《西安府志》卷39记载，鄂邑杨遇的妻子何氏守节在家，"贼至，强挟不从。乃缚于树。氏忿骂，贼以刀割乳塞其口，氏仍骂不绝口，贼剖其腹而死"。有些女性被淫杀后，施暴者甚至"割其阴悬枪而去"。施暴者兽性大发时，甚至"剖孕妇，注婴儿于槊"以为乐，或"刳剔孕妇，取胎油为灯"。

为记取军功，施暴者对"妇人各取阴肉或割乳头，验功之所，积成丘阜"。更有甚者，据《明季北略》卷11载，"有缚人之夫与父而淫其女，然后杀之者；有驱人之父淫其女以为戏，而后杀之者；甚至裸孕妇于前，共卜腹中男女，剖而验之以为戏，一试不已，至再至三者"。民国《许昌县志》卷14载，某女18岁，"贼悦其色，迫之使行，前奉衣，女厉声曰：'城破，我分应死！'贼懦以刃，益痛骂。贼怒，裹以缊絮，卷以席箔，灌以膏油。女无怖色，系而竖于树，引火烛之，及身，大呼娘者三，呼天者三，须臾灰烬树下"。同治朝《阳城县志》卷12记载，村妇王毕氏，"贼至，被执，欲污之，拒之甚厉，刃露，终不从。贼恚甚。至场圃刳其腹，断肠于地，骂不绝口而死"。

明末清初战争性暴行几乎遍及全国各地。这种地域的广泛性反过来又说明了受害女性人数的庞大。从史料来看，受害女性几乎涉及社会各阶层。尽管遭受性暴力女性确切人数难以考证，但从一些零星数字记载仍可看到冰山一角。农民军初入北京时，市内治安异常混乱，安福胡同妇女一夜之间被奸污者就达370余人；道光朝《江阴县志》卷20《烈女》统计，江阴城破时死于性暴力的就达101人；而扬州城破时，死于性暴力的妇女也多达100余人；《江变纪略》记载，顺治五年（1648年）清军包围赣州时，将掳掠的妇女"各旗分取之，同营者迭嬲无昼夜"，这些女性"除所杀及道死、水死、自经死，而在营者亦十余万"。

战争性暴力行为常常与抢劫、屠杀等罪行结合在一起，表现出某种程度的综合性。如《明季北略》载，崇祯八年（1635年）春，农民军进入巢县，"先索骡马，次索金银女子，女子悉贯以索，闭于县内，大肆淫秽"。民国《盩厔县志》卷6记载，顺治元年（1644年）4月，清兵一路追杀农民军到达盩厔县（今陕西周至县）境内，生员孙文光的妻子费氏被执，"计无可托，因绐之曰：'我有金帛藏眢井中，幸取从之。'兵喜，与俱至井旁，氏探身窥井，即倒股而下。兵恨无金又兼失妇，遂连下巨石击之而去"。民国《氾水县志》卷9记载，寡妇张周氏守节不移，"被贼执，佯从行，绐河旁有藏金，贼俯首掘金，遽取贼刀杀之，众贼嗔怒，来击，氏仍持刀力敌，贼伤一，投河而死"。《研堂见闻杂录》则载，顺治二年7月30日，清军李都督回兵沙镇，"见者即逼索金银，索金讫，即挥刀下斩，女人或拥之行淫，讫，即掳之入舟"，"遇男女，则牵颈而发其地中之藏，少或支吾，即剖腹刳肠"。《明季南略》卷4也载，顺治二年，清军追赶南明政权至无锡时，"舟中俱有妇人，自扬州掠来者，装饰俱罗绮珠翠，粉白黛绿"。先抢劫金银财物，再掳掠妇女，最后是惨无人道的大屠杀，甚至放一把火统统烧掉，几乎是清初清军南下的一种程式，对嘉定及扬州的屠杀就是明证。

战争期间的性暴力，严重摧残了妇女的身心健康，甚至剥夺了女性最起码的生存权利，"不从则死，从而不当意者亦死，一人不堪众嬲亦死"。它的直接后果就是导致妇女因此而大量死亡。换言之，在性暴力过程中，女性以失去生命为代价进行了各种形式的本能抗争。战乱使受尽折磨与蹂躏的妇女变得坚强，她们以特有的方式本能地自发地进行抗争。部分女性不忍受辱，往往采用自杀的手段进行自卫，这一无声而又无奈的抗争，充斥于战争所到的每一个角落。据《明实录类纂·人物传记卷》载，崇祯三年（1630年）冬，流贼攻破清涧县神崖寨，寨中妇女50多名全部被掳走，唯独17岁的刘贵姐坚决不从，"贼再三胁迫"，贵姐"径投崖，身碎而死"，以死保持清白。《明史·烈女传》记载，保定之役中，城内妇女自杀115人；河南颍州城破时，妇人自杀45人。《烈皇小识》卷8记载，农民军攻入北京时，宫女跳河自杀竟有300多名。临汾县平阳某烈妇绝命书反映了女性对性暴力的反抗心态：

（妾）为兵所掠，一路强逼为婚，抵死不从，行至古淰中山陶唐古墟，回首家乡，后会无期，涉水登山，何时是止！思父母不得见，想丈夫不能睹，时庚寅（顺治七年）四月十五夕也。明月在天，清水在旁，愿得自尽于此，上不愧于父母，次无惭于夫婿，庶几与水同清，与月同明而已。

　　另一些妇女则采取了自污自残的方式予以反抗，试图躲过这场浩劫。史载，昆山县庠生胡泓时遇害，其21岁的妻子陆氏抱着3岁的儿子欲跳井，被一清兵所执，"氏徒跣被发，解佩刀自破其面……氏骂不绝口，至维亭挥刀剖腹而死"。赞皇县知县朱德成妻姜氏被执，"以簪自剔一目，示贼曰：'吾已成废人矣！速杀为幸！'贼怒，杀之"。《扬州十日记》载，扬州妇女"以血膏体，缀发以煤，饰面形如鬼魅"，甚至藏匿于坟冢之中，"泥首涂足，殆无人形"。在残酷的战争面前，人的尊严被严重地扭曲。有些妇女在受辱过程中痛骂强敌，宁死不屈。崇祯十四年（1641年）随州知州徐元淳殉职，"贼驱其妾赵氏出，不可，先杀其所抱幼女申姑，断其八指，骂益厉，贼刃之"。四川剑州贡生张选女逃到石子岭，"贼追之，登石上骂贼，贼撞其齿，落尽，仍骂不绝，以刃穿其胸死"。秦淮名妓葛嫩娘被缚后，清军主将"欲犯之"，嫩娘破口大骂，嚼碎舌头，"含血口巽其面"，被杀害。

　　也有极少数妇女用计谋毙杀施暴者。农民军入京时，16岁宫女费氏，"投眢井，贼钩出之，赏部校罗贼。费氏绐曰：'我帝家人也，义难苟合，惟将军择吉成礼，死为惟命！'贼喜，置酒极欢。费氏怀利刃，俟贼醉，断其喉，立死。因自刎"。仪真李铁匠妻田氏姿容美好，被步卒所掳挟持马上，在过河时，田氏"绐卒牵衣行，睹中流急湍，曳二卒赴水，共溺死"。据乾隆朝《闻喜县志》卷8载，崇祯四年（1631年），杨贵川妻张氏被掠，骂不绝口，"贼怒，钉其手足于板，胸刺数枪而去"。光绪朝《唐县志》卷9载，崇祯十一年（1638年），杜升之妻冯氏躲在城西三里沟，被兵强扶上马，"氏坠马伤面，曳而复坠者再四，发蓬衣裂，血溅马蹄，印沙数升而死"。民国《芮城县志》记载，崇祯十五年（1642年），"流寇犯县"，年仅14岁的龙氏女被掠，贼"剥衣欲辱之，女骂贼，不从，贼断其手，骂愈厉，贼又剖其心"。

　　少数女性面对即将发生的性暴力，甚至奋起反击。雍正朝《井泾县志》卷 6 记载，高杜氏"为贼所掠，夺贼佩刀刺贼一目，贼怒，杀之"。光绪朝《昆新两县续修合志》卷 36 记载，顺治二年（1645 年），观音桥南一妇人丈夫被杀，"兵以丑语挑之，妇佯笑曰：此亦易事，须放下刀。兵不疑，遂解衣甲，夫即擎其刀杀之，门外兵随入，挥作三截"。《明季北略》卷 21 下记载，张氏被农民军掳，"贼见其美，欲淫之。女绐曰：'我渴甚，取水饮我。'贼信之，至井所，女奋力挤贼堕井"。农民军攻下和州，甘氏被掠，"将欲污之"，甘氏屡次借口推辞，"一日，密以巴豆进贼，贼暴死"。这些反抗的妇女最终几乎都是被杀或被迫自杀，但其勇于抗争的精神让人感动。时人杨廷枢写诗赞道：

> 有妻慷慨死同归，
> 有女坚贞志不移，
> 不是一番同患难，
> 谁知闺阁有奇儿！

明末清初战争中，女性的身心安全没有丝毫保障。女性虽奋然抗争，但残酷的战争最终使女性或被残酷蹂躏或被残害。史料中频繁出现"众嬲"字样，说明女性是被士兵集体轮奸，有些女性因此被摧残致死。古代战争胜负的关键是在耗损对方的人员，即使是手无寸铁的妇孺也不会放过，战争是以大规模的屠城掠地方式向前推进的。战争的持续不断，不仅使美丽家园变成了废墟，同时也扭曲了人的心灵。性暴力的产生是与战争这一特定时代和社会背景分不开的，这是战争期间参战男性道德意识的集体沦丧之表现。但是，男性集体无意识地对女性实施惨无人道的强暴性行为，极度损害了广大女性的身心健康，加重了战争期间女性的身心痛苦，是对妇女基本生存权利的严重践踏。或许只有消除战争，才能避免大规模性暴力的发生。

# 第三章　文字狱

　　文字狱是封建统治者树立权威、维护政权的一种手段，帝王们拿士大夫开刀，为的是杀鸡儆猴，迫使全体臣民慑服。每一文字狱的构成，总要扣上"叛逆"的帽子，好像有好大的"敌我矛盾"。但只要看一看案情就能明白，那是用作借口的护身符，其实满不是那么回事。文字狱的案件，几乎全部是冤案、假案、错案，罪名均是罗织而成的。可以说，文字狱乃是专整知识分子的"特种刑庭"。

　　一般狱讼，总是先有犯罪嫌疑或行为，然后据以判处。文字狱却不是这样。文字狱往往是先有特定的对象，而又无法（不能或者有所未便）定他的罪名，于是就从他的文字作品中找证据。如明代诗人高启作了一首《题宫女图》，中间有"小犬隔花空吠影，夜深宫静有谁来"这样的句子，皇帝认为被讽刺帷薄不修，很受不了，又不愿意张扬其事，就借着他代友人魏观作《上梁文》，处刑腰斩。《上梁文》有什么毛病呢？是因为屋基是吴王宫殿旧址，硬说他有造反的企图。清代皇帝雍正，猜忌年羹尧，因为他的功劳大，难下毒手，就指责他在奏折里把"朝乾夕惕"写作"夕惕朝乾"是"大不敬"，有该死的罪。清代皇帝乾隆自称"古稀皇帝"，有个不识相的大官名叫尹嘉铨，也自称"古稀老人"。

第一编　黄沙下的悲鸣

乾隆认为他佞妄，又不好治罪，于是造了一个"为父请谥并从祀文庙案"这个文字狱，把他绞杀了。

文字本来无罪，只是"有罪者"的文字才"有罪"。清代胡中藻《坚磨生诗钞》案正是这样。乾隆对于此案发了一顿牢骚，说是："朕见其诗，已经数年，意谓必有明于大义之人，待其参奏。而在廷诸臣及言官中，并无一人参奏。足见相习成风，牢不可破。朕更不得不申我国法，正尔嚣风，效皇考（指雍正）之诛查嗣庭矣。"当时关于文字狱案件总是雷厉风行，急如星火的，怎么这个案子却等待数年之久呢？只因胡中藻是鄂尔泰门生，鄂尔泰原是乾隆重臣，后来失宠身死。所以胡中藻的文字，在鄂尔泰得意时没有问题；在鄂尔泰失宠身死时，问题就来了。

## 名震一时的乌台诗案

苏轼可谓一生受挫，一辈子犯小人。宋元丰二年（1080年），他44岁，第一次倒霉，八月入狱，十月脱险，被贬黄州。到了绍圣元年（1094年），他59岁，第二次倒霉，被贬惠州。紧接着，绍圣四年（1098年），他62岁，第三次倒霉，又被谪往海南。在那里一住四年，遇赦，再回到中原，他已经66岁，但却于返程中病逝于常州。在元脱脱所著的《宋史·苏轼传》里有这样一句话："（苏轼）自为举子至出入侍从，必以爱君为本，忠规谠论，挺挺大节，群臣无出其右，但为小人忌恶挤排，不使立于朝廷之上。"

苏轼

当时，朝廷就是权力，小人们利用包围住皇帝的机会，给这位文学史上的巨人制造了一生的麻烦。尤其是那些文人型小人，出于对大师才能的嫉妒，声名的仇视，影响之大的反感，往往是要拼命整之而后快的。

"乌台诗案"就是苏轼第一次受挫的实录，也是一次文人型小人嘴脸集大成的汇编。

乌台是北宋首都开封的御史衙门所在地，因为那里有些树木，聚来不少乌鸦，叫声不断，故而得名。这桩在元丰二年（1079年）间发生的文字狱案，是由御史们发起的，故而称之为"乌台诗案"。

中国的文字狱，通常是由皇帝发难，这一次比较独特，是由王安石所提拔安排的御史，出于帮派的阴暗目的，把反对新政的苏轼当作目标，精心策划的一次政治陷害。它实际上是王安石对政敌大清洗的一个部分。王安石是唐宋八大家之一，但在整治他的文学劲敌方面，却表现得相当小人。如果他不写诗，不为文，只是一位当朝宰相的话，他对苏轼不会表现出太多的兴趣。坏就坏在他是个文人，而文人要整文人的话，就混杂了一种可怕的嫉妒心理，那种燃烧起来的仇恨，会连最起码的理智也不顾的。

当时，王安石将一些正直的御史逐出了乌台。用了一些与他臭味相投、品质卑劣的小人，其中有一个人叫舒亶，此人在文学上没有多大才能，可又不甘寂寞，想靠文学以外的手段，搞倒写得比他好的人。此人很有心机，为王安石的嫡系，一直注意苏轼的诗文，在字里行间，搜集可以致其死地的把柄。当王安石对反新政、反变法的司马光等人发起进攻时，舒亶秉承王的意思，给皇帝上了一份奏折，告苏轼罪状如下：

包藏祸心，怨望其上，讪谤谩骂而无复人臣之节者，未有如轼也。盖陛下发钱以本业贫民，则曰："赢得儿童语音好，一年强半在城中。"陛下明法以课试郡吏，则曰："读书万卷不论律，致君尧舜知无术。"

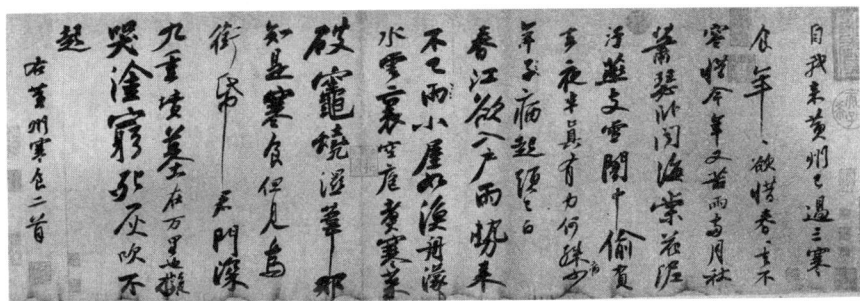

苏轼《黄州寒食诗帖》

陛下兴水利，则曰："东海若知明主意，应教斥卤变桑田。"陛下谨盐禁，则曰："岂是闻韶解忘味，迩来三月食无盐。"其它触物即事，应口所言，无一不以讥谤为主。

他的结论是："按轼怀怨天之心，造讪上之语，情理深害，事至暴白，虽万死不足以谢圣时，伏望陛下用治世的重典，付轼有司，论如大不恭，以戒天下之为人臣子者。"

此时，又有一个叫李定的御史，继舒亶以后，也给皇帝上表参奏苏轼：

轼先腾沮毁之论，陛下稍置之不问，容其改过，轼怙终不悔，其恶已著，此一可废也。陛下所以俟轼者可谓尽，而傲悖之语，日闻中外，此二可废也。鼓动流俗，言伪而辨，当官侮慢，行伪而坚，此三可废也。陛下修明政事，轼怨不用己，遂一切毁之，以为非是，此四可废也。

宋神宗对苏轼诗文印象不错，仁宗皇后对苏轼为人为政的评价更好，但经不起这帮小人的再三撺掇，于是，宋神宗派中使皇甫遵到湖州，将苏轼押往开封，接受乌台御史的审判，罪名就是他借写诗宣泄不满。

凡整人过度的积极分子，通常都伴有其不可告人的目的。他们无非是想通过非正常的竞争手段，获得从正常途径得不来的一切。因此，为达到比正常途径更丰厚的回报率，在手段的使用上，随着恶的程度增高，无所不用其极的可能性也就更大，受害者的痛苦也就更深。

司马光在愤而辞去一切职务时，给神宗上书，指斥王安石"以为贤则贤，以为愚则愚，以为是则是，以为非则非。谄附安石者，谓之忠良，攻难安石者，谓之谗慝"。小人，像大肠杆菌一样，植根在社会的肌体之中，一遇机会，就要爆发出来。不过，君子当道，正常细胞能够抑制得住病菌的繁殖，小人被抑制，即使闹，也不敢太张狂。但有的时候，邪恶占了上风，正派受到排斥，于是，病毒泛滥，不可控制，小人便把自己的快乐建筑在别人的痛苦之上，苏轼这样正直的人，就要吃苦头了。

中使皇甫遵到了湖州，捉拿苏轼，情势十分可怕。苏轼在给文潞公的一封信里写过："某始就逮赴狱，有一子稍长，徒步相随，其余守舍皆妇女幼稚。到宿州，御史符下，就家取书。州郡望风，遣吏发卒，围舟搜取，长幼几怖死。既去，妇女恚骂曰：'是好著书，书成何所得，而怖我如此？'"他在给陈师仲书中，很痛苦地回忆这件往事道："悉取焚之。比事定，重复寻理，十亡其七八矣。"这种焚稿的场面，对于以文为生的人来讲，当是十分痛苦的。

好在这世界对苏轼来讲，还不至于太绝望，至少在他被捕的当时，不是所有人都躲得远远的，不敢沾边，还有人挺身站出来，并不避嫌，不但亲自送他上路，还妥帖安置照顾他的家属。这实在是难能可贵的。"予得罪于吴兴，亲戚故人皆惊散，独两王子（立、敏）不去，送予出郊，曰死生祸福，天也，公其如天何！返取余家致之南都。"《宋史·鲜于侁传》载，"元丰二年召对，命知扬州……苏轼自湖州赴狱，亲朋皆绝交。道扬，侁往见，台吏不许通。或曰：'公与轼相知久，其所往来诗文，宜焚之勿留，不然，且获罪。'侁曰：'欺君负友，吾不忍为。以忠义分遣，则所愿也。'"这位太守宁肯担风险，也要招待一下犯了错误，被押往京师而路过他治下的一位老朋友，这种古道热肠，就绝不是那些小人所能理解的了。

受他这次案件牵连的人不少，驸马王诜因与他来往甚密，被削除一切官职，司马光、范缜等被罚铜20斤。还有一位生活奢侈，连外出旅游也要让仆人带着自家的佳酿，决不肯在村店野肆喝酒的贵公子王巩，也因与他来往，被发配到荒僻的地方。苏轼后来在一篇文章里写道："饥寒穷困，本书生常分，仆处不戚戚固宜，独怪晋卿以贵公子罢此忧而不失其正，诗词益工，超然有世外之乐。此孔子所谓可与久处约长处乐者。"一个已经失去了一切的人，便不怕再丢掉什么了。落寞对苏轼来讲是不存在的，他的一生又是何时不曾坎坷，不曾跌跌撞撞的呢？更何况，幸好还有这些不肯划清界限，不怕担干系的友人与他同在。

苏轼在《观棋》诗里，曾经写下四句话："胜固欣然，败亦可喜，优哉游哉，聊复尔耳。"以这样态度对待生活，也就是像苏轼所说的"超然自得，不改其度"、"杜门默坐，喧寂一致"的境界了。能做到热闹和冷清都无所谓，也就置落寞于不顾了。后来，这位因诗被捕的大师获释出狱后做的第一件事还是作诗："平生文字为吾累，此去声名不厌低。塞上纵归他日马，城东不斗少年鸡。"从这首诗中，看不到一点儿颓唐，而是仍旧那样自负，那么豪迈。挫折于大师，只不过是烈火炼金，使他愈益真纯成熟罢了。

那么，那些整治苏轼的小人们，后来又如何呢？舒亶，如果不是因为整得苏轼死去活来，他的名字早就湮没在历史的故纸堆里了。这倒合乎晋人桓温所言"既不能流芳百世，复遗臭万载邪"的效果了。后来，宋哲宗罢新政，他就败落了。从他的一首《蝶恋花》词中可以看出来此人的落寞心境："芙蓉落尽天涵水，日暮沧波起。背飞双燕贴云寒，抛向小楼东畔倚栏看。浮生只合尊前老，雪满长安道。故人早晚上高台，寄我江南春色一枝梅。"这首词可能写于"元佑更化"新党人物遭受打击贬斥时期，诗中不仅写了那种失意的凄凉，更写出了盼着重登政治舞台的强烈欲望。"故人早晚上高台"的希冀，表明了他还是梦想着王安石东山再起，好接着做他的整人之梦。因为尝过飞黄腾达、春风得意的人，尤其是一个追名逐利的小人，更是留恋那逝去的光辉岁月。

王安石罢相后，也就真成了话本小说里的"拗相公"了。金陵赋闲时的一首《桂枝香》写尽他失落无依的心态："登临送目，正故国晚秋，天气初肃。千里澄江似练，翠峰如簇。征帆去棹斜阳里，背西风，酒旗斜矗。彩舟云淡，星河鹭起，画图难足。念往昔，繁华竞逐。叹门外楼头，悲恨相续。千古凭高，对此漫嗟荣辱。六朝旧事如流水，但寒烟衰草凝绿。至今商女，时时犹唱，《后庭》遗曲。"金陵这个地方是王安石的发迹之地，当时，求才若渴的宋神宗一天下几道诏书，要他到开封去任相国。现在，过气政客，失意明星，落魄文人，和不修边幅的前宰相，再度出现在金陵，那百无聊赖的萧瑟悲怆情绪，与"城东不斗少年鸡"，斗而不败，愈败愈斗的苏轼相比，毫无共同之处。

不过，在钟山脚下，苏轼倒有机会与王安石相遇。"东坡过金陵，荆公野服乘驴，谒于舟次。东坡不冠而迎揖曰：'轼今日敢以野服见大丞相！'荆公笑曰：'礼岂为我辈设哉？'东坡曰：'轼亦自知相公门下用轼不着。'荆公无语。乃相招游蒋山。在方丈饮茶次，公指案上大砚曰：'可集古人诗，联句赋此砚。'东坡应声曰：'轼请先道一句。'因大唱曰：'巧匠斫山骨'，荆公沉思良久，无以续之。乃起曰：'且趁此好天色，穷览蒋山之胜，此非所急也。'田画承君，是日与一二客从后观之，承君曰：'荆公寻常好以此困人，而门下士多辞以不能，不料东坡不可以此慑伏也。'"

王安石最后的失败，倒不是正人君子把他挤出朝廷的，而是败在了他一手提拔的吕惠卿手里。苏轼在南京见到下野的拗相公时，还曾好心地关注他过去一些政治上的举措得失。他连连摆手说："别问我，别问我，现在已是吕惠卿主政了。"而且还神秘兮兮地对苏轼嘱咐，"此话出于我口，入于你耳，万万不可为他人所知。"他如此小心谨慎，紧张其事，不是没有来由的。由于王安石当年给吕惠卿写过一封私下的信，上面特地注上一笔："勿使上知"，也就是不要让皇帝知道他们之间的秘密。结果，吕惠卿这个更坏的小人，彻底的两面派，随时准备反戈一击的叛卖者，把这封"勿使上知"的信件交给了皇帝，结果自然是可想而知了。

王安石下台以后，过度失落造成心理的极不平衡，时常"喃喃自语，有若狂人"，还用手指对空书写"福建子"三字，一写就是半天。他为什么写这三个字呢？因为把他整苦了的吕惠卿正是福建人。据野史讲，王安石临死的前一天，在野外骑驴独行，看见一位农妇向他递交诉状，然后就消失不见了。回到家后，一摸衣袋，那份诉状也无影无踪，但他确切记得当时是很认真地接过来放得好好的。这样，越想越怕，第二天，就在恍惚和惊吓中死去了。

从此，王安石就固定在这个无法令人尊敬的形象上，而苏东坡呢？凡他足迹所至的地方，无不给后人留下景仰，留下诗文，留下在挫折中不屈不挠的身影，留下做一个光明磊落文人的风范。

## 有明一代的冤假文狱

明朝文字狱始见于洪武七年（1374年）。时苏州知府魏观将新府衙建于张士诚宫殿旧址，高启作《上梁文》中有"龙蟠虎踞"四字，因此触犯明太祖朱元璋忌讳而被杀。洪武十七年以后，又先后发生多起因上贺表、谢笺引起的文字狱。据载，因当时勋臣不满朱元璋重文轻武，遂进谗言"文人善讥讪"，朱元璋从此对天下章奏动辄生疑忌。洪武二十九年，礼部颁行谢表式后，不再发生以贺表、谢笺获罪之事。但洪武三十年南北榜案中，考官因所进试卷中有"一气交而万物成"及"至尊者君，至卑者臣"，被认为讥讽朝廷，有凶恶字而获罪。明初文字狱贯穿洪武一朝，是明太祖朱元璋为推行文化专制统治所采取的极端手段，并为后世封建统治者所效法。

朱元璋统治时期，文士以表笺文字不当而罹罪为最多。按照明朝初年的习惯，每逢正旦、万寿节及册立东宫，内外文武大臣都要献上表笺庆贺。而各级文武大臣娴于文辞者并不多，于是撰写贺表的任务大部分落在当地教官的身上。朱元璋知文士有讪讥之好，故而对这些表笺格外在意。果然，一些表笺被他看出了"破绽"，朱元璋毫不犹豫，亮出了屠刀。当时以表笺文字犯忌讳者中，大部分是因为用了"则"字。当时的江淮方言，"则"与"贼"读音相似，朱元璋以为这是在讥讽他有落草为寇的经历。如浙江府学教授林元亮因所作《万寿增俸表》中有"作则垂宪"句被杀，北平府学训导赵伯宁因其作《万寿表》中有"垂子孙而作则"被杀，等等。

朱元璋

朱元璋迫害儒士制造文字狱案，完全凭主观猜测，没有任何事实依据，而且置人于死地的花样离奇、手法恶劣，达到了骇人听闻的程度，归纳起来，其手段大致有以下几种：

第一，以附会字加罪于人。

当时有一位高僧，法名来复，朱元璋请他吃饭，来复谢恩诗称："金盘苏合来殊域，玉碗醍醐出上方。稠叠滥承天上赐，自惭无德颂陶唐。"朱元璋见诗大怒："汝用'殊'，谓我是歹朱耶！又谓'无德颂陶唐'，欲以陶唐颂我，而未能也。何物奸僧，大胆如此！"遂斩之（《明朝小史》卷1）。这位和尚虔诚的拍马屁，万没想到朱元璋用字形分解法来加罪于他。又有位擅长书法的中书舍人詹希原，朱元璋命他书写太学"集贤门"额匾，因"门"右直微勾起，朱元璋就挑眼说："吾方欲招贤，原乃闭门，塞我贤路耶！"遂诛之，并粉涂其钩（马朴《谈误》卷4）。

"门"字右直挑钩，是千古规范字体，怎么到了朱元璋那里就不能挑钩？朱元璋自己所写的"门"字也是"右直微勾起"，这就具有讽刺意味了。

第二，用同音、方音曲解文义加罪于人。

明初名儒卢熊曾为兖州知州，以印文篆书"兖"字类"衮"字，上书请改正。朱元璋看了大为恼怒，说："秀才无理，便道我衮（滚）哩！"几被祸（《水东日记》卷4）。卢熊以后仍坐累而死。其他如常州府学训导蒋镇为本府作《贺正旦表》，内用"睿性生知"被诛；澧州学正孟清为本州作《贺正旦表》，内用"圣德在秋"被诛。以上诸条，朱元璋用他的淮南方言读，"则"、"贼"同音，"作则"即"做贼"，"生知"即"僧知"，"圣德"即"僧得"，都成了揭他老底的文字。又如，怀庆府学训导吕睿作《贺赐马匹表》，内用"遥瞻帝扉"被诛；尉氏县学教谕作《贺万寿表》，内用"体乾法坤，藻饰太平"被诛，因为"帝扉"同音"帝非"，"法坤"被读为"法髡"，"藻饰太平"被读为"早失太平"，这都是骂朱明王朝短命的字音。甚至"万寿无疆（通强）"、"天下有道（音盗）"，被他读为别字"强盗"，真是蛮横迫害，毫无道理。

第三，疑文字触犯皇权而加罪于人。

在中国文字狱史上，罗织的罪名恐怕没有比明初文字狱更荒唐可笑的。文化素养较低的朱元璋，就像乡间的盲人，用低级文字游戏胡乱附会，迫害儒士，造成许许多多的冤案。因此，从洪武十七年（1384年）到二十九年（1396年）——即他死的前两年，文字狱长达13年之久，死者不可胜计，不仅摧残了文化，还严重禁锢了知识群体的思想。其规模之大，程度之深，理由之荒唐，是前无古人的。其原因，当有以下几方面：

首先，朱元璋自身的特殊性是导致文字狱产生的直接原因。以上表笺内容中有很多和"僧"、"贼"有关，而朱元璋对"僧"、"贼"这样的字眼相当敏感。这和他的出身有关。朱元璋出身微寒，为生计出家到皇觉寺当了和尚，后加入农民起义军，终成大器，年号洪武。虽然这时他已位居九五之尊，但他不光彩的为僧为盗生活史成了他心中挥之不去的阴影。这种不光彩的过去成了朱皇帝的雷区，触之即发。

其次，特殊的君臣关系是洪武文字狱的推动因素。草根出身的朱元璋，并非一开始就对知识阶级心怀疑惧。相反，跟元末其他起事豪强相比，朱元璋基本可以称得上是礼贤下士的典范。这就形成在功臣序列里，文官地位普遍高于武将的局面。于是那些曾为朱家江山浴血奋战的武将们在感叹"兔死狗烹"之余，不忘诽谤一下士人，以捍卫自己专宠的权利，以"《孟子》有'士，诚小人也'句"来挑拨朱皇帝和文臣之间的关系。在朱皇帝看来，读书人巧断句读，活用词意，实在是一件可憎的事。在草根出身的自卑情结的作用下，"由此览天下奏章，动生疑忌，而文字之祸起云"。

再次，皇权至高无上的封建专制制度是文字狱产生的根本原因。在封建专制政治制度下，皇帝的权威是至高无上的。"君让臣死，臣不敢不死"的君臣关系在长达两千年的封建社会里统治着人们的思想，历代帝王也随心所欲地运用这份权力，对"不顺者"以文字狱加之。专制政治越完善，文字狱的发生就越频繁，波及的面就越大。

朱元璋式的文字狱最大的特征，就是他没有自己的意识形态。也正因如此，洪武文字狱才更具有威慑力。明初的作家如刘基、高启，在文学上还是很有作为的，可谓开了明诗创作中简单率直的诗歌风气之先声。但朱元璋借胡惟庸之手毒死了刘基，用文字狱害死了高启。从此以后，君威难测，文人陷入左右无所适从的尴尬境地。文字狱败坏了文风，导致"台阁体"诗词侵霸文坛。"台阁体"诗词的出现和繁荣，是中国文化史的倒退，而文字狱就是这一倒退的决定性因素。

其次，文字狱摧残了士人的身心，是加深中国文人"奴性品格"的助推器。文字狱对文人不仅是身体上的迫害，更是精神上的摧残。以自尊、气节安身立命的士人在文字狱的淫威下渐有斯文扫地、气节不存之趋势。文人越来越多地趋炎附势、俯首听命，使中国人独有的"奴才哲学"愈加完善。

最后，文字狱阻碍了文学的发展，是明朝文坛沉寂与衰退的主导因素。朱元璋式文字狱更大的杀伤力在于，它绞杀了汉语的隐喻功能，明以后的汉语，已经无法完整营造出古典中国向现代中国急速过渡的准确意象。文字狱从肉体到精神对士人惨无人道的摧残和迫害，使一些士人诚惶诚恐地远离了文学创作，任由明朝的文学园地荒芜。

总之，洪武年间的文字狱因其"非意识形态"性把中国明代文学带入阴暗的地狱，它摧残了中国的文化，阻碍了文学的发展，成为了中国文学的一大缺口。

朱元璋大兴文字狱疯狂屠杀天下士民的血腥历史已是广为人知，然而迄今为止很少有人知道，明代文字狱其实不止洪武一朝，而是贯穿了明代两百多年，其血腥恐怖程度，并不在清朝文字狱之下。下面我们就从明朝成百上千的文字狱血案里，继续举出一些最典型的案例来看一看明代文字狱究竟有多么血腥、多么残忍。

在朱元璋之后，朱棣可谓是继其父之"余烈"，发扬文字狱精神的又一"雄主"。他刚坐上龙椅没多久，就迫不及待对臣民挥动起文字狱的屠刀。永乐元年（1403年），南昌知府叶惠仲与其兄叶夷仲直书靖难事，遭族诛。叶氏兄弟家族血案是首例在永乐时代惨遭文字狱荼毒的案例，虽然其惨烈尚不如方孝孺十族全诛一案，但是方孝孺是作为政治反对派被镇压，跟叶氏兄弟家族因文字狱遭灭门惨案有本质的不同。永乐三年，庶吉士章朴因家藏有方孝孺诗文，被人揭发，朱棣大怒，下令逮捕章朴，"戮于市"。因为朱棣曾经下诏昭告天下，收藏方孝孺诗文就是死罪。因此，章朴之死正是撞在枪口上。

因政治迫害大兴文字狱虽然残酷，还是事出有因。然而朱棣发动的文字狱有些却是莫名其妙，纯粹是暴戾淫威的体现。如永乐二年，江西饶州府儒士朱季友来南京向朝廷献书。只因该书批判宋儒理学不对朱棣的胃口，朱棣因此小题大做大动干戈，公然声称："愚民若不治之，将邪说有误后学。即遣行人押还乡里，会布政司、按察司及府县官，杖之一百，就其家搜检所著文字，悉毁之，仍不许称儒教学。"（《明太宗实录》卷33）

最为可叹的是，朱棣大搞文字狱居然针对起元代兴起的杂剧文化。永乐元年七月，刑科给事中曹润等上奏社会上有亵渎帝王的杂剧流行，奏云："乞敕下法司，今后人民，娼优装扮杂剧，除依律神仙道扮，义夫节妇，孝子顺孙，劝人为善及欢乐太平者不禁外，但有亵渎帝王圣贤之词曲，驾头，杂剧，非律所该载者，敢有收藏，传诵，印卖，一时拿送法司究治。"曹润等帮闲官僚的建议正合朱棣推行专制政策的胃口，于是下令五日内统统烧毁，还公然威吓天下士民："敢有收藏者，全家杀了！"（见于顾起元《客座赘语》卷10《国初榜文》）不能不说朱棣的这种野蛮政策影响是相当坏的。大学者王国维在《宋元戏曲史》中针对明初杂剧文化万马齐喑的可悲现象说道："元人生气，至是顿尽！"寥寥八字，蕴含了多少历史的悲凉与辛酸！

继朱棣大兴文字狱对元杂剧下刀子之后，明英宗朱祁镇又对民间传奇小说动手了。《明英宗实录》里清楚记载了这样的历史：正统七年（1442年）二月辛未，国子监祭酒李时勉言："近有俗儒假托怪异之事，饰以无根之言，如《剪灯新话》之类。不惟市井轻浮之徒争相诵习，至于经生儒士，多舍正学不讲，日夜记忆，以资谈论；若不严禁，恐邪说异端，日新月盛，惑乱人心。乞敕礼部行文内外衙门，及调提为校盦事御史，并按察司官，巡历去处，凡遇此等书籍，即令焚毁，有印卖及藏习者，问罪如律，庶俾人知正道，不为邪妄所惑。从之。"从以上这份朱明官方罪恶自供书里，后人读后可以想象，那种专制条件下的严禁政策不知使得多少元末流传下来的优秀文化作品被毁灭殆尽。

朱祁镇炮制的文字狱里居然还有因诗获罪这样莫名其妙的案子，而且在正统、天顺两代都有。正统十四年，福建剿贼都御史张楷作《除夕》诗云："静夜深山动鼓鼙，生民何苦际斯时。"又云："乱离何处觅屠苏，浊酒三杯也胜无。"又云："庭院不须烧爆竹，四山烽火照人红。"为给事中王诏所劾罢官。其实在宣德时，身为御史的张楷曾作诗献给宣宗，意欲求进，罪之，赖学士陈循力救而免。张楷逃过宣德，逃不过正统，可见，明朝文字狱是父子相继，源源不绝的。

天顺年间的文字狱血案则见于《万历野获编》卷25《诗祸》。天顺四年（1460年），江西万安县民罗学渊进所作诗300余首，名《大明易览》。中有咏犬、咏蜜、咏螽，嘲丑妇，及诶当道者，词多谬妄，上大怒，出其诗，命下狱讯治，集诸大臣廷鞫，坐妖言律论斩。以诗寄情，是自古文人发牢骚抒情的手段，历代皆有，何足为奇？偏偏到了明朝却成为获罪的祸根，由此可见明朝文化专制之野蛮凶残。

朱祁镇之后，因诗获罪的文字狱之风不但没有停止，还愈演愈烈。如《万历野获编》记载，"弘治十二年，云南副使赵炯作诗十二首，自序身谕孟密夷使入贡之功，以献，上怒降为运同。"弘治皇帝基本还算是明代一个不错的皇帝，然而他也因诗文而罪人，由此可见，明代的文字狱已经形成为一种风气。

弘治之后的正德年间，浙江佥事韩邦奇也因诗获罪。《明史》记载："邦奇悯中官采富阳茶鱼为民害，作歌哀之。堂遂奏邦奇沮格上供，作歌怨谤，帝怒，逮至京，下诏狱。廷臣论奏，皆不听，斥为民。"韩邦奇不过是对太监采办茶鱼祸国殃民之事不满，写诗讽刺，却被正德皇帝下狱免职，可见明朝滥用文字狱到了何等程度！

嘉靖时代，文字狱竟然祸及当时的高级官员——尚书。据《明史》记载，当时南京工部尚书吴廷举因为上疏里引用白居易诗句"朝廷雇我做闲臣"，又引用张咏诗句"江南闲煞老尚书"，从而遭致嘉靖帝大怒，将其革职为民。据《皇明驭倭录》记载，当时的吏部尚书李默因部试出题有用汉唐讥讽当朝，嘉靖帝便将其下锦衣卫镇抚司拷问，结果李默死于狱中。尚书都落得如此下场，其他小臣更不足论。都御史胡缵宗因为写迎驾诗中"穆王八骏"语为诽谤，被革职，杖四十。锦衣卫经历沈炼因作诗讥讽宣大总督杨顺，最终被斩首于宣府。嘉靖时代的文字狱在《万历野获编》作者沈德符眼里看来是"古来人主多拘避忌，而我朝世宗更甚"。或许，这跟嘉靖皇帝以外藩承继大统有心立威惩治下臣的心态有关。

嘉靖之后，隆庆、万历时代文字狱稍少，政治气氛还算较为宽松，然而仍出现了张居正因杀何心隐，禁毁书院64处的文化专制政策。万历皇帝还发动了针对李贽的文字狱，公然下诏说："李贽敢倡乱道，惑世诬民，便令厂卫五城严拿治罪。其书籍已刻未刻，令所在官司，尽搜烧毁，不许存留。如有党徒，曲庇私藏，该科道及各有司，访奏治罪。"

天启年间，大太监魏忠贤及其阉党当政，又掀起了一次文字狱小高潮。扬州知府刘铎正是因文字狱获罪于魏忠贤的典型。据《明史》记载，刘铎"愤忠贤乱政，作诗书僧扇，有'阴霾国事非'句，侦者得之，闻于忠贤。倪文焕者，扬州人也，素衔枲，遂嗾忠贤逮治之。"天启四年，魏忠贤还借科考问题大动干戈。据王世贞《弇山堂别集》记载，"山东江西湖广福建考官，皆以策问讽刺，降谕切责。初命贬调，既而褫革。江西主考丁乾学至下狱拟罪，盖触魏忠贤怒也"。不过这个时期已是朱明王朝穷途日暮的时代，不久之后，天下大乱，农民起义势如燎原。明朝统治随之土崩瓦解。

对血腥恐怖的明朝文字狱造成的人文精神泯灭，明末的文人张岱对此有深刻的反省，他在《石匮书自序》中痛心疾首地指出："有明一代，国史失诬，家史失谀，野史失臆。故二百八十年，总成一诬妄世界。"此论堪为振聋发聩之声，足以令后人深思警醒。

## 血腥恐怖的清朝文字狱

到了清朝，康熙时期曾发生了两起较大的文字狱案。一起是康熙初年起于庄廷珑的《明史》案。庄廷珑，浙江湖州人，家中豪富，想写一部《明史》留名于世，到处搜罗资料。同乡朱国祯曾著《明史》，有《列朝诸臣传》等手稿没有刻印。朱国祯死后，家道中落，家人听说庄廷珑想写《明史》，就以千两银子的高价把《列朝诸臣传》等先人未刻印的手稿卖给了庄廷珑。庄廷珑在朱国祯的手稿署上自己的姓名，又补写了崇祯朝的事迹，就刻印发行了。书中有许多指斥清朝的语言。

被罢官的原归安知县吴之荣是个阴险小人，看到此书后眼睛一亮，认为这是一块再入官场的绝妙敲门砖，至少也可敲诈一笔财富。他到庄氏家中进行敲诈，分文未得，便向将军松魁告发。松魁移命巡抚朱昌祚处理，朱昌祚又转交督学胡尚衡。庄氏向胡尚衡行了重贿，将书中指斥清人的文字修改重刻，事情也就不了了之。

吴之荣分文未得，一气之下便拿着初版告到北京，由刑部立案追究，掀起大狱。庄廷珑已死，开棺戮尸，其弟庄廷钺受牵连被诛。原礼部侍郎李令哲曾为该书作序，本人伏法还株连了4个儿子。主审官见其小儿子刚16岁，让他在口供中减少一岁，并告诉他只要减少一岁，按当朝惯例就可免死充军。李令哲小儿子悲伤地说："父兄俱死，不忍独生。"终于未改口供，随父兄一起赴难。

李令哲的序中提到了朱氏，指的是朱国祯。吴之荣与南浔富人朱佑明结怨，硬说序中朱氏指的是朱佑明，于是朱佑明父子6人被吴嫁祸而死。松魁被免官，幕僚程维藩被处死。朱昌祚、胡尚衡向主审官行贿，把罪责推给初审此案的学官，自己免难，学官被诛。湖州太守谭希闵才上任半月，还没弄清是怎么回事就以隐匿罪糊里糊涂地被绞死了。凡校书、刻书、卖书以及书中牵连人名者一律丧命。《明史》案冤死者70余人，死者妻子大都发配边疆。

另一起是康熙后期起于戴名世的《南山集》案。戴名世，安徽桐城人，自幼聪颖好学，收集明朝史迹，编写了一部《南山集》。《南山集》中采用了同乡方孝标的不少材料。方孝标做过平西王吴三桂的官，吴三桂叛乱后，他投降清朝比较早，得以免罪。后来写了《钝斋文集》和《滇黔记闻》，记录了南明的一些异事奇闻。戴名世感到很新鲜，便把其中的南明事迹采入《南山集》，并以南明桂王死后次年为清朝定鼎之年。《南山集》由许多人作序，捐资刊印，刻版寄藏于方苞家中。后来戴名世考中进士，在翰林院做编修。

康熙五十年（1711年），左都御史告发戴名世妄窃文名，恃才放荡，私刻文集，信口游谈，具有浓厚的反清意识。主审官判戴名世凌迟处死，族皆弃市，年幼孤儿发配边疆。凡作序捐资者一律绞死。方孝标已死，当开棺戮尸，量刑同于戴名世。其他有牵连的32名官员给予降职罢官处分。整个案件牵连人数多达几百，仅判死刑者就有300余人。后来康熙赦免了一些人的死罪，但仍然有很多人因此丧命。

清朝初年，满汉之间存在着一定的民族矛盾。汉族士大夫受清室压迫，借文字发泄愤恨的情况是有的；明末遗臣故老著书立说，时而流露出山河故国之思，这种情况也是有的。《明史》和《南山集》两案的起因就多少带有这种色彩。清朝统治者对这个问题很敏感，为加强思想统治，防微杜渐，一旦发现就严厉打击，后来变得神经质，又加之官场矛盾，于是发生了一连串的文字狱。

其中多无根据，只是捕风捉影滥杀无辜而已。

雍正四年（1726 年），清朝海宁人查嗣庭担任江西主考官，所出试题用了《诗经》中的"维民所止"一句。有人说他居心叵测，"维止"二字意在削去"雍正"二字的头。雍正闻听大怒，让人搜罗他的罪过。结果，查嗣庭被捕，病死狱中，被戮尸示众，儿子处死，家属流放。查嗣庭之狱，主要"罪证"无非是科场题目。类似情况还有很多，如翰林院庶吉士徐骏诗稿中有"清风不识字，何得乱翻书"一句，犯了清朝大忌。刑部对他的判决书说："原任庶吉士徐骏，居心叵测，狂诞成性，在诗稿中影射讥讪我大清，按大不敬律处斩，立即执行，诗稿一律焚毁。"此案也是仅因文字犯忌，没有其他罪证。

雍正年间最大的文字狱案则是吕留良案。吕留良，浙江石门人，清朝初年曾应试为诸生，几次参加乡试都没考中，气愤中抛弃仕途，讲学乡里，其子葆中考中进士在翰林院任职，吕留良却自称明朝遗民，不肯屈志归清。他长期隐居山林，授徒讲学，著书立说，名声越来越大，成为著名的道学先生，地方官多次举他为官，他始终不肯出山。后来削发为僧，死于康熙二十二年（1683 年）。

吕留良的著作中记载了许多清朝事迹，下笔行文毫无顾忌，尤其对康熙时政指斥颇多。吕留良死后，书稿藏于家中。湖南靖州人曾静到州城应试，看到吕留良的部分诗文，文中力倡华夷之别，他很感兴趣，就派弟子张熙到吕留良家中求吕氏遗书。葆中热情接待张熙，把先父遗书全部给了他，并向他介绍了吕留良之徒严鸿逵以及严鸿逵之徒沈在宽等人。从此，曾静与张熙、严鸿逵、沈在宽等往来密切，他们志趣相投，以华夷之别为思想基础，谋图反清复明。当时恰值雍正皇帝抑制宗室，猜忌功臣，胤祀、胤禟和年羹尧等人先后被治罪，其党徒造作流言，攻击雍正皇帝不得人心，行将垮台。曾静等人误信流言，认为反清复明时机成熟。他们听说川陕总督岳钟琪是年羹尧的部将，两次要求入京朝见雍正皇帝皆遭拒绝，对雍正皇帝又恨又怕；又听说岳钟琪是岳飞的后裔，而满人则是金人后裔，岳氏与清朝恰为世仇。于是便策划了一番，决定借助于岳钟琪的兵力反清复明，派张熙前往游说。张熙向岳钟琪投递一封书信，上面列举了雍正皇帝的九大罪状：弑父、逼母、害兄、屠弟、贪财、好杀、酗酒、好淫、诛忠用佞。力劝岳钟琪拥兵举义，光复明室。

　　岳钟琪收到书信后大吃一惊。为了擒得主谋，他佯装赞同张熙意见，与张熙订盟起誓，同生死共患难，让张熙请出其师友辅佐起事。张熙信以为真，供出曾静。岳钟琪又佯装迎请曾静，将二人送往北京，接受雍正皇帝亲审。曾静、张熙一见皇帝，才明白被岳钟琪出卖，立即伏地认罪，供出了事情的全部真相。雍正皇帝传命浙江总督，查抄吕留良、严鸿逵、沈在宽等人家藏书籍，连同所有人犯一起解送京师审讯。

　　雍正皇帝亲阅吕留良书稿，研究吕留良的反清思想，认为应该就此案大造舆论，从理论上批驳华夷有别说，在意识形态领域大树特树清朝正统观念。他将已死的吕留良、吕葆中和严鸿逵戮尸，沈在宽凌迟，吕、严亲族16岁以上男子全部斩首，妇女幼童发往东北边疆为奴；将此案中曾静、张熙的口供和谕旨编为《大义觉迷录》，颁发全国各地，又让曾静、张熙二人亲到浙江地区去宣讲，当众忏悔认罪，消弥反清意识，雍正皇帝宣布不杀曾静、张熙，也不许自己的子孙杀他们。表面原因是他们认罪态度好，而实际上却是拿他们当工具使。但后来乾隆皇帝一即位，看不起这两个软骨头，就以这两人曾经恶语中伤先帝为由，将他们杀了。

　　乾隆时期也有许多文字狱，比较有名的是胡中藻诗狱。内阁学士胡中藻曾是鄂尔泰的学生，鄂尔泰和张廷玉都是雍正皇帝的得力军机大臣，同受雍正皇帝遗诏辅佐乾隆皇帝。乾隆皇帝即位后，二人发生矛盾，依附二人的官员也分成两派，互相攻击，乾隆皇帝知道这种情况后曾多次进行调解。后来鄂尔泰死去，张廷玉也退休，但两派仍然倾轧不已。鄂尔泰是满人，党徒多为满人官员；张廷玉是汉人，党徒多为汉人官员。满汉官员之间互相猜疑，从而发生了胡中藻诗狱。

　　此时，胡中藻作了一本《坚磨生诗集》，极力颂扬鄂尔泰，攻击张廷玉。鄂尔泰之侄鄂昌任广西巡抚，援引世谊，与胡世藻作诗对答，往复唱和。乾隆皇帝很厌恶朋党门户之争，见多次调解无效，就想借文字狱惩一儆百，刹一刹党争恶风。他从胡中藻诗中摘出许多句子，进行曲解。例如，"一把心肠论浊清"一句，说作者故意把"浊"字加于清朝国号之上；"南斗送我南，北斗送我北"一句，说作者南北分提有意制造满汉对立；"亦天之子亦菜衣"一句，说天子句中用两个"亦"字是大不敬等等。此外，又摘出胡中藻主考时所出试题，内有"乾三爻不像龙说"，说："乾隆及朕的年号，龙与隆同音，这显然是有意诋毁于朕。"又指责鄂昌说："出身于满洲，历任巡抚，见此等犯上诗文非但不知愤恨，反而丧心病狂，与之唱和，真是罪不容诛。"结果胡中藻被抄家，判为凌迟，后改为弃市。鄂昌赐死，连鄂尔泰的灵牌也撤出了贤良祠。

清朝的其他文字狱也是多由文字牵强附会形成的。如扬州举人徐述夔的诗中有"大明天子重相见，且把壶儿搁半边"、"明朝期振翮，一举去清都"等句，被牵强为灭清兴明。礼部尚书沈德潜作诗咏黑牡丹，有"夺朱非正色，异种也称王"之句，被曲解为辱骂满人夺了朱氏江山。二人皆被戮尸。江苏生员韦玉振行文中僭用了一个"赦"字，被仗刑三百，服役三年。湖北生员程明湮给人写寿文，用了"创大业"三字，被凌迟处死，亲属也受到牵连。安徽贡生方芬的诗集中有"蒹葭欲白露华清，梦里哀鸿听转明"一句，被刨坟戮尸，祸延子孙。

清朝的文人学者为避免文字狱，常常将涉嫌字眼改成其他字代替，或者干脆空起来，往往搞得文理不通，雅韵全无。后来连"胡"、"虏"、"夷"、"狄"等也成了避讳字，书籍中往往空格不刻。还有许多文人学者为了逃避现实，埋头于古纸堆中作考据性的学问，从而形成了中国学术史上的一个著名学派，即乾嘉学派。

在历史上，对文字狱的处理是非常残酷的。总是被逮捕，被抄家，坐监牢，受审讯。审讯的时候，常用酷刑；审讯的结果，总归重判。至少是终身监禁，流放边荒，充军为奴；大多是杀头处绞，碎剐凌迟。如果人已经死了，还免不得从坟墓里刨取棺木，拖出尸身，戳碎焚烧。而且一人得祸，株连极广，往往一杀一大片。所有近亲家属，不管知情不知情，识字不识字，一概得"从坐"。清代并没有惩治文字犯罪的法律，但有"大逆"犯罪的案例。遇到文字狱，援引"与大逆无异"定罪。按照"大逆"的处理："凌迟处死，正犯之子、孙、兄弟，及兄弟之子，年十六岁以上皆斩。男子十五岁以下，及正犯之母、女、妻妾、姊妹，若子之妻妾，均给付功臣之家为奴。财产入官。"文字狱一构成，就意味着血淋淋的一场杀家的惨祸。所以一人被捕，常常举家自杀，以免受辱而终难逃一死。

从社会关系上讲，文字狱的株连性也是惊人的。每一案件，莫不夸大其词，涉及多人，拖累甚广。如果被认为是要案，常常罪犯百十成群，攀牵数省。一本书，作者犯了罪，写序、跋，题诗，乃至题签的人都有罪。这还不算，还要追查何人出资刻印，何人雕刻，何人印刷；书印多少，何人贩卖，何人购买，赠送何人。核对翔实，悉数上缴，缺一本也不行。书版要解京劈毁，决不能少一片。所有有关的人，全都有罪。即或你虽有书，却没有看过，事实证明是如此，那也不行，谁让你不看、不检举呢？当地该管官吏，有牵连的罪更大；没有牵连而事先失察，也同样有罪。古时有所谓"瓜蔓抄"，按藤摸瓜找罪人；文字狱这根"瓜蔓"，枝条歧出，是长之又长的。

不要以为文字狱是将罪名硬栽在受害者身上，可以不费心机随便说说就完了。其实不然。那些案子，莫不经过精工细作、炮制而成的。为了遮掩天下人耳目，要说一些强词夺理的话，用以表明给戴的帽子是合乎尺寸的。论手法主要耍的也不过几种，只是花样翻新，愈出愈奇罢了。常用的手法首先是牵强附会，肆意歪曲。你说是活的，他偏说你指的是死的；你说着东边，他偏说你影射着西边。尽管理论上不符合逻辑，他却能振振有词。其次剪头去尾，断章取义。或者挑一段，或者挑二三句，不管上下文如何，只给你加上些"虽然"、"但是"的字眼，就正面变成反面，反面变成正面，意义全非了。再其次是移花接木，张冠李戴。经过了嫁接的文字，和原来当然不一样了，他说这是你的手笔，这却是无可辩论的。在这些手法之外，更有制造伪证、肆意妄言的，那样致人入罪，就更加可恶了。

统治者的意图，爪牙们总是心领神会。当统治者大兴文字狱的时候，爪牙们就都争取搞几个以立功，用无辜臣民的鲜血染红自己的顶子，这是多么轻而易举的事。搞不出，是无能。别人抢先揭发了，你还不知道，一旦被认为"失察事小，隐讳事大"，不但会丢官，而且也有抄家弃市的可能。这样的例子岂止一两个。有时下面检举揭发，因为不是统治者要整的对象，来个"谕旨"，"所奏殊为过当"，"传旨申饬"。不要以为挨了骂了，其实"简在帝心"，将来自有重用之日。这些都是做官的诀窍。办理文字狱，宁枉毋纵，宁重毋轻，是必然的趋势。至于爪牙彼此之间，党同伐异，互相攻讦，这样构成的文字狱也是有的，那就不在话下了。

文字狱对于社会的影响是恶劣而深远的。那些想向上爬而没有阶梯的人，钻头觅缝，在别人的文字中找毛病，检举揭发，作为自己猎官的敲门砖。与他人有仇存隙的人，利用文字狱陷人于死地，以遂其报复心愿。也有专司敲诈勒索的人，起初是只拉弓不放箭，后来却终于"箭在弦上，不得不发"，把文字狱构成了。也有在朋友投赠、书信往来时，"忝在知交"，无所不谈，偶或一二字句有失检点，受者怕被牵连，岂敢知情不举？变生肘腋之间，有些人就这样糊里糊涂被出卖了。有个名叫梁诗正的，本是协办大学士，告老还乡。乾隆皇帝怀疑他不是本意，"谅有怨言"，就叫浙江按察使富勒浑去摸他的底细。两人混得熟了，梁诗正无意间告诉富勒浑，自己"从不以字迹与人交往。即偶有无用稿纸，亦必焚毁"。富勒浑把这话上报给乾隆皇帝，并且说梁诗正"举止语言，无不缜密。即有怨怀，不敢遽为吐露"。乾隆皇帝见到奏折，加上朱批说："如此，则是伊知惧，尚不至于怨望，何必深求！"不过，这事却也正好向后人反映了当时的情况：不敢留字迹，不敢说话，整个社会都死了，真正到了"万马齐喑"的地步。

# 第四章　无所不用的酷刑

1988 年，联合国拟定了一项《禁止酷刑和其他残忍、不人道或有辱人格的待遇或处罚公约》，得到许多会员国的响应和赞同。到该年 10 月 6 日为止，共有 37 个国家的政府已批准或统一了这项公约，中国即是其中之一。

这是一个具有重要意义的事件，它奏出了历史进步的音符，闪耀着现代文明的光辉。酷刑和其他残忍、不人道或有辱人格的待遇和处罚，在人类社会中曾经肆虐了几千年，给无数人造成了巨大的痛苦和灾难，以至于当代人一提起那些惨无人道的刑法和残忍行为都难免心有余悸。今天，野蛮与狠毒的现象终于受到世界各国人民的唾弃，在许多国家被送进了历史的博物馆。但是，应该看到，人类迈出这一步是多么的不易。

说到中国古代的酷刑及其他残忍行为，其名目之多、手段之狠、受害之惨，在世界史上都是很突出的。翻一翻二十四史中的刑法志、酷吏传，查一查《太平御览》、《渊鉴类函》、《古今图书集成》等书的刑法部分，那里面记载的各种刑罚名称、各种刑具、各种用刑方式以及许许多多血淋淋的事实，令人触目惊心。野史笔记、小说戏曲中也有不少这方面的记述或描写，又为正史的记载提供了丰富的旁证。历代统治者暴虐的本性和害人的技巧在使用刑罚的问题上得到了极其充分的表现，恣意摧残人的肉体的种种怪术绝招都被创造出来，人类的残忍意识也通过各种残忍行为得到了淋漓尽致的发挥。许多残酷事件是今天的人们闻所未闻，甚至是连想也想不到的，作者下笔叙述它们时还不由得感到一阵阵的战栗。

## 酷刑的历史

历史上，中国各代正式颁行的法律中规定的刑罚有不少都带有残酷性。早在尧舜时期，三苗就开始实行"五虐"之刑，包括"截人耳鼻，椓阴黥面"等。夏代以"大辟、膑辟、宫辟、劓、墨"为五刑，周代以"墨、劓、宫、刖、杀"为五刑，这些都是伤残人的身体直至把人处死的酷刑。经春秋、战国、秦到汉初，刑罚的名目略有变化，如大辟的执行方式又分为车裂、凿颠、腰斩等，但大体不出五刑的范围。汉文帝十三年（公元前 167 年）下诏废除肉刑，但以后的死刑仍然使用车裂、枭首等，直到清末都保留着凌迟。死刑之外，各代都通用笞杖鞭督枷等，已经废除的宫、劓、刖等肉刑在后世又不断被恢复使用。法律中规定的有些较轻的刑罚如流放、充军、苦役等，虽然不应属酷刑的范围，但它们常常以笞杖、黥面或钛趾等肉刑为附加刑。终封建社会之世，残酷的肉刑一直没有从朝廷的法典中废除。

炮烙之刑

而且，各代中上自朝廷、下至县衙还大量使用法外之刑（或称非法之刑）。统治者处置政敌、镇压反叛以及审理案件拷讯犯人时常常不择手段，所用的刑罚五花八门，毫无节制，大多不受法律约束，其残酷性与法内之刑相比有过之而无不及。法外之刑的名目究竟有多少种，难以统计，有的书中曾列举了其中的一部分。如《古今图书集成·祥刑典》卷84《推原用刑本意》一文中说："后世暴君酷吏始有法外之刑，如炮烙、锻炼、抽肠、悬脊、剜膝、剥皮、鼎烹、甑蒸、腰斩、寸斩、刷洗、鸩毒之类，何其惨哉！"明末吴尔埙所著《仁书》也罗列了各种刑罚："曰湛身，曰焚，曰炮烙，曰炙，曰自刭，曰不食，曰闭口，曰雉经，曰扼吭，曰立槁，曰没阵，曰触，曰坠，曰鸩，曰烹，曰菹醢，曰脔，曰斩，曰车裂，曰磔，曰锯，曰囊扑，曰剥，曰剖拉，曰杖，曰笞，曰槌击，曰刺，曰幽，曰冻，曰疽发背，曰恸哭。"上两处所列名目包括了一些法内之刑，但更多的是法外之刑。这里见到的名目显然不是古代酷刑名目的全部，散见于正史及其他典籍中的法外之刑的名称还有很多。

法外之刑的大量存在和肆意泛滥，与帝王专制的思想体系、政治制度有直接的关系。占统治地位的儒家学说提出的君君臣臣父父子子的伦理观念，规定了等级森严的尊卑秩序，上级对下级，长辈对晚辈，具有主宰、支配乃至生杀之权；反过来只有无条件地服从，稍有反抗便被视为大逆不道。这种根深蒂固的伦理观念决定了古代政治的基本特点只能是专制。

在朝廷之上起主导作用的是皇帝的权威，在各级衙门起主导作用的是长官的意志，皇帝和长官的决策、命令常常就是不容违犯的法律。各代虽然有正式颁定的法规法典，但是一直没有建立科学完整的法制系统，国家基本上实行的是人治而不是法治。皇帝和各级官府在执行法律的过程中带有极大的随意性，他们可以随时改变既定的法律条文，随时发布新的法律条文。在专制政治的淫威之下，法律被挤压，被扭曲，显得非常软弱，当皇帝和各级官府使用法外之刑的时候，法律无力加以阻止和纠正。同时，非法的酷刑一旦经官方使用，它也就取得了一定的合法性，后世的暴君酷吏重新使用这种非法酷刑时，便把前代的非法行为作为合法的依据。有时，前代的非法之刑会正式列入后世的法典，如凌迟在唐代之前是法外之刑，到了宋代之后以至于明清，就成为法律规定的死刑之一了。

各种非法之刑不仅作为朝廷及官府正式使用的官刑长期存在，而且也作为民间私刑长期存在。封建伦理观念表现在政治上，皇帝可以任意处罚臣僚，官府可以任意惩治百姓；而表现在家族和家庭内部，族规、家法也和国家的法规同样具有效力。族长对本族内的叛逆者或做了伤风败俗等错事的某个成员可以下令给予活埋、沉河、焚死、勒杀以及鞭杖责打等处罚；家长对于违反家法的家庭成员或奴仆可以随意责打直至处死；主妇对婢妾也常常给予非法的虐待，有的甚至割鼻、截舌、挖眼、断手、针刺、火烙，无所不用其极。家族之间、家庭之间或人与人之间发生械斗、仇杀或人身报复等情况时，也常常使用非法酷刑。此外，由于古代社会的法制不健全，民众的法制观念相当浅薄，民间抓获小偷、盗贼或奸犯常常不经官府而予以私刑处置，或剁手、截指，或拷打、割去生殖器等等；乡间土豪劣绅对待雇工和佃户常用非法酷刑；民间的黑社会组织如某些行帮、会道门有时进行残害民众或行凶暗杀等活动时也惯用酷刑；某些江湖术士、巫觋、神汉在招摇撞骗时也使用酷刑害人。漫长的古代社会中，各种非法酷刑作为私刑而滥用的时候，演出的一幕幕悲剧也是骇人听闻的。私刑的施行方式大都仿效官府使用的非法之刑，同时又有不少独出心裁的创造，这使中国古代的酷刑名目更加繁多，手段更为离奇。

历代的刑法是当时的政治制度的重要组成部分，它体现统治阶级的政治需要，并维护统治阶级的利益。酷刑及其他残忍行为在施用过程中表现出来的残忍意义，反映了统治者暴虐的一面。因此刑法同其他法规法典一样，都具有鲜明的阶级性，刑法中关于酷刑的量刑和执行也处处体现出统治者的阶级意志。《礼记》中明确宣称"刑不上大夫"，即对于士大夫们不使用和平民一样的标准来量刑，这显然是给上层统治者以特殊的照顾。汉初贾谊也说："廉耻节礼，以治君子，故有赐死而无戮辱，是以黥劓之罪不及大夫，以其离主上不远故也。"即是说，士大夫们犯了罪，严重者可以将他们处死或赐死，而不使用黥面、割鼻等伤残肢体、侮辱人格的肉刑。看来肉刑的施用对象，只能是一般官吏和平民，他们一旦犯罪，总逃不脱各种酷刑的折磨。对于那些犯上作乱者、谋反叛逆者，如农民军的将领、抗粮罢税的百姓、杀死主人的奴仆等等，统治者更是惯用狠手。

如果把古代的酷刑及其他残忍行为和人类历史发展的大背景联系起来考察，更可以看出它具有深刻丰富的社会内涵。酷刑的产生和使用，残忍行为的出现与存在，除了阶级的、政治的因素之外，还是一定的历史时期内社会文化观念和人们的文化心理的反映。

首先，酷刑及其他残忍行为和人类文化发展有密切的关系，从某种意义上说，它是民族的文化水平和文明程度的标志。人类社会早期开始使用刑罚的时候，不同民族大多采取简单的肉体摧残手段，像宰割或驯服动物那样，这是由当时人们的生产水平和生活方式决定的。因此，酷刑和残忍行为的产生，就表现出原始的、野蛮的文化形态。后来，由于政治斗争十分剧烈，酷刑及其他残忍行为适应社会冲突的需要而有所发展，并在相当长的历史时期普遍存在，但是，它并没有改变最初的原始、野蛮的文化性质。随着社会的发展和人类文化素质的提高，酷刑及其他残忍行为会越来越受到人们的抵制、谴责，最终将被彻底取消。在中国历史上，一般说来，滥用酷刑的程度，古代较重，近代较轻；乱世较重，盛世较轻；少数民族统治的时代或地区较重，汉民族统治的时代或地区较轻。这些差异，显然是社会文化进步的程度在起作用。

其次，酷刑及其他残忍行为的实施与某些人的文化素质有密切的联系。历史上统治阶级中出了不少暴君酷吏，后世的人们常用凶残、暴虐这样的词汇概括统治者阶级属性，但其实不十分准确，因为有些统治者并不凶残暴虐，而被统治者中也不乏凶残暴虐之徒。明末的张献忠应该算是被压迫阶级的代表，可是他在使用酷刑时和朱元璋、朱棣没有什么两样；李自成攻占北京之后，刘宗敏等将领对明朝的达官显贵实行酷刑追赃，手段之狠毒不亚于锦衣卫掌管的诏狱；太平天国有个将领名叫傅学贤，参加农民革命非常坚决，但他惯于使用火烙火锥等毒刑，与镇压太平天国的清军同样凶残。历史上有不少比较开明的君主曾反对或限制使用酷刑，如汉文帝废除肉刑，并且在处理具体案件时尽量减轻肉刑，如东汉刘宽实行以蒲鞭示辱、汉末孔融反对曹操恢复肉刑、明代吕坤提出笞杖的八项戒规等。

回顾历史可以看到，各代都一直存在着使用酷刑和反对酷刑、废除肉刑和恢复肉刑、实施残忍行为和谴责残忍行为的辩论、争议。这是文化领域里的进步与腐朽、文明与野蛮的较量。由于整个民族的文化素质没有达到一定的高度，少数人的努力不足以禁绝各种残酷现象，而且，存在于人们思想深处的残忍意识更难以消除。残忍意识是人们的文化观念与文化心理的表现之一，统治者和被统治者都相当普遍地存在着这种意识，都可能在残忍意识的支配下表现出残忍的行为。残忍意识首先表现为对人的残害，如酷刑、虐待等等。同时还表现为对物（主要指有生命的动物）的残害，如唐代张宗昌兄弟活烤鹅鸭、活烤驴肉，宋代韩缜吃活驴肠，清代某王公吃烧鹅掌，即属此类。直到今天，某些高级餐厅还把"吃活鱼"、吃"活猴脑"作为一道"名菜"，正是这类残忍行为的遗迹。

另外，残忍意识还表现为对残忍行为的冷漠与麻木，对受残害的人或物缺乏同情。这一点在一些中国人身上表现得非常充分。自古以来，中国的民众最爱看杀人，每逢处决罪犯，总有成百上千的人围观。鲁迅在小说中多处描写了杀人时民众围观的场面，如《药》、《阿Q正传》、《示众》等。鲁迅对中国人的这一国民性的认识是很深刻的，许多精彩的议论入木三分，切中中国人的弊病。他说："群众，——尤其是中国的，——永远是戏剧的看客。牺牲上场，如果显得慷慨，他们就看了悲壮剧；如果显得觳觫，他们就看了滑稽剧。北京羊肉铺前常有几个人张着嘴看剥羊，仿佛颇愉快，人的牺牲能给与他们的益处，也不过如此。"残忍意识在各方面的表现有时是自觉的，有时是不自觉的，几千年的文化积淀形成一种巨大的历史惰力，直到当代仍然到处游荡着它的影子。

当然，中国人的国民性并不仅仅表现为残忍意识，与残忍相对立的仁慈在中国的传统文化中也占有重要地位。在古代社会起统治作用的儒家思想核心是"仁"，"仁政"是儒家理想中的政治制度，"仁人爱物"是儒家推崇的道德风尚，"见其生不忍见其死，闻其声不忍食其肉"的慈善者被孟子视为"君子"。以各种酷刑为内容的刑法也解释为圣人不得已而用之。历代不少正直的清官廉吏都不赞成严刑峻法，而主张简政宽刑；真正有作为的政治家也不单使用刑法，而是恩威并施，宽猛相济。历代官修的正史中，对暴君酷吏都持贬斥态度，而对仁术善政予以褒扬。野史笔记、文学作品写到那些酷暴者的残忍行为时，大多采取因果报应的观点写他们必得恶报。在社会生活中，许多人把积德行善作为立家之本、修身之道，乡间百姓不论是绅士还是农户，广行慈善总是受人尊敬。

综观历史，中国人的残忍是突出的，仁慈也是很突出的，残忍和仁慈共同构成中国传统文化的不同侧面，显示出中国人的民族特点的复杂层次。即使在同一个人身上，也会出现残忍与仁慈并存的状况，形成复杂的二重或多重性格。

最后还要说明一点，中国传统的文化思想在形成过程中，受到来自外国的宗教思想的影响，其中以佛教的影响为最大。中国人相信了佛教中关于地狱的一整套理论与传说，并且加以发挥，假设了一个可怕的、黑暗而残酷的魔幻世界。中国人设想的地狱与佛教中的地狱不完全相同，与但丁《神曲》里描绘的地狱差距更大，但关于人死后进地狱受到各种各样的酷刑这一点是一致的。唐初画家阎立本有《地狱变相图》，描摹地狱的各种刑罚，凄惨可怖。后世文人在笔记、小说及其他文学作品又经常进行绘声绘色的描写，如洪迈的《夷坚志》详细介绍了人死后在地狱得到的各种果报，《聊斋志异·席方平》中描写了地狱的各种黑暗情景，薛福成、王韬的笔记里都写了梦游地狱的故事，其中提到的酷刑种类和用刑方式大同小异。佛教中提出的关于地狱的理论，意在告诫世人生前行善，以免死后受到地狱轮回之苦，但却在现实中产生了很大的副作用，一些暴君酷吏便把地狱中的各种残忍手段移到人世间实施，大肆作恶；另一些人慑于地狱之苦，在生前尽力行善。于是，残忍与仁慈便演出了一幕幕历史的活剧。


## 古代的七大酷刑


### 一、烹刑

据历史记载，周的始祖西伯被囚禁于羑里的时候，西伯的儿子伯邑考在殷都作人质，为纣王当车夫。纣王把伯邑考放在大锅里"烹为羹"，赐给西伯。西伯不知是人肉羹，就把它吃了。纣王得意地对别人说："谁说西伯是圣人？他吃了自己儿子的肉羹还不知道呢！”这是古代烹人的最早事例。

烹人的大锅古时叫作鼎或镬，都是用铜或铁铸成的，不同的是鼎有三只足，镬无足。《淮南子·说山训》篇有“尝一脔肉，知一镬之味”之语，高锈注：“有足曰鼎，无足曰镬。”颜师古

烹刑

也说：“鼎大而无足曰镬。”因为烹人要用鼎或镬，所以，古时就把这种酷刑叫做镬烹、鼎镬或汤镬。如《汉书·刑法志》说“陵夷至于战国……增加肉刑，大辟有凿颠、抽肋、镬亨（烹）之刑”，《旧唐书·魏元忠传》说：“既诛贼谢天下，虽死鼎镬所甘心”，《史记·廉颇蔺相如传》说“臣令人持璧归，知欺大王之罪当诛，请就汤镬”。

春秋时，周室衰微，诸侯混战，法制废弛，那时的国君将人处死，常采用烹的方法。周夷王在位时，齐哀公因纪侯在周室进谗言，而被周夷王用大鼎烹死。公元前547年，宋国太子痤被成公囚禁，自缢而死，后来成公知道太子是无罪的，非常懊悔，就烹杀拨弄是非的寺人伊戾。公元前479年，楚国的白公逃到山中自缢而死，白公的学生微子抓住了石乞，问他白公死的地方，石乞无论如何也不肯说，微子就把石乞烹死。

晋公子重耳流亡到郑国时，郑国有个叫被瞻（有的书作叔瞻）的臣子劝郑文公杀掉重耳，郑文公没有听从。后来重耳归国即位，成为晋文公，他率军攻打郑国，指名要被瞻这个人，以报昔日之仇。被瞻向郑文公请求把自己交出去，来解救国家的危急，郑文公说：“这样做，我的罪过就太大了。”被瞻悦：“死了我一个，可以保全社稷，臣甘心情愿。”于是，郑文公派人把被瞻送到晋国军营中。晋文公命令准备好大鼎，要烹被瞻，被瞻用两只手按着鼎的铜耳，不肯进去，大声叫道：“晋军将士们，都听我说，当今世界上再没有像我被瞻这样的忠实于国君的人了。可是，忠于自己的国君，只能落个挨烹的下场啊！”晋文公听了他的叫喊，被他的忠诚和勇敢所感动，就改变了主意，向被瞻道歉，并宣布撤军，

同时把被瞻送回郑国。被瞻因忠勇而免遭鼎烹之刑，被后世传为佳话。

战国时，烹人的事例也不少。其中人们比较熟悉的是乐羊怒啜中山羹的故事。乐羊在魏国做将军，率兵攻打中山国，乐羊的儿子当时正在中山国，中山的国君就烹死乐羊之子，制成肉羹派人送给乐羊，并且明确告诉他这是他儿子的肉。乐羊坐在军帐中，接过肉羹喝光了一大杯，表示攻打中山的决心毫不动摇，结果很快灭掉了中山国。魏文侯听到这些情况，对身边的一位大臣堵师赞说："乐羊吃了自己儿子的肉，这都是为了我啊！"堵师赞回答说："乐羊连儿子的肉都敢吃，还有谁的肉他不敢吃呢？"魏文侯理解了堵师赞话中的意思，虽然对乐羊的功劳给予了奖赏，但却从此对乐羊起了疑心。

秦汉之际，烹刑常用。商鞅变法时增加肉刑，把镬烹规定为死刑的处死方式之一。秦末楚汉战争期间，刘、项双方都爱用烹刑。周苛为刘邦守荥阳，被项羽俘虏，拒绝投降，顶羽就烹杀周苛。成皋之战时，项羽抓到了刘邦的父亲刘太公，把他放在一个肉案子上，旁边架起大锅，传话给刘邦说："你不赶快过来投降我，我就烹死太公。"刘邦回话说："我和你当初一同拥立楚怀王，约定以兄弟相称，因此我的父亲也就是你的父亲。今天你如果一定要烹你的父亲，就请你分给我一杯肉羹吧！"项羽听了这番话，觉得烹死刘太公也无济于事，就没有这样做。刘邦派郦食其去游说齐王田广，让他归顺，郦食其刚见到田广，寒心已率大军攻占齐地，田广大怒，就烹死郦食其。后来韩信被诛，刘邦得知蒯通曾怂恿韩信谋反，就抓到蒯通，要烹他，蒯通说："夏桀的狗见了尧也要狂吠，并不是因为尧不好，而是因为尧不是它的主人。我当初为韩信出谋划策来反对您，和桀犬吠尧的情况一样。"于是，刘邦就赦免了蒯通。

汉代以后，烹刑逐渐退出了历史舞台。

## 二、刖足

今天，稍有历史知识的人都非常熟悉那个凄惨的故事：春秋时，楚国人卞和在山中得到一块玉璞，把它献给楚厉王，厉王让玉工鉴别，玉工说是块石头。厉王认为卞和欺骗他，就砍掉了卞和的左脚。不久厉王去世，武王即位，卞和又带玉璞来献，武王让玉工鉴别，玉工又说是块石头。武王也认为卞和欺骗他，就砍掉了卞和的右脚。过了若干年，武王去世，文王即位，卞和再也不敢轻易献宝了，他抱着自己那块玉璞，坐在楚山山下痛苦，一直哭了三天三夜，泪水哭干了，眼睛流出鲜血来。楚文王听说了，派人问他："天下受过刖足刑罚的人太多了，你何必哭得那么悲痛呢？"卞

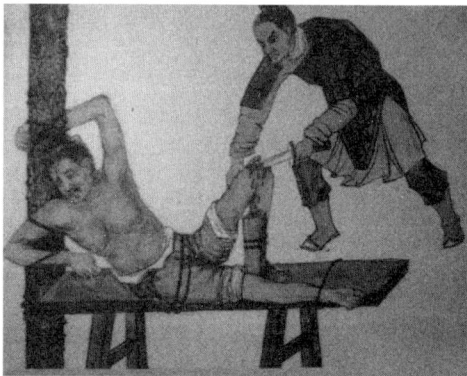

刖足

和说："我不是为自己所受的刖足之刑而悲伤，我所悲的是，真正的宝玉却被认为是石块，高洁的志士却被认为是狂徒，所以我忍不住痛哭。"文王派玉工雕琢卞和的那块玉璞，得到一块稀世珍宝，于是就命名为"和氏璧"。这块和氏璧后来成为历代帝王你争我夺的传国玺。

在这个故事中，卞和所受到的砍掉双脚的酷刑，就是被列为周代五刑之一的刖足之刑。"刖"字音"越"，古时与"剕"（音"费"）的意思相同，就是断足。《尚书·吕刑》篇有"剕辟疑赦"一句，后传云："刖足曰剕刑。"后又疏云："剕，刖也。"许慎《说文解字》也说："刖者断绝之名，故削足曰剕。"周代的五刑，《周礼·秋官·司刑》说是"墨、劓、宫、刖、杀"；《尚书·舜典》说是"墨、劓、剕、宫、大辟"，其中的刖和剕其实是一个意思，都是指断足。

"膑"字又作"髌"，本意是指人的膝盖处那块活动的骨头，引申为指用刀把膑骨剔去的刑罚。《白虎通·五刑篇》将"剕"写作"腓"，云："腓者，脱其膑也。"《汉书·百官公卿表》颜注云："腓者，去膑骨也。"其他书中谈到刖刑，有的说是断足，有的说是剔膝盖骨，也有的说刖、腓和膑的意思相通，诸说纷纭，莫衷一是。今天，我们也难以把它们严格区分开来。总之，它们都是施加于人的腿或脚使人不能行走的酷刑。

上古时期，三苗的虐刑之一就有膑。尧舜时作象刑，规定用穿草鞋代替刖足，用黑布蒙住膝盖并画上标记代替膑刑。可见，那时刖和膑的

名称都已经出现了，但当时中原还没有真正实行这种刑罚。夏朝开始有肉刑，也包括刖足。商代有敲断人的腿骨的做法，这实际相当于刖足之刑。到了周代，刖足的事例见于历史记载的就很多了。春秋时诸侯各自为政，各国国君对臣下或百姓动辄使用刖足之刑，法律规定的应受刖刑的条款也相当繁多。如卫国曾规定，私自驾驶国君乘坐的专车外出，就要定为刖足之罪。

有一天夜里，卫君非常宠爱的幸臣弥子瑕得到家里人报告，说母亲病了，他仓促之间就驾着卫君的车子赶回家去。卫君知道了，不但不加罪，反而称赞他的孝行。弥子瑕犯法而未受刑，只是一个特殊的例子，一般的人若犯下此类罪过，刖足是难以逃脱的。如《左传》记载，庄公十六年（公元前678年）郑国刖强锄之足，僖公二十八年（公元前632年）卫侯刖针庄子之足，成公十七年（公元前574年）齐国刖鲍牵之足，等等。此外，庄公十九年（公元前675年），楚国的鬻拳谏楚王，楚王不听从，鬻拳就用武器进行威胁，强迫他接受，楚王害怕，只好照鬻拳说的办。鬻拳知道这样威逼国君是要判死罪的，就自动刖足请罪，楚王赦免了他。齐国在景公时，刑罚特别重，受刖足之刑的特别多，以至于有"履贱踊贵"的说法。踊是刖足以后安装的假脚，有人专门制造假脚出售。由于许多人都被刖去了脚，所以踊的价格暴涨，鞋子的价格却便宜了。

春秋时判处刖刑时，视所犯罪行的轻重，有的刖去一只脚，有的要刖去双脚。刖去一只脚者称为偏刖，或者叫作"介"。《庄子·养生主》篇云："公文轩见右师而惊曰：是何人也？恶乎介也？"这位右师就是受过刖足之刑而后又做了官的人，他受的刖刑当是偏刖。郭象为《庄子》作注云："介，偏刖之名。"至于犯什么罪需要刖左脚，什么罪需要刖右脚，可能也有一定的规定。如《管子·地数篇》云："有犯令者，左足入，左足断；右足入，右足断。"一般说来，较轻的罪行只刖一只脚，特别重的才刖去双脚。

春秋时，也有对死去的人施行刖足的事例。齐桓公的儿子商人和邴歜的父亲争夺田产，没有占到便宜，后来商人杀死齐昭公的儿子，篡夺了王位，成了齐懿公，就把已经去世的邴歜的父亲从坟墓里挖出来，刖去双足，让邴歜作自己的奴仆。懿公又强占阎职的妻子为妃，让阎职为他赶车。懿公四年（公元前 609 年）夏天，邴歜和阎职一块儿在池塘里洗澡，邴歜用鞭子打了阎职一下，阎职大怒，邴歜说："别人夺走了你的老婆你都不生气，鞭梢砸你一下还值得生气吗？"阎职反唇相讥说："你的父亲死后还被人刖足，你又能怎样？"二人不再争执，就一同商议，杀死了懿公，把他的尸体扔在竹林里，又一同逃走了。

战国时，刖足也是常见的刑罚。不仅国君可以随意刖人之足，地方官吏也有权对人施用刖足之刑。赵国梁车任邺城县令，他的妻子去看望他，赶到那里已经天黑，城门关闭了，梁妻就从城墙的缺损处翻了过去进了城。当时有条禁令，如果黄夜私越城墙者要处以刖足之刑，于是，梁车就严格执行法律，把他的妻子刖去一双脚。赵成侯听说这件事，认为梁车为人不仁，就罢免了他的县令之职。

战国时著名军事家孙膑的故事更是一个典型的事例。据《史记》记载，魏惠王时，庞涓仕魏为将军，他忌妒同学孙膑的才能，把他招来，设计"以法刑断其两足而黥之"。所谓"刑断其两足"，显然是刖足的意思。《潜夫论》记此事云："孙膑修能于楚，庞涓自魏诱以刖之。"这更明言是刖足。但也有人说孙膑受的刑罚是被剔去双膝盖骨，《东周列国志》就是这样描写的。还有人说，孙膑的原名已经不可考知，因为他受了膑刑，所以被人称为孙膑，而膑刑就是去膝盖骨。历史上关于孙膑所受刑罚的两种说法，具体地证明了前面所谈到的关于刖、刖、膑的含义彼此混淆的情形。

《庄子》一书里多处谈到受到刖足之刑的人，其中《德充符》篇所说的"兀者"王骀、申徒嘉等，是被刖去一只脚的。此篇中又说："鲁有兀者叔山无趾，踵见仲尼。"这位叔山受刑后没有了脚指头，却可以用脚跟走路去见孔子，说明当时有的人被处以刖刑时，并不是把一只脚全砍掉，而只砍去前半截。崔撰为《庄子》中的这句话作注说："无趾故以踵行，是则趼（刖）轻于膑也。"崔撰仅从被刖去半截脚来断定刖足比剔膝盖骨的刑罚要轻，是不全面的。实际上，刖足在施行时大都是把一只脚或两只脚从脚脖处整个砍下来，其残酷程度并不次于剔膝盖骨。

汉初，吕后残害戚夫人，把她的手和脚都砍掉，扔到厕所里，说是"人彘"，还让汉惠帝刘盈去观看。刘盈见戚夫人没手没脚，血肉模糊的惨相，忍不住大哭，此后便得了一场病，一年多之后才痊愈。吕后的手段，属于非法报复那一类，在历史上留下了残酷的一页。当时朝廷正式规定的刖足之刑是断脚趾。如对犯有"夷三族"的大罪必须用"具五刑"处死的人，其中一项就是斩左右脚趾。

汉文帝十三年（公元前167年），文帝刘恒下诏废除肉刑，规定将原来应当斩去左脚趾的，改为"笞五百"；原来应当斩去右脚趾的改为弃市。同时还规定，有些罪状要用钛左趾代替斩脚趾的刑罚。钛是一种铁制的刑具，重六斤，套在犯人的左脚趾上，不能随便去掉，如果自行去掉脚上的钛，要另外加罪。当时曾明文规定，私自铸造铁器及煮海水制盐者，要"钛左趾"。东汉末年，曹操当权时又规定把钛脚趾改为用木械，因为当时铁金属缺乏，所以用木料代替。

汉代以后，刖足之刑在南北朝时一度恢复，具体施行方法为"断脚筋"。南朝宋泰始四年（468年），宋明帝刘彧诏令，凡犯有私自使用官府仪仗、抢劫驿亭寺院及伤害官吏等罪，应判处死刑而遇到赦免者，改为在两颊黥一"劫"字，同时割断两脚之筋，然后遣送到边远地区的交州、梁州、宁州等处；五人以下结伙抢劫者，也要黥面作"劫"字，割断两脚之筋，发配到边远地区。断脚筋是变相的刖足，它和剔膝盖骨的做法作用相似，都是使人丧失行走的能力。这项法令实行的时间不长，明帝死后自行废除。

唐初，太宗李世民让长孙无忌、房玄龄等人制定刑法，规定应处以绞刑的五十条罪状都免去绞刑，改为断右脚趾。过了不久，太宗又产生哀怜之意，他对侍臣们说："前代早就提出废除肉刑了，现在还要断人的脚趾，我实在不忍心。"于是当即废除了断右脚趾的规定，改为流放三千里，服劳役二年。

在滥用酷刑的明代，刖足又被重新使用了。洪武二十年（1389年）三月，明太祖朱元璋下旨，规定："蹴圆的，卸脚。"即对踢足球者，要处以刖足的刑罚。当时龙江卫的指挥伏颙和本卫的小旗姚晏保二人踢足球，就被砍了右脚，全家发配到云南。燕王朱棣发动靖难之役时，建文帝的刑部尚书暴昭也被砍断了手和脚。

### 三、腰斩

其实腰斩的出现，在某种程度上也算是"历史的进步"。因为殷商时代的死刑，保留了不少原始部落享受人肉大餐的习俗，烧、烤、蒸、煮，无不围着口腹之欲打转。如"醢"是把人剁成肉酱，"脯"是把人做成肉干，"炮"是把人绑在大火炉的金属外壳上烤成熟肉，而"镬烹"则干脆把人扔到饭锅里煮成肉羹。到了周代，"砍斫"逐渐取代"烹饪"，成为死刑的主流。周代的死刑有车裂、斩和杀三种。其中的"斩"就是腰斩，而"杀"才是后世所谓的斩首。

最初腰斩行刑时用斧或钺，因为青铜毕竟要软些，不够锋利，必须做成斧钺，砍下去才有力度。待铁器普及后，刀渐渐在斩刑中唱起了主角。不过刀虽然锋利，却容易磨损，用起来更要求技巧，得像庖丁解牛一样，谙熟腰椎骨空隙，否则，一刀下去不能砍断，场面自然

腰斩

尴尬，会遭围观的人群嘲笑其手艺不精，有损刽子手的"职业操守"。不过随着"技术的进步"，腰斩开始启用更顺手的铡刀，不仅刃利背厚，不易磨损，而且对杀人技术要求比较低。包龙图那著名的三口铡刀，其实并非电视上演的那种用途：把人头塞进去，刀起头落，仿佛中国式的断头台，而是腰斩时用的，把人截成两段，"手足异处"。

腰斩在行刑时，犯人必须脱光身上的衣服，使腰部裸露出来，伏在铡床或木、铁的砧板上，正是刀俎之间"我为鱼肉"的架势。普通人至此怕早已魂飞魄散了，但总有一些不畏死的"牛人"。秦末楚汉相争，韩信离楚投汉，在还是一个无名小卒时，因犯军法当受腰斩。一同被处死的 13 个人被斩之后，轮到了韩信，他居然仰躺在砧板上，直视将加诸于己身的刀刃，大呼："刘邦那小子不是想夺天下吗？为何要斩杀壮

士！"当时夏侯婴做监斩官，听闻此言，被他的勇气和豪壮折服，大呼"刀下留人"，不仅没有杀他，还将他推荐给刘邦，让他做了个管粮饷的都尉。汉代还有一个叫张苍的人，其命运更是让人叫绝。根据《史记》记载，张苍以宾客身份随刘邦攻打南阳时，因犯法被处腰斩。他脱掉衣服，往砧板上一伏，体格高大，肥白得像葫芦瓜一样，在普遍营养不良的囚犯中显得分外出众。当时的监斩官王陵看到后，十分惊异，认为他是个美男子，就禀告刘邦，赦免了他。此人以后立了大功，还当了丞相。

人的主要器官都在上半身，因此犯人被从腰部砍作两截后，还会神志清醒，过好长一段时间才断气。犯人的家属往往会打点一下刽子手，让他行刑时从上面一点的部位动刀，可以使犯人死快点；如果有人想要犯人多受点罪，就贿赂刽子手从下面一点的部位动刀，甚至将被腰斩之人上半截移到一块桐油板上，使血不得出，可使犯人多延续两三个时辰不死，真是残忍至极。

腰斩这一刑罚于清雍正朝时被废，当时雍正皇帝对俞鸿图实行腰斩的刑罚，俞鸿图被腰斩后在地上用自己的血连写七个"惨"字方气绝身亡，雍正皇帝听说之后感觉腰斩过于残忍，命令废除了这一刑罚。

### 四、凌迟

中国古代各种残酷的刑罚中，最惨无人道的莫过于凌迟。凌迟本意指山丘的缓延的斜坡。荀子说："三尺之岸，而虚车不能登也。百仞之

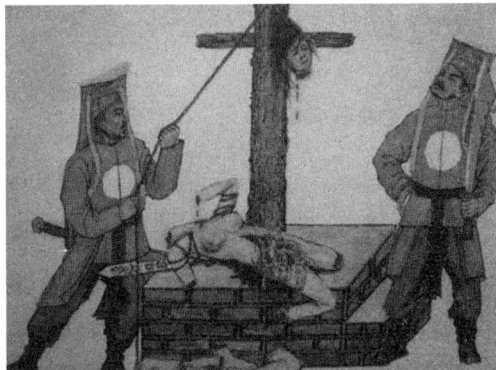

凌迟

山，任负车登焉。何则？陵迟故也。"意思是指，三尺高的陡坎，车子便拉不上去，但百仞高的大山因为有平缓的斜坡，车子可以一直拉到山顶。后世将陵迟用作刑罚的名称，仅取它的缓慢之义，即是说以很慢的速度把人处死。而要体现这种"慢"的意图，就是一刀一刀地割人

身上的肉，直到差不多把肉割尽，才剖腹断首，使犯人毙命。所以，凌迟也叫脔割、剐、寸磔等，是一种肢解的惩罚，即包含身体四肢的切割、分离。所谓"千刀万剐"指的就是凌迟。

不过，清朝末年拍摄的照片显示，凌迟为"八刀刑"处决。刽子手利用一篓编上号码的锋利刀具：第一刀，切胸口（一律从左侧开始，下列其他部位亦然）；第二刀，切二头肌；第三刀，切大腿；第四刀和第五刀，切手臂至肘部；第六刀和第七刀，切小腿至膝盖；第八刀，枭首。肢解后的尸体残骸放入篓子里，头颅则公开示众，期限不定。但是，关于施刀的数目也有说"十六刀"、"三十二刀"、"三百六十刀"……总之数目越多，行刑的时间越长，受刑人的痛苦就越重。

凌迟在秦汉左右就已经出现，但国家法典不允许，算是私刑。宋后废帝刘昱曾亲手将人脔割。北齐文宣帝高洋也常常用脔割的手段来杀人。唐中期安史之乱时，颜杲卿抗击安禄山兵败被俘，与袁履谦等人同时被零割。但将凌迟作为正式的刑罚，人们大多认为始于五代。陆游说："五季多故，以常法为不足，于是始于法外特置凌迟一条。肌肉已尽，而气息未绝，肝心联络，而视听犹存。"但在五代时，已有人意识到凌迟之刑过于残酷，主张废弃不用，如后晋开运三年（946年），窦俨奏称死刑宜只保留斩、绞二种，而"以短刀脔割人肌肤者"应当禁止。后晋出帝石重贵准奏，不再使用凌迟之刑。"凌迟"正式定名是在辽代。

北宋开国之初，力纠五代弊政，仍然禁止凌迟之刑。宋太祖时颁行的《刑统》，规定重罪应使用斩或绞，没有凌迟。宋真宗时，内宦杨守珍巡察陕西，督捕盗贼，捕获贼首数人，他请示朝廷，拟将他们凌迟处死，用以惩戒凶恶的人。真宗下诏，命令将俘虏转送有司衙门依法论处，不准使用凌迟。到了神宗熙宁、元丰年间，才正式将凌迟列为死刑之一。《通考·刑制考》说："凌迟之法，昭陵（宋仁宗陵号）以前，虽凶强杀人之盗，亦未尝轻用，熙丰间诏狱繁兴，口语狂悖者，皆遭此刑。"如熙宁八年（1075年），沂州百姓朱唐告越州余姚县主簿李逢谋反，李逢在被捕后受审时又牵连了秀州团练使世居和医官刘育等，朝廷诏令有司审理此案，结果，李逢、刘育和河中府观察推官徐革都被凌迟处死。到了南宋，《庆元条法事例》更明确地把凌迟和斩、绞同列为死刑名目，这样的规定一直延续到明清。

由于宋代使用凌迟之刑较为常见，所以民间在对仇人进行报仇雪恨时，也仿照作为官刑的凌迟把人脔割至死。《水浒传》中也有这样的情节，如第四十一回中描写李逵割黄文炳的一段："（李逵）说：'今日你要快死，老爷却要你慢死！'便把尖刀先从腿上割起，拣好的就当面炭火上炙来下酒。割一块，炙一块。无片时，割了黄文炳，李逵方把刀割开胸膛，取出心肝，把来与众头领做醒酒汤。"从这段文字可以看出宋代凌迟在执行时的大致情形，这和《宋史·刑法志》中所说的"凌迟者，先断其肢体，乃抉其吭"的做法是基本一致的。

元代法律规定的死刑有斩首而无绞刑，但对那些恶逆大罪又规定可以凌迟处死。元代凌迟执行时的情形与宋代相似，如元杂剧《感天动地窦娥冤》中，窦娥的父亲窦天章复审冤案，宣判说：张驴儿"毒杀亲爷，奸占寡妇，合拟凌迟，押赴市曹中，钉上木驴，剐一百二十刀处死"。木驴大概是一个木架子，可以把犯人固定在上面，以便在零割的时候该犯人不能乱动，它和古代那种"勾结奸夫害本夫"的女犯受的"骑木驴"的刑罚不是一回事。窦天章在宣判时明确地指出了应割的刀数。试想，把人割一百二十刀才致命，其残忍的程度不能不叫人不寒而栗。

明代法律也明确规定凌迟为死刑之一。《大明律·刑律》载："谋反大逆：凡谋反，谓谋危社稷；大逆，谓谋毁宗庙、山陵及宫阙。但共谋者，不分首从，皆凌迟处死。"明代各朝中，凡是捕获农民起义的首领及其他叛逆者，都用凌迟之刑将他们处死。如万历三十四年（1606年），刘天叙等谋反，兵败被擒，为首的7人被磔死。这里的"磔"即是凌迟。嘉靖二十一年（1542年），宫婢杨金英等人谋害明世宗未遂，事发被捕，杨金英、杨莲香等16名宫女不分首谋和协从，一律凌迟处死，并且锉尸枭首。万历七年（1579年）五月，礼部侍郎董传策被府中的奴仆杀死，有司将凶手捕获，下狱审理，第二年把他们全都"剐于市"。

实际上，明代的凌迟之刑并不仅仅施用于谋反大逆，有时对罪行情节较轻的犯人也加以凌迟。明初朱元璋亲自编定的《大诰》就记有不少这样的案例。如金吾后卫知事靳谦让妻子击鼓鸣冤，经审讯所诉不实，便判决靳谦犯了诽谤朝廷的罪，将他凌迟处死。崇德县民李付一任本县里甲时，因扰民而被人告发，县官传讯，他不予理睬，公差王某前去拘捕他，他设计请王某饮酒，当王某喝醉时，李付一将王某绑缚起来，声称王某骗吃骗喝。李付一的行为虽然实属无赖，但还不至于构成死罪，结果他以诬诳罪被凌迟处死。又有北平道御史柯哲与都御史詹微有隙，于是柯哲联合另外两名御史任辉、齐肃及四川道御史魏卓等共 18 人一同捏造事实，陷害詹微。当时明太祖朱元璋正信任詹微，因而授意有司将柯哲等人治罪，结果柯、任、齐、魏四人被判为凌迟示众。像这样不该凌迟而被凌迟的案子还有一些，朱元道用刑峻酷，从这些事实就可以看出来。

元代执行凌迟，把犯人零割 120 刀，已是够骇人听闻的了，明代执行凌迟时零割的刀数更远远超过前代。明代有两次著名的凌迟处死案例，刀数有明确的记载，一是正德年间的宦官刘瑾，一是崇祯时进士郑鄤。邓之诚《骨董续记》卷二"寸磔"条云："世俗言明代寸磔之刑，刘瑾四千二百刀，郑鄤三千六百刀。李慈铭日记亦言之。"这里记刘瑾被剐的刀数可能是误传，实际上刘瑾被剐 3357 刀。这样大的数目，实在惊人。民间妇女骂人时常说"你这个挨千刀的"，说的就是古代凌迟时将人割千刀以上。

清代仍有凌迟之刑。在明朝以及明以前，这种刑法主要用于处罚那些十恶不赦的犯罪，如谋反、大逆等。但到了清朝乾隆时期，如果打骂父母或公婆、儿子杀父亲、妻子杀丈夫，也是触犯伦理道德的重罪，要处凌迟刑。后来为了镇压农民反抗，对于不按时交纳赋税的也要处以凌迟刑，这在清朝中前期尤为突出。

清朝统治者对农民起义的首领一旦捕获，总是要凌迟处死。如太平天国北伐军失败，将领林凤翔、李开芳等 8 人被俘，都押解到北京凌迟示众。捻军首领张洛行、赖文光兵败被俘，也受了凌迟之刑。太平天国的著名领袖石达开在大渡河兵败，向四川总督骆秉章投诚，但没有受到宽大处理，清廷传旨石达开不必押送北京，在四川就地处决，骆秉章竟残忍地对石达开等使用了凌迟之刑。同治二年（1862 年）六月二十五日，骆秉章率领清兵把石达开和宰辅曾仕和、中丞黄再忠等绑赴刑场。石、曾二人分别被面对面缚在两个十字木桩上。执行凌迟时，刽子手先对曾仕和割第一刀，曾仕和受疼不过，惨叫狂呼，石达开斥责他说："为什么不能忍受此须臾时间？"曾仕和这才紧咬牙关，不再叫喊。石达开受刑时，被割一百多刀，他从始至终默然无声。石达开的凛然正气和坚强意志使清军官兵感到震惊，四川布政使刘蓉说他"枭桀坚强之气溢于颜面，而词句不亢不卑，不作摇尾乞怜语……临刑之际，神色怡然，实丑类之最悍者。"

凌迟之刑一直延续到清末。戊戌变法后，清廷受内外各种矛盾的冲击，不得不顺应潮流对传统的弊政作些改革。光绪三十一年（1905 年），修订法律大臣沈家本奏请删除凌迟等重刑，清廷准奏，下令将凌迟和枭首、戮尸等法"永远删除，俱改斩决"。从此，凌迟这种非人的酷刑才从法典中消失了。

### 五、骑木驴

所谓木驴，据历史记载，有许多种样式，大致可因当地的制造工艺水平高低，分为繁简两种。简单的，不过是一段圆木头，下面安四条腿，像一张条凳，所不同的，第一是"凳面"不是平的，而是呈圆弧形；第二在"凳面"的正中间，有一根二寸来粗、一尺多长的圆木棍儿，向上竖着，象征"驴毬"，这就是这种刑具被称为"木驴"的原因：你不是贪淫么，驴毬最大，让你临死之前充分享受！女犯被判剐以后，就把她全身衣裤剥光，把她强按在木驴上，关键的一笔，是一定要把那"驴毬"插进女犯的阴道里。女犯负痛，当然要挣扎，所以还要用四枚大铁钉把女犯的两条大腿钉在木驴上，然后由四名大汉抬着木驴游街。游街队伍的前导按照惯例会安排衙役和兵丁敲着破旧的锣鼓开道，并昭示全城百姓，之所以使用破鼓、破锣的原因，是为了要和高官士绅出行的"鸣锣开道"有所区别。另外，在游街的过程中，河北、山东等部分地区会使用带刺的荆条——也就是《水浒传》中所录的"混棍"——抽打女犯的后背，强迫其高喊："淫妇某氏，于某月某日犯淫，于此木驴游街示众，警示众人，莫如妾身之下场！"其余大部分地区则会在游街时以水火棍鞭打女犯的乳房和臀部，以增加其羞辱感和痛苦。

而另一种，则是繁式的。所谓"繁式"，估计可能是"科学技术"

发达、木制机械制作技术精良以后对传统"手抬"木驴的技术改进：繁式木驴，肚子里是空的，四条"驴腿"各安木轮。女犯游街的时候，不是被抬着走，而是有人在后面推着走。关键的一笔，是木轮连着一条"制动杆"，制动杆连着木驴肚子里的一个"偏心轮"，偏心轮又连着象征"驴毬"的木棍儿，所以木驴往前推，"驴毬"就能上下伸缩。往往女犯还没有押到刑场，由于木棍儿捣烂了内脏，早已经半死不活，气息奄奄了。据传说，汉代有个与人通奸害死本夫的黄爱玉就是"骑木驴"而死的。

但遗憾的是，这些绘声绘色的描述，既没有历史实物证明，也没有严肃史料佐证，现有网上流传的图片，多为现代人的创作，难以取信。相反根据现有史料，倒是有明确证据表明，所谓木驴并不是特别针对女性的所谓刑罚，相反仅仅是用来钉住犯人手脚的刑车，男性犯人同样可以"享受"这种待遇。比如在宋代史料《三朝北盟会编》卷114中记载，建炎元年11月，密州知州赵野弃城而逃，被密州军卒杜彦、李逸、吴顺抓回之后，受到的处罚就是骑木驴，具体情况是："野不能应，彦令取木驴来，钉其手足，野大惊，乃呼曰'……'，众已撮野跨木驴，钉其手足矣。"可见木驴仅仅是固定犯人、钉住手足之用的木车，男性犯人同样可以骑木驴，所谓专门针对女性实行性虐待的木驴可能是一些现代人的想象。

到了明清时期，据《二十四史演义》说，明末的骑木驴是这样的：先在一根木头上竖起一根木柱，把受刑的女子吊起来，放在木柱顶端，使木柱戳入阴道内，然后放开，让该女身体下坠，直至木柱"自口鼻穿出，常数日方气绝"。但《二十四史演义》之类是清人所作类似小说性质的著作，难以完全当真。但这一条记载至少可以表明，那类网上流传的关于明清时期木驴自动抽插的淫虐记载，实为现代色情作者为满足自己淫虐欲望而炮制出来的想象，即便在明清稗官野史中最夸张的记载都不如此。

在明清，一些作者提到骑木驴的时候，甚至并不发生任何关于性虐待的联想，而仅仅是作为普通的乘自动木车的含义。如袁枚在《子不语》中说："婺源江秀才号慎修，名永，能制奇器……家中耕田，悉用木牛。行城外，骑一木驴，不食不鸣。人以为妖。"显然如果所谓骑木驴真有现代人所附会的种种骇人听闻的性虐待功能，那袁枚是绝不会这般若无其事地把骑木驴当成发明的自动行驶的木车来提及的。

## 六、浸猪笼

浸猪笼

猪笼本来是为方便运送猪而制的，用竹篾扎成，呈圆柱形，作网状，网口颇大，一端开口。浸猪笼是古代的一种比较残酷的私刑，它是把犯人放进猪笼，在开口处困以绳索，吊起来，放到江河里淹浸，轻罪者让其头部露出水面，浸若干时候；重罪者可使之没顶，淹浸至死。

在旧社会，如果发现女子与其他男子关系不正当，或者女子背着自己的丈夫在外面与其他男人调情，就可以报给村里或者其他基层的长老会，或者非常有威望的长老。一旦被确认成为事实，男的就会被乱棒打死，女的就会被放进猪笼扔入河中淹死。当然，男子也有浸猪笼一说，这在很多影视剧中都有表现。

浸猪笼的出处应该已不可考究，但由浸猪笼的意思及当时的社会观念，可推测到以下的由来：

1、其大致是指被浸的男女猪狗不如，如畜生一般，此行为亦等于咒骂二人死后再世投胎亦不得为人；

2、古时农村社会，人们一般会养一两头猪在家，就地取材用猪笼也很方便（有说其实放人进去的只是在古时家中常见的竹笼，但竹笼、竹笼的，慢慢就说成是猪笼）。

传统的中国社会，虽然国家颁布有统一的律令，但各村各乡仍存在自家的习俗和处理事情的方法。在古时，乡村中总有一位德高望重，被众人推举出来的酋长或村长，当村中发生任何争议、纠纷时，这些所谓的村长、酋长，就会站出来担当审判者的角色，可以决定财物归谁家、谁人应被罚，甚至操生杀之权。这种人治社会，很容易造成各施各法，没有统一的标准，形成社会的分裂、不完整。古时候的女子，死掉了丈夫，就必守寡，从一而终，不得改嫁。即所谓的"好女不侍二夫"。如果守寡的女子与其他男子发生性关系，或者一男一女在没有父母之命和媒妁之言下结合，都被认为是"苟合"，要由村长、酋长来下令执行"浸猪笼"的刑罚。由此可见，浸猪笼是一种非常封建的私刑，通常发生在边远地区。因为即使是在古代，最普遍的对待通奸的做法，也是交由政府部门来裁判，而非由地方上的所谓"德高望重的前辈"来决定罪名和惩罚方式。

## 七、宫刑

宫刑是古代割除男子生殖器的酷刑。生殖器官对人来说和头颅同样重要。头颅是生命中枢，它决定着个体的生存；生殖器官担负着繁衍后代的任务，它维系着群体的生存。在人类社会之初，各民族都有过狂热的性器官崇拜和生殖崇拜，进入阶级社会以后，也都特别重视传宗接代和血统继承。割除男性生殖器官，对他本人来说，是毁灭了他的人生乐趣；对他的家族来说，是剥夺了他遗传的权利。因此，宫刑是对人的非常严厉的惩罚。在远古时的五刑中，宫刑重于墨、劓和刖，仅次于死刑。

宫刑又叫腐刑。有人说，男子被割除生殖器官后，数日内其伤口散发出肌肉腐烂的臭味，所以称为腐刑。也有人说，男子受宫刑后就丧失了生育能力，像腐朽的木头不会再开花结果，所以称为腐刑。西周时，受过宫刑的人被称为"奄人"。《周礼·天官·叙官》篇中有"酒人奄十人"之语，前人注解说："奄，精气闭藏者，今谓宦人。"因此，后世称在宫中服役的太监为奄人或阉人、阉宦，称施行宫刑为阉割。《诗经》、《春秋》、《左传》等儒家经典著作中多处提到的寺人、侍人等，也都是指奄人。人被阉割时必须避风寒，否则会断送性命。因此，施行宫刑时，必须准备一间暗室，里面不通风、不透光，并且要生火取暖，让受宫刑者住在里面，像养蚕于温室中似的，百天以后伤口完全愈合，才能到外面自由行动。所以，又称宫刑为下蚕室。

宫刑早在尧舜时就有了。尧时有象刑，就是规定犯罪者穿戴的服饰要和一般人有所区别，以示惩诫，其中犯宫刑的人要穿草鞋。《初学记》卷20引《白虎通》说："犯宫者履杂扉。"后人解释说，"扉"字同"菲"，就是草鞋。说明这时已经有了宫刑的名称。舜曾经赞美主管狱讼的名臣皋陶说："汝作士，五刑有服。"舜时的五刑包括宫刑，当时只用来对待蛮夷，而对于本部落里的罪人并没有真正使用。舜以后，禹时才正式施行宫刑。《汉书·刑法志》云："禹承尧舜之后，自以德衰，而制肉刑。"宫刑即是禹制定的肉刑之一。

宫刑从开始提出时起，它的含义就是割除男子的生殖器，这是没有疑义的。对《尚书·吕刑》篇"宫辟疑赦，其罚六百锾，阅实其罪"一句，汉代学者孔安国作的传说："宫，淫刑也，男子割势，妇人幽闭，次死之刑。"唐代学者孔颖达作的疏引伏生《书传》进一步注解说："男女不以义交者其刑宫。"从《尚书》的原文及注疏，我们可以了解到三个意思，一是当时的宫刑包括对男子割除生殖器官和对女子实行的幽闭；二是宫刑为仅次于死刑的较重的刑罚；三是宫刑的量刑范围为惩治淫罪，即男女之间不正当的性关系。可以看出，宫刑的出现，是在人类实行一夫一妻制的社会制度以后，为了维护这种一夫一妻的婚姻秩序（实际上是维护血统继承的纯粹性）而制定的惩罚措施。尧舜时期，正是中国古代由父系氏族向阶级社会过渡时期，随着私有制的产生，一夫一妻制家庭要求稳定，这时制定宫刑正是适应了客观现实的需要，反映了当时人们的社会观念和道德意识。

夏朝时，三苗（少数民族）肆行"五虐"，其中有"椓阴"，就是宫刑。夏灭三苗，却对他们的椓刑加以发展，正式把宫刑列为五刑（大辟、膑辟、宫辟、劓、墨）之一，其中"宫辟"即宫刑。商代未见有宫刑的记载，但商代有肉刑，而且承袭夏制，应当包括宫刑在内。周初也正式把宫刑列为五刑（墨、劓、宫、刖、杀）之一，规定"宫罪五百"。但当时把宫刑排在五刑的第三位，次于死刑和刖足。周穆王时，又把宫刑升为第二等，仅次于死刑。据说，周穆王认为，人虽刖足能行人道（有性机能），而宫刑可以使他断绝后代。这说明，西周时随着奴隶制的逐渐瓦解和封建制度的初步萌生，宗法观念、家族意识占重要地位的封建主义思想体系开始确立了。

西周时，宫刑已不仅是用来惩治淫罪，犯了其他罪行而还不至于判死刑者，也可处以宫刑。这样，宫刑的施行范围比它的本义有所扩大。而且，西周时还规定："公族无宫刑。"意思是说，贵族犯了罪，不能判处宫刑，原因是为了"不翦其类也"，即不让他的家族断绝后代。贵族们犯了罪该处以宫刑者，就用"髡"（剃去头发之后去做看守仓库一类的劳役）来代替，而一般的平民百姓犯了应该处以宫刑的罪则不能赦免。这样的规定，反映了西周刑法制度的鲜明的阶级性。

秦时，宫刑使用得很普遍。秦始皇集中 70 万名囚犯去修建阿房宫，其中许多人就是受了宫刑的。赵高的父亲也曾受了宫刑，他的妻子改嫁了别的男人，生的儿子都承继赵姓，并且都处以宫刑，赵高即是其中之一。

汉初时，不少人已经意识到宫刑和其他损伤人的身体的肉刑太残酷，于是，汉文帝十三年（公元前 167 年）诏令废除肉刑，其中包括废除宫刑。但过了不久，景帝中元年间又恢复宫刑。开始时只是用宫刑代替死刑，后来也把宫刑用于对某些非死刑罪的处罚。汉武帝时，不少文武大臣都被处以宫刑，如将军李延年、著名历史学家司马迁和张安世的哥哥张贺等。汉代对来自西域国家的使节或人质也曾使用过宫刑。如征和元年（公元前 92 年）楼兰国王去世，其国派人到汉朝迎接作人质的太子回国继承王位。这位太子在长安因犯法已受过宫刑，汉武帝就没有放他回本国。

东汉时效法前代，宫刑常见。建武二十八年（52 年）冬十月，光武帝刘秀下诏将判为死罪而在押的男女囚犯都处以宫刑，其中女子的宫刑指幽闭。建武三十一年（55 年）又重申此令。永平八年（65 年），汉明帝刘庄下诏将被判为死罪者减一等，其中大逆不道者下蚕室。建初七年（82 年），汉章帝刘炟下诏将被判为诛死的罪人下蚕室，其中女子幽闭。元和元年（84 年）、章和元年（85 年）及永元八年（96 年）都下过同样的诏书。

宫刑不仅造成人的肉体痛苦，也使人的精神受到严重摧残。有的人因受不了这样的侮辱而自杀。司马迁受刑后，每想到这一难堪的奇耻大辱，都不觉汗流浃背，也想"引决自裁"。因此，后世不少正直之士多次提出废除宫刑的建议。有的朝代曾加以采纳，也有的朝代又将宫刑恢复。东汉永初年间，廷尉陈忠上书请求废除下蚕室之刑，汉安帝刘祜批准施行。建安时，曹操曾提议将某些死刑改为宫刑，交群臣讨论，陈群、钟繇附和曹操，赞成恢复宫刑，而王朗、孔融等人反对使用宫刑，结果议而未决。

晋代也有人提出恢复宫刑的主张，但也没有能够实行。北朝时，宫刑一度死灰复燃。北魏规定，对谋反叛逆者要处以腰斩，全家同诛，家中 14 岁以下男童处以腐刑。如魏宣武帝时，平季就是因为父亲参与了和尚法秀谋反的事件，而受了宫刑。很明显，统治者的目的是将反叛者斩尽杀绝，不留后患。将儿童处以宫刑虽然意在表现一点仁慈，但却掩盖不住统治者制定刑法的阶级性和残酷性。东魏时，南兖州刺史、河阳侯樊欢因不满高欢父子专权，图谋复兴东魏，被高氏杀害，其子樊叔略正在幼年，被处以腐刑。西魏、北周未见宫刑事例，但也未见废除宫刑的文告，直到隋初开皇年间，隋文帝杨坚才正式下诏将宫刑废除。

隋代以后，朝廷正式规定使用宫刑的，只有辽代和明代。辽应历十二年（962 年），萧延之的家奴海里强奸拽剌秃里的未成年的女儿，被处以宫刑，交给秃里家做奴隶。明代的法典有一条规定叫"阉划为奴"，就是宫刑。洪武九年（1376 年），南京宫中建造谨身殿，负责此事的官员误把中等工匠奏称为上等工匠，朱元璋大怒，命令将上千名工匠全部斩首。当时工部尚书薛祥极力进谏，朱元璋又改令将工匠们都处以宫刑。薛祥又奏道："若这么办，那千名工匠都成废人了，不如改用笞杖责罚，然后都让他们出工。"朱元璋终于同意了薛祥的请求。

洪武年间，金华人张尚礼为监察御史，有一天他作了一首《宫怨诗》："庭院沉沉昼漏清，闭门春草共愁生。梦中正得君王宠，却被黄鹂叫一声。"朱元璋看了这诗，见他如此精细而生动地描写宫中妃嫔的心事，非常忌恨，就下令将他处以宫刑，结果张尚礼竟死在蚕室。宣德年间，太仆卿戴希文的儿子怀思和前翰林院庶吉士成敬，都被宣宗朱瞻基下令判处宫判。天顺二年（1458 年），英宗朱祁镇曾下令把 44 名监徒处以宫刑，把他们的女眷共 80 人送浣衣局做苦役。此后，明代再未见以宫刑处罚罪人的事例。

有些朝代，朝廷虽然没有明文规定使用宫刑，但在实际社会生活中，宫刑仍然作为私刑的一种而存在着。比较常见的情况有两类：

其一是，某些有权势的豪门贵族对与自己的妻妾通奸的男子进行惩罚，采用阉割的手段。例如，北宋时，太尉杨戬府中的侍妾与歌姬非常多，她们年方少艾，欲心炽盛，杨戬一人不能满足她们。于是，姬妾们设法把一名在馆中作门客的青年男子留在内室，轮流与他淫乐。后来杨戬发现秘密，把门客抓获，绑在卧榻上，让阉工用刀割开他的阴囊，剥出两粒睾丸，门客疼痛至极，晕厥过去。杨戬又叫人按常法敷药灌药，包扎停当。门客幸而未死，十多天后就能起坐，但他洗脸时，胡须纷纷脱落，面貌逐渐变成一个太监模样。凌蒙初的《二刻拍案惊奇》中有《任君用恣乐深闺，杨太尉戏宫馆客》一篇，就是敷衍这个故事的拟话本。

其二是，某些性情爱妒忌的妇女对自己丈夫的外遇行为进行过分的报复。此类事件在清代的笔记小说中屡见记述。清初有位汪某，曾任司马知府同知之职，他的儿媳妇十分妒忌，与姬妾争宠不胜，某日一怒之下就把丈夫的阴茎割掉了。那天汪某正在客厅会客，一名仆人匆忙进来小声向汪某报告消息。客人们见气氛有些异常，关心地问出了什么事，这位司马大人平时说话爱用古文，这时回答说："儿媳妇把我的儿子下了腐刑。"此事很快传开，成为笑柄。诸联《明斋小识》还记述一个故事。乾隆时，某县有位渔妇对丈夫的外遇非常气愤，骂他劝他都毫无效果。有一天，他乘丈夫熟睡之机，用刀割掉了他的阴茎。大夫惨叫一声，从梦中惊醒。邻船的渔民报告了官府，有个人还用一根水草绑着那条被割下来的阴茎，带到公堂上请县官查验。后来，那位丈夫平安无事，只是声音变得尖细，像女人腔了。

古代各朝的皇宫及王室宫中都有大量的太监或内侍，这是一类受过宫刑的特殊的人。他们本来都是良家子弟，因为要被选进宫廷中服役，必须"净身"，以免他们在充满妃嫔媵嫱宫娥侍女的皇家禁地发生淫乱的行动。太监的净身和作为刑罚的宫刑虽不是一回事，但施行的方法是相同的，所造成的损害也都是无法弥补的。

第二编

醉生梦死间的挣扎

——那些穷奢极欲的荒唐事

# 第五章　不老的传说——我真的还想再活五百年

西方有一则寓言说：世上曾有一个命途多舛的孩子，十分惹人怜爱。一日，上帝出现在他面前，说："可怜的孩子，我是全知全能的上帝，让我来做你的保护人。"那孩子说："上帝啊，您是多么的不公平，世间有富贵贫贱之分，都是您造成的，我不要您做我的保护人。"在死后，死神亦来到他的跟前，对他道："可怜的孩子，我是黑暗世界的统治者，让我来做你的保护人。"孩子平静地接受了，并说："虽然，世人都惧怕您，但您却是最公正的，无论是帝王还是平民，无论是富豪还是穷人，都免不了一死。"

这则颇具哲学意味的寓言昭示着世人，虽然世间的活法千差万别，富贵贫贱悬殊极大，死亡的方式也千差万别，但是都要面对死亡，无论坦然，恐惧，这都是所有尘世间的人们无法避免的劫数。

寻常人过了知天命的年岁，也就渐渐安于古往今来从未变更的死亡命运，然而帝王家的天子却往往在这件事上心存幻想，他们拥有天下的山川河海、玉帛美食、奇珍异宝和豪华的宫室殿阁、楼台亭榭、离宫别院，享受着人间最大的快乐，而最大的奢望则是生命永留人间。然而讽刺的是，这些追求长生的帝王中，却少有健康长寿者。

# 始皇帝的长生梦

从传说中的三皇五帝，到清朝的末代皇帝溥仪，中国历史上包括分裂时期的五代十六国、北辽、西辽、北元、南明等小王朝的帝王和土蕃、回鹘、南沼等重要少数民族政权的帝王及执政的皇太后、皇后等，有据可考的帝王总共存在过 611 个。据有关史籍记载，商代以前的帝王活的岁数大都在百年以上，例如，伏羲、神农在位年数分别为 150 年和 140 年，黄帝、尧和禹分别活了 111 岁、118 岁和 100 岁。但由于年代久远，又无出土文物证实，这些根据传说所作的记录实在不足为凭。所以，我们以秦始皇为起点，统计之后存在的 235 个帝王，并尽量不包括中国历史上分裂时期小王朝的帝王，因为这些小王朝的帝王有不少死于内乱和外敌入侵，例如，十六国时期的西燕 7 位帝王无一善终，6 位在内争中被杀，1 位在亡国时毙命，7 位加在一起才坐了 11 年的皇位，都是年纪轻轻便撒手人寰。

在这 235 个帝王中，寿命在 20 岁以下的有 28 人，20—40 岁的有 77 人，60—80 岁的有 36 人。只有 5 个人的寿命超过了 80 岁。除了 11 个人活了多大岁数已无法考证外，235 个帝王的平均寿命为 39 虚岁，按现在的周岁法计算还不到 38 岁。也就是说，拥有优越生活条件和优良医疗保健条件的帝王并不长寿。无怪乎宋代著名学者洪迈在他的《容斋随笔·人君寿考篇》中要惊叹：帝王们做了几千年长生不老的美梦，到头来连普通人应当达到的寿命都没活到，真是悲哀啊！

由于远古时代生产力低下，原始人既没有对生的眷恋，也没有对死的畏惧，自然更谈不上对长寿的追求。随着生产力的发展，社会的进步，生活的改善，权益的扩大，帝王们对生产生眷恋，对死产生恐惧，于是千方百计地寻求起长寿不老之术。可惜，这一正当的追求却从一开始就步入了歧途。

秦始皇是中国历史上第一位统一的封建中央集权国家的皇帝，也是最著名的痴迷求仙寻药，以求不死的帝王。公元前 219 年（秦始皇二十八年），秦始皇第二次出巡，大队人马从泰山封禅刻石，浩浩荡荡前往渤海。抵达海边，秦始皇登上芝罘岛，只见云海之间，山川人物时隐时现，蔚为壮观，令人心驰神往。这种景象，本来是海市蜃楼，但方士为迎合秦始皇企望长生的心理，将其说成传说中的海上仙境，徐福乘机给秦始皇上书，说海中有蓬莱、方丈、瀛洲三座仙山，有仙人居住，可以求海神得到长生不老仙药。秦始皇大为高兴，马上根据徐福的要求，派数千人随他出海求取仙药，他本人也在此流连忘返，等候徐福佳音。

秦始皇

数年之后，徐福出海始终没有返回，但秦始皇并没有死了那份求仙的心。公元前215年，秦始皇又找到一个叫卢生的专门从事修仙养道的方士。秦始皇这次派卢生入海求仙与徐福有所不同，徐福是去寻找长生不老药，而这次卢生入海是寻找两位古仙人，一个叫"高誓"，一个叫"羡门"。因为根本就没有所谓的仙人，结果卢生自然是一无所获，但卢生为了向秦始皇交差，找到了民间被称为"神奇的长生不老草"的植物，俗名叫"绞股蓝"，中药名叫"五叶参"、"七叶胆"。卢生找到这种"神奇的长生不老草"的地理位置是舜皇南巡时曾经路过的一个非常美的地方，在秦朝时属长沙郡所管辖，也就是现在的湖南新宁崀山。崀山并不是个别的山体，而是当地山水的统称。

公元前210年（秦始皇三十七年），秦始皇第五次出巡，再次来到琅琊、芝罘岛。当年徐福入海寻找仙药已经过去9年，一直没有结果。秦始皇当即派人传召徐福，徐福连年航海，耗费很大，担心遭到重责，就奏告秦始皇："蓬莱仙山确实有仙药，出海时常遇大蛟鱼阻拦，所以不能到达，请派弓箭手一同前往，见到大蛟鱼用连弩射击。"于是秦始皇下令随徐福入海再次寻找"长生不老仙药"，要徐福出海时带足渔具，他自己也准备了连弩。海船由琅琊起程，航行数十里，经过荣成山，再前行到芝罘岛时，果然见到大蛟鱼，当即连弩齐射，大蛟鱼中箭而死，

93

沉入海底。秦始皇认为此后当可无虞，立即命徐福入海求仙药。

然而数月后，秦始皇等来的只是徐福空手而归。徐福谎称见到海神，说海神以礼物太薄，拒绝给予仙药，还说这种仙药就是卢生找到的"神奇的长生不老草"——绞股蓝，把长沙郡崀山的绞股蓝带到仙岛上种植的效果更好，但必须要用童男童女的血滴在这种草的叶子上滋润生长，这样炼出来的仙药吃了才能真正长生不老，才会成为真正的仙人。对此，秦始皇深信不疑，为了早点炼成仙丹，以便吃了长生不老，他又派徐福率领 3000 名童男童女、6000 名兵将及炼丹药师，带好谷物种子，乘由50 艘船组成的庞大船队再度出海寻找仙丹。

徐福带领浩大的舰队出发了，但他在海上漂流了好长时间也没有找到他所说的仙山，更不用说是炼出长生不老仙药。徐福清楚地知道，秦始皇是个有名的暴君，如果自己没有完成任务，回去之后一定会被他处死。于是，徐福只好带着这 3000 名童男童女顺水漂流到了日本岛。在日本，徐福也一直在寻找长生不老仙药，却始终不得。一次，徐福又动了打道回府的念头，有手下提醒他，你没有完成皇上交办的差事，回去只有死路一条，不如干脆留下来。徐福采纳了这个建议，不过，他没有忍心杀掉带来的 3000 名童男童女，而是带他们一道在日本岛上生活下来。

秦始皇在芝罘岛不肯离开，一直等候徐福 3 个月，还是不见徐福消息，才怅然而回，并且就在返回的路上病死于沙丘（今河北世鹿东南）。他既没吃到长生药，也没有长命百岁，就连秦王朝也在他死后很快灭亡了。而徐福却在日本岛上逍遥自在地生活，他为岛国的百姓带去了童男童女、百工、谷种、农具、药物及生产技术和医术，对日本以后的发展起了重要作用，其本人则被日本人尊为"司农耕神"和"司药神"。


## 将长生进行到底


无独有偶，汉武帝虽然雄才大略，然而他在渴望长生这一点上却未能免俗。汉武帝（公元前 156 年—公元前 87 年），名刘彻，汉朝的第七位皇帝。是汉景帝刘启子、汉文帝刘恒孙、汉高祖刘邦曾孙。他16岁登基，在位54年。在位时期，汉朝盛极，称汉武盛世，同时打败了匈奴等民族对华夏的入侵，至今仍为史学家所称道和敬仰。

汉武帝平定天下，创立帝王伟业，同时，也渴望成仙长生不老。在位期间，他不断祭祈名山大川，五岳四海，冀望神灵保佑自己能够成仙。《史记·武帝本纪》中有一半的篇幅在讲他终其一生如何宠信方士，如何劳师动众追求仙药，其间汉武帝的可爱与执著读来着实令人感叹。

汉武帝即位不久，就从长安不远万里前往泰山去登顶，试图近天朝拜。但他真正大规模接触道士方术是在宠妃李夫人死后。李夫人的死，让年纪尚轻的汉武帝意识到了死亡的可怕。就在汉武帝日夜思念李夫人，感叹阴阳相隔、人鬼殊途的时候，方士少翁适时地出现了。他宣称能够在夜里以方术让李夫人现身，汉武帝可以在帷中与她相会。这场人鬼相见的好戏最终因为汉武帝心急走出了帷帐而没有圆满上演，但在那一晚他毕竟看到了李夫人楚楚动人的影子，而今推断，那极可能是因为武帝自身思念过度，加上方士使用烟雾等道具让汉武帝产生的幻觉。然而，少翁能够使人鬼相见的本事毕竟让汉武帝看到了打破生死界限的一线希望，于是他便封少翁为"文成将军"。不过后来，少翁写了一封称赞汉武帝的帛书塞到一头牛的肚子里，宣称"此牛腹中有奇书"，想再次博得汉武帝的赏识。结果聪明反被聪明误，汉武帝认出所谓的"天书"出自少翁的手迹，便毫不留情地将他处死了。

少翁虽然死了，但汉武帝对打破生死界限的渴望依然浓烈。此时，另一个方士栾大找到汉武帝，很"谦虚"地说自己是神仙（古代仙人安期、羡门）的学生，现在学成归来，虽然功力远不及恩师，但已然能够充当皇上和神仙之间的信使。汉武帝心动了，因为若能与神仙直接对话，按照栾大的说法，便是"黄金可成，而河决可塞，不死之药可得"。当时汉武帝正在为治理全国各地的水患东堵西疏，国库又紧张，他头疼得很，如若能够让神仙拨一些黄金，同时协助治理河流，当然好了。但真正吸引汉武帝的还是第三点——神仙那里有长生不老的丹药。见汉武帝动心，栾大又说，神仙身份尊贵，是不会接见寻常人的，皇上如果要派人去找神仙，就要"贵其使者令为亲属"，这样才有可能入神仙的法眼。

汉武帝毫不犹豫地拜栾大为"五利将军"，封为乐通侯，并把自己的女儿长乐公主嫁给他。如此一来，栾大开始平步青云，并开始外出为武帝寻仙。栾大在东海转了一圈，又去泰山爬了一圈，并没有找到神仙，便随意编了个理由回来向汉武帝复命。栾大和少翁一样，都低估了汉武帝的才智。皇帝委托栾大负责求仙问道，怎么可能不在他身边安插一些耳目呢？果然，那些耳目将栾大在东海和泰山穷奢极欲的生活状态反映给了汉武帝，一下子就戳穿了栾大的谎言。虽然这位五利将军是长乐公主的夫婿，但汉武帝照样抹了他的脖子。

经历了两次骗局，做了许多无用功后，按说汉武帝会理性地对待那些术士的说辞，思考一下人是否会长生不老这一问题了。可惜，他选择了在求仙、求长生不老这一条道上走到底。西汉元鼎四年（公元前113年），山西汾阴挖出了一只古鼎。这原本是一件普通的考古挖掘事件，可一个叫公孙卿的山东人特意上书对汉武帝说："从前黄帝采首山之铜，铸鼎于荆山之下。鼎成，龙来迎黄帝。黄帝骑龙升天，群臣及后宫随之上天者七十余人。"汉武帝一听，大喜。原来这鼎还有如此作用，不仅能召唤神龙，而且能让帝王升天。于是，汉武帝忘乎所以地说："嗟乎！吾诚得如黄帝，吾视去妻子如脱屣耳。"说完，他任命公孙卿为郎官，负责去嵩山太室山等候迎接自己升天的神仙下降。

公孙卿走后好长时间，才回来向汉武帝复命说，自己虽没带来神仙，却在河南的缑氏（今河南偃师）城墙上见到了"仙人迹"（即神仙脚印）。汉武帝大失所望，亲自跑到缑氏城墙上查看，果然有几个大脚印。他半信半疑地威胁公孙卿："难道你想效法少翁、栾大吗？"公孙卿不慌不忙地回应道："皇上，现在不是神仙有求于您，急着来见您，而是您有求于神仙。您也看到了，神仙的脚印这么大，但是凡间的道路这么小，神仙根本就落不下脚啊，还怎么来呢？"汉武帝觉得这话有道理，大笔一挥，便下令全国郡县都修整道路，缮治宫观及名山祠所，准备迎接神仙的到来。

即便如此，迎仙之事也依然很久没有实际进展。三年后的元封元年，汉武帝东巡海上，继续求仙访神。他一到山东，就被山东各地数以万计言神怪奇方的上书给淹没了。汉武帝很快招募了庞大的求仙队伍，派出数千人乘船出海寻找蓬莱神人。除了在东莱山（今山东烟台）候神的公孙卿声称夜里见到"大人"外，其他人一无所获。公孙卿"见"到的神仙身长数丈，一旦靠近就消失不见，只留下类似禽兽脚印的大脚印。汉武帝接到报告后不相信，大臣们看到汉武帝皱着眉头的样子，怕他继续没完没了地寻仙问道，于是集体撒谎回应说："我们看见一个老人牵着一条狗，说他见到了身材巨大的神仙。"汉武帝忙问："那他人呢？"大臣们说："老人说完就忽然不见了。"汉武帝这才相信神仙真的出现过，非常高兴，在海上留宿一宿后才返回。随后，他又再次爬上泰山，封了禅，并大赦天下，好向神仙表达自己的诚意。此后，方士求仙一事成了一件半制度化的工作，朝廷供给数以千计的江湖郎中在东海继续这项很有"前途"的科研工作。

仅仅6个月后，元封二年（公元前109年）正月，惦记着神仙的汉武帝再次跑去东莱，住了几个月还是没见到神仙，也不曾亲眼见过什么神迹，便只好打道回府。岂知他刚回去，公孙卿又声称发现了神仙，于是汉武帝再次匆匆赶到东莱，住了几天，虽然也仅仅只是见到了大脚印，还是十分高兴地封了公孙卿为中大夫。此后，汉武帝又多次来往于长安和东海之间，并派船队出海寻仙，催问仙人的下落。而公孙卿这边，因为每隔几个月就看到汉武帝在眼前奔走，需要一直伪装成清心寡欲的样子，这实在不便搞他的小动作，于是公孙卿就劝汉武帝不必跑来跑去，并说道：俗话说心诚则灵，只要皇上心中有神仙，神仙自然会在恰当的时候出现。皇上需要做的，就是多建宫观楼台，等候神人降临。汉武帝又觉得很有道理，便开始在全国各地大建宫观祠坛，多次去名山大川进行祭神活动。他下令在长安修造规模宏大的建章宫，还在长安北部开凿大池，取名太液池，在池中设蓬莱、方丈、瀛洲等代表传说中的海上仙山的小岛。他默念着"心诚则灵，神仙降临"。遗憾的是，他这样做，除了给长安留下许多"名胜古迹"，在全国各地留下了许多精美文物外，并没有求得神仙下凡赐予他长生不老的仙药。

汉武帝的一生，登高封禅做了，出海求仙做了，亭台宫观更是勒紧裤腰带造了，可除了看到几个可疑的大脚印外，连神仙的影子也没见着。他自己受到了伤害，国家也跟着耗费了大量的人力、物力、财力。许多时候，汉武帝明知方士胡言，却宁信其有，不信其无；宁信其实，不信其诬，可谓求仙心切。他活了 71 岁，求仙竟达 50 年，终未成仙。直到晚年，他才感到求仙无法实现，死亡是不可避免的。他向群臣叹道："向时愚惑，为方士所欺。天下岂有仙人，尽妖妄耳！节食服药，差可少病而已。"乃逐尽方士。

自汉武帝后，帝王求仙方式发生了变化。许多帝王迷上了长生术，为了长生不老，不惜大量服用"长生不老"丹药。如晋哀帝司马丕 21 岁即位不久就迷上长生术，由于大量服用丹药，以致药性大发不能听政，年仅 25 岁就一命归西。北魏太祖道武皇帝拓跋珪也是一代人杰，16 岁就建立了北魏王朝。然而他三十刚过就把注意力转向丹药，经常服用寒食散，以致毒性发作变得精神失常，喜怒无常。

## 寻仙问道，晚节不保

唐太宗李世民（599—649 年），出生于京兆郡武功县，是唐高祖李渊与窦皇后的次子，唐朝第二位皇帝，也是中国历史上颇负盛名的一位皇帝，627 年—649 年在位，年号贞观。他在位期间吸取隋朝灭亡的教训，用心治理国家，实行了很多开明的政策和利国利民的措施，使唐朝政权得到巩固，社会经济得到恢复和发展，从而出现了一个比较安定祥和的社会环境。历史学家把这一时期称为"贞观之治"，亦是历史上有名的盛世。他的名字"世民"也是"济世安民"的意思。

李世民是一个有谋略亦有胸怀的帝王，偏偏在功成之后迷失在长生的旋涡里不得自拔，并因此一命呜呼。

在几十年的励精图治之后，唐太宗的生活渐渐地趋向了奢侈腐化。他不仅修复了隋炀帝在洛阳建的豪华宫室，霸占了齐王李元吉的杨妃，还把已故大臣武士镬的 14 岁的女儿选为才人，给她起了个名字叫"媚"，"武媚娘"就是后来的武则天。他在做皇帝的最后几年，一反常态，既迷信占卜，又痴迷丹药，最后竟在 52 岁上英年早逝，着实令人扼腕。

贞观二十一年，李世民得了中风的疾病，瘫痪在床上。经御医诊治，半年后病体稍愈，可以三天上一次朝了。如继续边治边养，或许将逐渐康复也未可知。可是此时的李世民却迷恋上了方士们炼制的金石丹药，开始做起了长生不老的美梦。他先是服食了国内方士炼出的丹药，并不见效，以为国内方士们的道术浅，于是派人四处访求国外高人。

贞观二十二年（647年），天空中太白星多次在白昼出现。这本来是宇宙间天体运行的自然现象，而太史却占卜说，这表示"女主昌盛"。李世民又听说民间流传的《秘记》上说，"唐三世以后，女主武王代有天下"。这些传言让李世民辗转反侧，难以安眠，他辛苦操持的李家王朝怎能让一个所谓的"武王"取代呢？出于一个帝王的本能，他必须想尽一切办法找到这个"武王"，并把他扼杀在摇篮里。

这时，有个叫李君羡的左武卫将军武连县公正好撞上了枪口。他的官衔、爵号、籍贯和职务里，一连串占了4个"武"字："左武卫将军"里占了一个，"武连县公"占了一个，他又是"武安县"人，是宫城北门"玄武门"的守将，太史公的占卜正好应在他的身上，巧得不能再巧了。偏偏他的父母在小时候给他起了个小女孩的名字，叫作"五娘"，是盼他易于养活。可是，"五"与"武"同音，正好牵连到"女主武王代有天下"的忌讳里去。李世民迷信占卜，简直丧失了理智，不由分说，先把李君羡贬到华州（今陕西华县）任刺使，后来仍不放心，又借故将其杀死。李君羡成了李世民迷信的牺牲品，到死也不明白自己犯了什么罪。

大约是从这时起，那个曾经从谏如流、惜才如命的太宗李世民便一步步走向他的人生最低谷。同年，大臣王玄策在对外作战中，俘获了一名印度和尚，名叫那罗迩娑婆。为迎合李世民乞求长生不老的心理，王玄策把这个和尚献给了李世民。这个印度和尚十分自信地向皇帝夸口吹嘘自己有200岁的高龄，并且此前一直专门致力于研究长生不老之术。他信誓旦旦地对李世民说，吃了他炼的丹药，一定能长生不老，甚至可以在大白天飞升到天宫里去成为仙人，到那时，皇帝原先的病痛也将一扫而清，恢复青壮年时的孔武。

人过中年的李世民竟被一个和尚的鬼话所打动，很快安排这个印度和尚住进了豪华的馆驿，每餐都是丰盛的美食，天天有一大群下人侍奉着，可以说在这段时间中，那罗迩娑婆的生活不亚于帝王。这家伙见李世民对自己深信不疑，就煞有介事地开出一大串稀奇古怪的药名来，借口药材难采拖延时间。身为帝王的李世民号令天下，按此方采集诸药异石，不论任何代价，不惜一切牺牲，只要能采办到印度和尚药方中的药，哪怕刀山火海也得取来。只一年之后，药便配制好了，李世民非常高兴，竟毫不迟疑地将药全吃了下去，结果七窍流血中毒暴亡。这时的他才52岁，阴差阳错地成为了中国历史上被"长生药"毒死的第一个皇帝。他没有做到慎终如始，竟这样荒唐可悲、愚蠢糊涂地过早离开了人间。

在整个大唐，除去唐太宗因患病急于治愈，求长生不老药，服用胡僧炼制的灵草秘石，以致病情加重而死之外，其后人也多踏上这条寻仙之路而不知悔改。唐高宗数次诏命调剂长生药，由于大臣直言抗谏，揭出先皇为长生药所害，才没敢服用。唐玄宗、宪宗、穆宗、武宗、宣宗都是长生药的崇拜者，有三位皇帝因此而殒命。唐宪宗服用方士炼就的金丹药后，因中毒数月不能上朝，不久便暴毙于大明宫的中和殿。唐武宗服金丹后，躁急和毒热难忍，变得喜怒无常，最后连续十天不能说话，不久而亡，年仅30岁。唐宣宗继武宗而立，对武宗被金丹所害记忆犹新，然而他无视前车之鉴，重新以身试丹药。唐宣宗服用金丹后的症状与武宗相似，燥热不安，时值隆冬不敢穿衣，最后带着金丹之毒踏上冥路。或许，这也应了一句老话——上梁不正下梁歪，子孙们有样学样。在长生不死的诱惑前，即便是帝王也顾不了许多了。

## 床榻之上的未遂谋杀

明朝嘉靖年间，曾发生过一场骇人听闻的宫廷谋杀，史称"壬寅宫变"，乃是当时的宫婢企图谋害明世宗朱厚熜的事件。嘉靖二十一年（1542年）十月，嘉靖帝宿端妃曹氏宫，宫婢杨金英等乘他熟睡之机，以绳系其颈，合谋勒死之，但误为死结。方皇后赶来救护，嘉靖帝得不死。事变后，杨金英等16名宫女被害死，宁嫔王氏和端妃亦受牵连被处死。嘉靖帝当时晕了过去，后被救了过来。由于事涉宫闱隐私，事后统治者极力遮掩此事，史籍资料也很少记载，因此，很少人知道事情的真相。

但在民间各路说法不胫而走，以至于成为明代宫廷史上的一桩疑案。

凡事皆有因果，宫中小小侍婢竟敢合力去谋害天子，如此举动的背后，必然有更为惊人的缘由。如此，我们便要从嘉靖这个皇帝开始慢慢说起了。

明世宗朱厚熜（1507—1566年），又作厚熄，是明朝第十一位皇帝，明宪宗庶孙，兴献王朱佑杬嫡子。因正德皇帝朱厚照膝下无子，因而在正德死后，少年嘉靖便被人从湖北钟祥接进京城，由一个藩王世子晋升为真龙天子。

在进京之后，因大礼议引起争端，少年嘉靖帝几番与群臣对峙，使得这个颇有些名不正的皇帝常常站在言官们的对立面，其中最著名的便是由杨慎挑头，数百名文官跪哭宫门外的"左顺门事件"，年仅18岁的嘉靖帝第一次对群臣用了廷杖，打得群臣血肉横飞。在这样的环境中，嘉靖帝渐渐成长为一个刚愎自用的帝王，他过于聪慧，精于帝王之道，22年不上朝却能做到大权不旁落他人之手。

这样一个聪颖而自负的皇帝自小便生活在浓郁的道教氛围中，他的父亲兴献王乐于向道士寻求养生之术，甚至嘉靖帝出生时便有传言，说兴王世子乃是道士转生。在这样的影响之中，还是藩王的朱厚熄在还没有成为嘉靖帝之前，就喜欢炼丹修仙，将大半儿心思都花在了钻研如何成仙上。他称帝之后，早先几年还与群臣斗斗法，在洞察御权之术之后，他便不再醉心于朝野，而是将心思放在了追寻长生与享受富贵上面。于是，他广征道士方士之流，在宫廷中搞起了斋醮，不断扩大规模，耗费巨资。

当时进献的秘方和炼丹药可谓五花八门。其中"红铅"作为最流行的炼丹制药之法，是将处女月经和药粉经过拌和、焙炼而成，形如辰砂。还有一种"含真饼子"，即婴儿出生时口中所含的血块。据说这些药物能够起到强身健体和增强性欲的作用。在"壬寅宫变"两年前，宫内这种炼丹之风达到了极点。礼部曾派员在京城、南京、山东、河南等地挑选了民间女子千余人进宫。以后又多次采选宫女，多达数千人。仅嘉靖二十六年（1547年）至嘉靖四十三年（1564年）间四次大选，就选进

1080个8岁至14岁的幼女。选这么多的女孩入宫，一是准备用以炼制"元性纯红丹"，二是供嘉靖帝淫乐纵欲。这些进宫的女子，只有少数有封号，绝大多数既被嘉靖帝淫乐，又被奴役，饱经摧残。嘉靖帝信用方士段朝用等人炼制丹药，不惜牺牲宫女的身体，甚至年轻的生命。为了采得足够的炼丹原料，皇帝强迫宫女们服食催经下血的药物，轻则极大损伤宫女身心，重则造成失血过多甚至血崩，许多人因此丧命。此外，为了防止泄漏炼药的秘密，甚至可能杀掉取过血的宫女灭口。

可以推测，当时部分宫女亲眼目睹宫内姐妹们饱经残害，自知这种灾难早晚会降临到自己头上，因而才决定拼死一搏，她们明知无论能否成功，死是在所难免，但既然怎么都是死，不如与嘉靖帝同归于尽。在当时司礼监审问宫女的口供记录中，有"咱们下手了罢，强如死在他手里"的话。据此推断，这时的宫女们一定处于危险的境地。既已被置于死地，反正死在所难免，不如先下手为强，拼死一搏，或许能换取更多姐妹们的生。而各种资料也表明，事件发生前，宫女们并没有做错什么事情，既无大错而又如此义无反顾地赴险，推察情由，这件事便很可能是嘉靖帝炼制长生不老丹药所致。

嘉靖帝贪恋女色，纵欲无度，他自己身体状况越来越差，而愈是这样，他又愈是迷恋道教仙术，以求长生不老。一些有名的方士、佞臣，都是以进献房中秘方或炼丹药而大发横财。如陶仲文是嘉靖帝最宠信的方士之一，最初就是靠进献房事秘方得到皇帝的宠爱。嘉靖帝一次给他的赏赐就是十万两银，官至一品，兼领双俸，他的子孙也由此受益。为了投皇帝所好，当时搜集进献各种房事秘方、炼制或炮制各式长生不老丹及房中药的风气流行于大江南北。

酷虐宫女的嘉靖帝为他的荒唐行径付出了代价，百姓多以此为笑谈，并做出许多神话来歌颂参加了此次宫变并最终惨死的宫女们。然而嘉靖是不管这些的，对他而言，最要紧的依然是求仙与纵欲，此后他便有了理由不再回宫，每天蜷在玉熙宫中与道士一同修行度日，继续他奢靡无度的帝王生活。

"壬寅宫变"不过是嘉靖帝骄奢淫逸所致的一道阴影，事实上，在他入承大统之后，毁佛寺，逐僧人，专以扶植道教为事。其崇道行为日甚一日，老而弥笃。主要表现在以下几个方面：

第一，宠信道徒方士，授以高官厚禄。除正一道的首领张彦頨、张永绪仍然受到尊重之外，其他受其宠信的道士甚多，其中最突出者为龙虎山上清宫道士邵元节。嘉靖三年（1524年），邵元节被召入京，封为"清微妙济守静修真凝玄衍范志默秉诚致一真人"，统辖朝天、显灵、灵济三宫，总领道教，锡金、石、银、象牙印各一，班二品。后又赠其父太常丞、母安人，并赠文泰真人，赐元节紫衣玉带。敕建真人府于城西，以其孙启南为太常丞，曾孙时雍太常博士。岁给元节禄百石，以校尉40人供酒扫，赐庄田30顷，蠲免租赋。遣中使建道院于贵溪，赐名仙源宫。十五年，拜礼部尚书，赐一品服。孙启南、徒陈善道等咸进秩，赠伯芳、太初为真人。十八年，邵元节逝世，追赠为少师，谥曰"文康荣靖"。启南官至太常少卿，善道亦封"清微阐教崇真卫道高士"。其后，嘉靖帝又宠信邵元节推荐之道士陶仲文，授"神霄保国宣教高士"，寻封"神霄保国弘烈宣教振法通真忠孝秉一真人"。以其子世同为太常丞、子堉吴潨、从孙良辅为太常博士。十九年特授少保、礼部尚书。后加少傅，仍兼少保。二十三年加少师，仍兼少傅、少保。史称"一人兼领三孤，终明之世，惟仲文而已"。以后又续有封赠晋爵，并恩及其徒郭弘经、王永宁。三十九年陶仲文卒。得宠20年，位极人臣，其子孙及门徒皆受恩宠。

第二，广建斋醮，崇信乩仙。嘉靖帝嗣位伊始，即"好鬼神事，日事斋醮"，虽"谏官屡以为言"，均拒而"不纳"。甚至发展到"经年不视朝"，深居西苑，日夕但以斋醮为事的地步。他特别爱好扶乩，据《明史·世宗纪》载，嘉靖二十四年（1545年）七月，他"于禁中筑乩仙台，间用其言决威福"。这种"焚修、斋醮之事"耗费巨大，据载，宫中每年要用黄蜡二十余万斤，白蜡十余万斤，香品数十万斤，以供皇家斋醮之用。而朝臣只能奉承，不能持任何异议。奸臣"严嵩，以虔奉焚修"，遂"蒙异眷者二十年"，凡敢于进谏者，即其宗亲也将受到严厉惩处。

第三，建宫筑室，不惜劳民伤财。嘉靖二十一年（1542年）八月，用陶仲文言，建佑国康民雷殿于太液池西，所司按其意旨，务宏侈，工程峻急，工部员外郎刘魁上疏："一役之费动至亿万，土木衣文绣，匠作班朱紫，道流所居拟于宫禁。"《明史》卷十八称："世宗崇尚道教，营建繁兴，府藏告匮，百余年富庶治平之业，因以渐替。"

第四，爱好青词。举行斋醮需用青词，嘉靖帝因"益求长生，日夜祷祀"的需要，便"简文武大臣及词臣入直西苑，供奉青词"。顾鼎臣、夏言、严嵩等，皆先后以青词获宠，甚至有"青词宰相"之称。

第五，迷信丹药，千方百计地四处寻觅。于是道徒佞倖遂以进仙方丹药而获宠者，有邵元节、陶仲文、顾可学、盛端明等数十人。他相信服芝可以延年，嘉靖三十五年（1556年）八月，派人到五岳及太和、龙虎、三茅、齐云、鹤鸣等道教名山广为采集。三十七年十月，礼部将四方进献的"瑞芝"1800多本一起报上，但他仍嫌不足，"诏广求径尺以上者"。

除去秦始皇、汉武帝、唐太宗、嘉靖帝这几位有名的皇帝，历史上因迷恋长生并下场悲惨的天子仍有很多。

五代时，南唐先主李昇晚年结交方士，为使自己长生不老，听信方士服用丹药，最终死于丹药中毒。两宋时期，朝廷务实谨慎，长生不老术对皇帝的吸引力降低。时至明清，大多数帝王不再坚信法术和药物能使人长生不老，犹以康熙皇帝对生老病死最清醒，认为生死乃自然规律。但是明清除康熙帝外，仍有皇帝对秘药和道术孜孜以求，明朝以嘉靖帝，清朝以雍正帝为最。清世宗雍正帝对道术有几分希冀，曾密谕地方督抚访求精通修养生命长生不老之人或道士。一位叫贾士芳的被推荐给雍正帝，得到雍正帝的刮目相看，后因一句咒语"天地听我主持，神鬼听我驱使"，犯下大不敬之罪，结果被逮捕入狱杀头。这也许是历史上皇帝与道士的最后一次较量，双方都付出了惨重的代价。皇帝自欺，缘于对长生不老的妄想，结果被方士所害；方士欺人，因为根本没有所谓长生不老术而欺骗皇帝，结果被皇帝所杀。

放眼而去，华夏上下五千年的文明之中，能够以安于天命的态度来对待死亡的帝王实在屈指可数。事实上仔细思量起来我们会发现，人来世间走一遭，从出生一刻起便是在向死而生，生命终有尽头，也许正因如此，我们才能够以一种无畏的态度面对生活中涌现的所有苦痛与挫折，因它与生命一样，必然会随着时间的流逝而得以完结。而那些一直孜孜不倦地追寻着永生，贪婪片刻欢愉的帝王，或许自身的暴毙与王朝的衰落便是命运对他们的严惩吧。

## 炼金炉里的奥妙

　　说了这么多追求长生的帝王，我们不免要对那些方士的手段产生好奇。我们知道，在炼丹炉旁终日劳作的方士们还有另一个名字，即是炼金术士。在古代中国，常常与长生不老一同出现的词汇便是点石成金，生命的永恒与物质的富足在很大程度上满足了国人对幸福的希冀。

　　中国炼金术是在中国的文化土壤中萌芽并逐步生长起来的。具体地说，中国炼金术的产生既与实践活动有关，又与道教有着密切的联系。中国是古代文明发祥地之一，从远古时期起，就陆续发现了铜、金、银等金属，此后又发现了其他一些重要金属。在冶炼活动中，中国人对金属的认识也在不断变化，冶炼活动无疑是中国炼金术产生的社会实践基础。

　　早在春秋战国时期，我国的冶炼青铜（铜锡合金）和铸造技术就已达到极高水平，这在已发掘出土的司母戊大方鼎等文物上已得到充分证明。《周礼·考工记》中就已经记载了合金成分不同而性质不同的"六齐"规则。鼎本是煮肉汤和食品的器具，但在当时，人们也希望在鼎中能炼出一些别的东西。传说秦穆公的女婿萧史就在宫中炼丹，他曾经炼成"飞雪丹"给自己的夫人擦在脸上（实际上炼成的是铅粉）。萧史也许可以算是我国最早的化学家。

　　由于各种金属矿物都是由土中开采出来的，所以在五行生克学说中就有土生金的说法。当时人们有一种设想，就是认为矿物在土中会随时间而变。例如认为雌黄千年后化为雄黄，雄黄千年后化为黄金。朱砂200年后变成青，再300年后变成铅，再200年成为银，最后再过200年化成金。能不能加速这种变化呢？这时就产生了夺天地造化之功的思想，企图在鼎中能做到"千年之气，一日而足，山泽之宝，七日而成"。于是就在鼎中放入各种药物，封闭后进行加热烧炼，以为可以炼出贵重的金银来，这样炼金术在战国末期就萌芽了。

　　到了秦皇汉武时期，由于最高统治者的支持，炼金术就大发展起来，这时不仅要由低贱的金属如铜、铁等制造出贵重的金、银来，还要为统治者修炼出吃了能长生不老的仙丹来。所以在中国发起的这场探索活动应该叫作"金丹术"。炼丹家们把人与物相类比，认为黄金和玉都是不朽不坏的，所以最好能由金和玉中提出精华来给人吃，于是就有"服金者寿如金，服玉者寿如玉"的理论。炼丹家们希望能炼出一种名叫"金液"的神秘物质，人吃了可以长生不老，与普通物质配合就能变成黄金。

　　最早热衷于炼丹术的是西汉的淮南王刘安，他招来方士千余人为他修炼金丹和表演特异功能，后来又编写了《淮南子》、《淮南万毕术》等著作，但可惜《淮南万毕术》一书现已失传。淮南王后来因谋反而被杀，刘向抄淮南王的家时得到一部炼黄金的秘书，就自己也去试炼，但一直不成功。汉武帝刘彻是刘安的侄子，也热衷于方士的奇怪表演和炼丹术，他招了不少有特异功能的人进宫，表演成功了就封为将军，甚至把宫主下嫁；但骗局一旦被揭露，行骗的人便立刻被拉出去砍头。汉代是炼丹兴起的时期，虽然真金没有炼出来，却制成了多种貌似黄银和白银的假金；更发现了许多种化学反应，最主要是铅、汞、硫、砷等之间的反应；还创造了各种炼丹仪器和提炼药品的方法。

　　到了东汉时期，魏伯阳编著了一部炼丹术的著作《参同契》，这是世界公认现存的最古老的炼丹书（外国现存的最老的炼金术著作是圣·马克书稿十世纪的抄本）。实际上，《参同契》是魏伯阳钻研总结了前人大量的炼丹书后撰写的总结性理论著作，他把物质分为阴阳两大类，提出要产生新物质必须阴阳配合，同类物质在一起是不会化合的。魏伯阳在书中记载了铅、汞、硫等的化合和分解的知识。但是魏伯阳有一大缺点，就是书中使用了各种隐语，例如："河上姹女，灵而最神，得火则飞，不见埃尘，鬼隐龙匿，莫知所存，将欲制之，黄芽为根。"实际上，河上姹女是水银，水银加热就会蒸发（飞）不见了。要想固定水银，就要加入黄芽，黄芽就是硫黄，这时加热后就会生成红色的硫化汞，"望之类白，造之则朱"。魏伯阳用隐语著书与当时（东汉）的文化风尚有关，当时隐语（即字谜）盛行，例如曹操和杨修看到曹娥碑上写的"黄绢幼妇外孙荠臼"，他们先后独自猜出是"绝妙好辞"四个字。实际上在《参

魏伯阳炼丹图

同契》中，魏伯阳连自己的名字也是用隐语表示："委时去害，与鬼为邻；百世一下，遨游人间；陈敷羽翮，东西南倾，汤遭厄际，水旱隔并。"其实，我们现在能看到的最早的炼丹著作是西汉时期的《三十六水法》和《黄帝九鼎神丹经》，它们都没有隐语，操作方法、药品名称和用量都十分清楚，只是东汉魏伯阳以来，各种炼丹著作中隐语层出不穷。甚至炼丹家最常用的水银就有姹女、玄水、陵阳子明、赤帝流珠、长生子、赤血将军等50余种隐名；而硫黄也有石亭脂、黄芽、黄英、将军、阳侯、太阳粉、山不住、法黄、黄烛等30余种隐名。

到了晋代，炼丹家葛洪所著《抱朴子内篇》，对汉晋以来的炼丹术作了详细的记载和总结，他的炼丹术分为3个互相关联的部分：①炼制万应灵丹，以为"仙道之极"。②采集并加工制作长生药。这些药物包括矿物、动物性、植物性药物，认为它们能起到"令人身安命延"、"养性"和"除病"的作用。③点化金银。用铜、铁等普通金属点化为黄金和白银，实际上是使用化学方法制成各种与金、银外貌相似的合金。葛洪指出，那些古书中的隐语严重阻碍了炼丹成果的正确传播。此后，注释药物隐名的著作成为炼丹的指导书。唐代以后，几乎各代皇帝都喜欢炼丹术，中国的炼丹术发展到全盛时期，许多炼丹著作有了更实际的内容，并且也很少用隐语了。这时中国炼丹术也传往阿拉伯国家，促进了阿拉伯炼金术的发展。而阿拉伯炼金术后来又传入欧洲，几经演化发展，终于形成了现代科学的重要门类——化学。

中国古代炼丹术的主要目的，一是修炼长生不老的丹药，二是想把贱金属转化为金银等贵金属。这两个命题实际上都是不可能做到的。关于长生不老丹，由于中国炼丹主要用五金、八石、三黄为原料。炼成的多为砷、汞和铅的制剂，吃下去以后就会中毒甚至死亡。但是在炼丹术发展初期就有人服食丹药，首先是三国时期何晏大将军（曹操的义子）带头服用"五石散"，说是可以强身健体，于是在社会上"服石"之风盛行。由于"五石散"中主要成分为砷制剂，服后浑身发热，甚至要泡在冷水中才能解脱，所以社会上就又流行起宽肥的服装，甚至有人索性躲在竹林中，脱光了衣服混日子，还被誉为高士。后来炼丹家们又炼出了升华的砒霜（三氧化二砷），只要服用一刀圭就可得到同样的"药效"，服用起来就更方便了，结果不是中毒就是发病死亡，这可以说是古代的吸毒潮，其所造成的严重社会危害可以与今日的吸毒热相比。所以在当时的古诗中就有"服石求神仙，多为药所误"之说。

不过，古代炼丹家们也留下了丰富的遗产，首先是经过几百年的摸索和实践，掌握了一批药物（主要是金石类药）的产地、形状、性质以及提纯和精炼的方法。这是与中医药学同时发展的，应该说是炼丹的成果不断丰富了中医药的内容。在炼丹过程中创造出许多实验方法和设备：研磨、混合、烧焙、升华、抽提、溶解、结晶、风化，设计出了带有冷却装置的炉鼎（即济炉）、研磨器、蒸馏器等。制造出最主要的药物：升汞、甘汞、氧化汞、硫化汞、氧化铅、四氧化三铅、三氧化二砷、硫化锡等。合金主要有黄铜、镍白铜、砷白铜等等。其中还有以水银、银箔和锡一同做成的用以补蛀牙的"银膏"，而且延用至今。

中国古代炼丹家对人类最重要的贡献是在失败事故中取得的，那就是发明了会着火和爆炸的药——火药。火药的主要原料有硝石和硫黄，自汉代以来，这一直是炼丹家的主要用药。东汉时魏伯阳就已指出炼丹时"若药物非种、分剂参差、失其纪纲"就会"飞龟舞蛇，愈见乖张"。这正是记载了炼丹中的爆炸现象。后来在三国时期，又有郝昭保卫陈仓城用"火射连石"打退了诸葛亮的进攻（见郦道元《水经注》）。这可能是利用火药做的防御性火器的最早记载。而在《九国志》中又记载有唐哀宗天佑初年（904年）郑璠攻豫章"以所部发机飞火，烧龙沙门"，是为进攻性火器的最早记载。在宋代，已有正式的官方的火药作坊制造军事用的火药。与此同时，火药配方也未能保密，在民间被用来制作了各种烟火，并且在南宋有专卖店。火药大约在元代传往西方，成为促进世界变革的四大发明之一。

# 第六章　妻妾成群的男人们

　　生活中，我们常听到这句话：中国古时实行的是一夫多妻制，而现在实行的是一夫一妻制。其实，这句话是错误的。

　　中国古今实行的均是一夫一妻制，只是随着社会的进步，现在的女性地位日益提高，而使得古今妻妾制存在了差异。夫、妻、妾三者，古往今来不存在夫与妻、夫与妾之间的矛盾，而由于女人的天性，致使妻与妾之间矛盾不断。中国古代等级制度非常清晰和严重，所以妻妾多能相安无事，共侍一夫。古代的妾乃下人，妾与妻的地位不等，所以不能说多妻，妾永远得不到礼教意义上的妻之地位，因而"三妻四妾"的说法纯属妄谈。早在战国时，各国法律就规定了：妾不能成妻，妾永远为小人；妾的孩子，也都是尊称妻为母亲；妾被称之为"姨娘"、"新娘"，而妻被称之为"太太"、"夫人"等。妻之娘家人可称为"亲家"，而妾之娘家人却不能，等等。

　　所以，中国古代是一夫一妻多妾制，而不是一夫多妻制，不过为了称呼的方便和便于理解，我们常常将这种妻妾制度称为一夫多妻制。一夫多妻制是中国古代历史上存在时间最长的制度之一，它从原始社会时期的父系氏族社会开始出现，一直持续到新中国成立之前。在此期间社会体制虽几经变换，但这样的婚姻制度却没有变。这种长期存在的一夫多妻的社会现象，最直接地影响了中国古代社会人口数量的增长、人口素质的提高和人口体质的增强等，同时对中国古代的政治、经济、文化也都产生了多方面的影响。

## 略显神秘的妻妾制度

关于中国古代婚制的问题，当代学者一直多有探讨。而争论的核心议题之一即为我国古代的婚制是以"一夫一妻"为主还是以"一夫多妻"为主。学者们大都认为，封建社会时期的中国虽然从社会地位上讲是男尊女卑，但是古代仍以"一夫一妻制"作为婚姻的基本原则，而且自秦汉至明清一直如此。根据考古发现，我国在殷商时代就产生了这种制度。而至周代，一夫一妻就成为了被礼法唯一认可的婚姻制度。"并后"乃"乱之本"，随着儒家思想及礼制观念更广泛作用于社会，一夫一妻制也进入了作为调节社会关系的律令条文中。《唐律疏议》便规定"重妻者徒"，其后直到清代，各朝的律法也多沿用了这一规定。

但也有人指出，虽然礼法中规定一妻，但是决不意味着古代男子只能拥有一名配偶，因为无论礼制还是律令都赋予了男性拥有众多配偶的权利。"天子三夫人，九嫔，二十七世妇，八十一御妻"便是《仪礼》中为天子规定的配偶数量（当然其上还有一后）。根据儒家的礼法观，其下各有等差，直到庶人才只能专有一配偶。律令同样规定了可以拥有多个配偶。《明会典》记载其时刑部律例，许"亲王媵妾十人"，如果"庶人年过四十，无子者许娶一妾"。

然而，就上述礼制和律法来看，其中提到的其他配偶是不同于具有专有指称的"妻"的，其区别主要在于礼制上和法律上地位的差别。在礼制上，"妻"与"夫"具有平等地位，《白虎通》解释"妻"的意思即"妻者，齐也。与夫同体，自天子下至庶人，其义一也"。在家中夫与妻的地位是等同的，所有的仅是男女的差别。而多以"妾"为名的其他配偶则不同："妾者，接也，以贱见接幸也。"说明其他配偶的地位是低于夫的，因此自然也低于妻。此外在建立关系的礼仪上也有差别，"聘则为妻，买则为妾"，娶妻一定要有正式的礼聘过程，而其他配偶则不能享有同等礼仪。在法律上，妻与其他配偶的地位也不等同。《大清律》便规定"妻者齐也，与夫同体；妾者接也，仅得与夫接见。贵贱有分，不可紊也"，可见二者地位之高下。妻的家族，也就是娘家，乃是丈夫的亲族，如果丈夫遇到株连的情况，妻子的娘家势必也要受到牵连，但是妾的娘家就不在此列了。而在财产、爵位的继承上，嫡出与庶出也是不可同日而语的。此外擅自变更这种地位差别的人将受到法律惩处，唐代法律规定"诸以妻为妾，以婢为妻者，徒二年"。在解除配偶关系上，丈夫解除与妻子之外其他配偶的关系不受"七出"、"三不去"等规定保护。

由此可见，尽管古代社会男子拥有多个配偶的情况很常见，但是礼制及法律都对"妻"的地位及权益是有所保护的，尤其是明文规定了妻与其他配偶在地位上的不同（其他配偶不过是奴仆一级，以满足男主人及家族的需求，而妻是与男主人同等地位的），实际上也就支持了"一夫一妻制"。如唐朝的律法就规定，"有妻再娶者徒一年，若欺妾再娶者徒一年半"；明清时期的律法则规定，"有妻再娶者仗九十，离异"。

但是在实际上，我国古代社会确实存在过"多妻制"的情况。在这种情况下，一名男子同时拥有多个配偶，并且她们与男子的妻室拥有相同的地位等级。这种情况在礼制上存在，不过在法律中并没有明确的说明。

在西周及春秋盛行的"媵妾制"可能是"多妻制"较早的表现形式。这种制度指的是在诸侯国与天子或者诸侯国之间联姻时，除正妻外要陪嫁其他一些女性，而她们则有可能也成为男方的配偶。《左传》记载诸侯联姻"同姓媵之，异性则否"。而可成为"媵"的人则是女方的侄女或妹妹。"媵者何？诸侯娶一国，则二国往媵之，以侄娣从；侄者何？兄之子也。娣者何？弟也。"虽然媵的身份不是正式的妻室，也并未作为婚礼的主角，但是由于媵和妻在母家是具有同样地位等级的，因此在夫家也不会出现等级上的差别，只是身份的不同。有论者认为这是古时对偶婚制的残余，而这也证明"媵"是妻的一种。此外，这时"妾"作为男子配偶的称呼也已出现，但是是区别于"妻"的。例如郑文公有四夫人，同时也有称谓为"贱妾"的配偶。"媵妾制"虽然在春秋之后不再流传，但是"媵"作为既区别于"妾"又不同于"妻"的配偶称呼则流传于后世，直到唐代"媵"还用来称呼妻之外而高于妾的配偶。

自汉代至六朝，儒家的礼法已经成形并成为国家统治的基本思想，但是社会上多妻的现象仍很普遍，"并立二嫡"也可为人所称道。西晋安丰太守崔谅"先已有妻，后又娶，并立二嫡"。尽管这种行为有违礼法，但是在这时礼法的作用也很有限了，尤其对占据社会统治地位的官僚贵族而言。《三国志·吴书》就记载了东吴孙权"妻妾易位"的事件。此外，存在于这一时代的对于配偶的多种称谓也表明与"妻"、"妾"皆不同的其他配偶的存在。早期进行研究的学者认为"下妻"、"小妻"、"旁妻"等配偶与近代所称的姬妾稍有不同，而更近似于正妻，主要体现在结姻时的礼仪上。除此之外，法律上"小妻"与"正妻"也有同等的地位。西汉时定陵侯淳于长犯大逆罪，主审法官认为"小妻"与正妻一样负有连坐的责任。但总体上"小妻"的地位已经不如春秋时的"媵"那样有保证，与正妻也开始有所分别。西晋时武帝便规定"自今以后，皆不得登用妾媵以为嫡正"。尤其是后世通过法律强化了礼制的原则之后，名义上的多妻丧失了存在的可能，这些原有的"妻"与"妾"之间的过渡都开始向着后世"姬妾"的方向发展。

唐朝的律法中明文规定"重妻者徒"，名义上的其他形式的"妻"也不复存在。"媵"作为有品级的"贵妾"仅存在于贵族及官员家庭内，而且地位等级明确低于正妻，在法律上"妻"和"媵妾"拥有的权利也出现了明显的分野。如唐律中规定"妾犯妻者，与夫同；媵犯妻者，减妾一等。妾犯媵者，加凡人一等"。即便如此，在新归附于唐王朝以及汉化程度比较低的地区还存在多妻的现象。根据对敦煌莫高窟第94窟中供养人题记的考古发现，其时敦煌地区的节度使应该有超过一个的夫人；而同属这一地区的归义军首任节度使曹议金也同时有两位正夫人。这种现象都是见于定制之外的，也体现出不同文化的冲击对于婚制的影响。

在汉文化受最大冲击的蒙元时代更是如此。元代没有在法律上规定必须一夫一妻，"诸色人同类自相婚姻者，各从本俗法；递相婚姻者，以男为主，蒙古人不在此例"。但是由于儒家礼法早已深入汉人文化，因此元朝法律不承认汉人的重婚行为，尤其在礼制上规定不能同时拥有一名以上的正妻。而其他民族多妻则十分普遍，如蒙古人认为他们的次妻是有别于汉人的"妾"的，这种情况可称得上是一种多妻制。直到受到了汉人文化的更深影响，这种现象才逐渐减少了。

明清两代也严格执行一夫一妻的法律制度。《大明律》和《大清律》都规定"若有妻更娶妻者，杖责九十，离异"。仅清代乾隆后有一例可除外。根据当时律法，兼祧者可同时娶两房妻室，但也前后有别，身份地位并不是完全相等。而此时妾已经完全落入了仆隶层级，地位十分低下。但是明清一些笔记小说中仍存在"平妻"的说法。"平妻"大多因为夫妻居于两地，夫在其居住地另置妾室。这种所谓的"平妻"并不具有"妻"的地位和权利，不过是"妾"的一种罢了，可以说到了这一阶段多妻的现象几乎不存在了。

在以上考察的历代存在的"一夫多妻"现象，除了极个别外几乎没有公开在礼制上或律法上赞成"一夫多妻"的，但实际状况却迥异于礼制和法制的要求。那么，为什么在很长的历史时期内规定与实际是矛盾的但又并行不悖呢？这主要有以下两个原因。第一是古代婚姻的实际要求。古代婚姻的本质是两个家族的联合，"昏礼者，将合二姓之好，上以事宗庙，而下以继后世也"。这种联合可能出于多方面的需求；而同样的，为了满足家族或家庭的其他需求则很可能与没有联合的家族进行新的联合。而联合的家族往往是对等的，那么就需要结合的二者拥有相等的地位，从这一点上来讲多妻是绝对可能且必要的，尤其在战乱时期更为如此。三国时孙权"妻妾易位"的理由之一就是后妻家族的地位更高。而唐代敦煌地区以及蒙古族的多妻制则也有很多是出于战略考虑而进行的与异族或者其他部落的联盟的结果，而用这种方式获得的每个配偶在地位上是不能有差异的。而古代婚姻的另一个实际要求是必须产生后代来使家族延续，这也需要更多的配偶来作为一种保障。第二是个人欲求的原因。在男权社会以及私有制条件下，拥有较多的配偶是个人财产以及身份的象征之一，因此男性倾向于拥有更多配偶。而在古代社会早期这种多配偶则体现为多妻的情况。后世随着礼制的发展和律法的严格，其他配偶的地位下降了，而获得众多配偶的条件则更加宽松了，这也是男权社会的发展和经济水平上升的结果。

一夫多妻制除去对身处这样一种制度中的人们本身的影响外，对后世中国的影响也是巨大的。一夫多妻，特别是皇室多妻，在不少时期其开支费用过大，甚至影响了国家的稳定。东汉时陈蕃上书说："比年收敛，十伤五六，万人饥寒，不聊生活，而采女数千食肉衣绮，脂油粉黛，不可赀计。鄙谚曰：'盗不可五女门'，以女贫家也。今后宫之女岂不贫国乎？且聚而不御，必生忧悲之感。"（《后汉书·陈蕃传》）清楚地说明了一夫多妻足以贫国的道理。

在很大程度上，一夫多妻制的盛衰可以视为中国古代经济的晴雨表。一般来说，每个朝代建立之初，经济都比较脆弱，老百姓在经过长期战乱之后，尚未稳定下来，土地大量荒芜，人烟稀少。统治阶层目睹前朝灭亡，从思想上或多或少认识到前朝的腐败特别是后宫无限制的膨胀是其灭亡的一个重要原因，所以对一夫多妻在数量上有所控制。但经过几十年的发展之后，经济恢复，社会稳定，前朝灭亡的教训也已淡忘，一夫多妻制就进入繁荣时期。皇帝首先开始疯狂地无限制地占有女性，如汉武帝时"后宫数万人，外讨戎夷，内兴宫室"。

可以推测，一夫多妻制对中国古代人口发展产生了深刻影响。在明代以前，中国古代的人口数量一直在6000万以下徘徊，这除了各种自然因素外，一夫多妻制可以说是一个重要因素。按照自然生殖的法则，同一个时代男女性别比例差别是很小的，以保持男女比例平衡。但是盛行于中国古代的一夫多妻打破了这种平衡，特别是皇室后宫对女性占有数量的庞大，再加上同时代各个阶层的多妻，使得社会底层很多男子无妻可娶，终生独身一人。

然而，一夫多妻并未能实现人们多妻多子的愿望，仅是满足了"一夫"的生理欲望以及占有欲。西汉时，后宫平均有宫女约5000人，但西汉15个皇帝共生育子女58个，平均每人不足4个子女，与民间一夫一妻生育率大致相等。

一夫多妻制还严重影响了中国古代人口素质的提高。影响人口素质提高的因素有很多种，现代科学证明遗传是其重要因素。在中国古代，皇帝选拔健康、聪明、漂亮、美丽的女子入宫，显然也是为了优生优育，希望保持皇室高贵的血统。但是，他们占有很多智慧、聪明、漂亮的女性，而又"聚而不御"，就会对中国古代人口素质产生巨大的影响。

皇帝和贵族实行一夫多妻制使得留在民间的女性无论长相或智力都极为一般，按照遗传科学，这种情况显然对中华民族身体素质的提高不利，特别是几千年来一代一代地如此这样的选拔，其影响非常深远。正如梁启超所说："它有害于养生，有害于传种，有害于蒙养，有害于修学，有害于国计。"

总之，"一夫多妻"尽管在我国历史上长期存在，但是并未成为一种真正意义上的制度。而随着社会的发展，这种在早期表现比较明显，带有制度遗存的状况也逐渐消亡了，那些原来拥有"妻"这种称号的其他配偶也逐渐降到了和"仆隶"同等的地位，除最高等级（正妻）外以下的等级整合后逐渐划一，差别缩小，这也在一定程度上体现了我国古代社会的发展趋势（由严明的等级制发展至完全的专制）。尽管这种变形的"一夫一妻"制与儒家礼法为维护等级制度和家族延续而提倡"一夫一妻"的初衷有很大不同。但是一妻制相对于多妻制是一种文化进步（从我国古代来看，汉民族早期以及之后的汉化程度不高的地区多妻比较普遍），而且也直接影响了今天中华民族的婚姻制度。

## 雨露均沾的房事安排

在古代，由于战事频繁、医疗水平低下，众多的青壮年男子都成了权贵者无谓的牺牲品，这就形成了一个严重的社会问题——男女性别比例的失衡。而唯一能够给这失衡问题起到纠错作用的就是古代的婚姻制度——一夫多妻制。同时，为了给众多的寡妇一个安身立命之所，古人对寡妇的再嫁问题也采取了宽容的态度，这一宽容至少从商周延续到了两宋时期。只是到了明代，程朱理学成为社会主流意识后，人们的思想日渐趋于保守，才视寡妇再嫁为不齿，宋代理学家朱熹认为"一夫一妻"

乃是天理，而"一夫一妻多妾"乃是人欲。而又恰是从这一时期开始，中国各方面的实力才开始落伍于欧洲。

而说起古人一夫多妻，最使现代人好奇的，莫过于在此种制度下家族中房事的安排。

"一夫多妻"的大家庭

我们中国人崇尚"礼"，凡事都要有个规章制度，夫妻生活也不例外。《周礼·九嫔》注云："女御八十一人，当九夕；世妇二十七人，当三夕；九嫔九人，当一夕；三夫人，当一夕；后当一夕。"这段话的意思是说：周天子一共有121个女人，地位最高的是"后"，其次是"夫人"，再后分别是"嫔"、"世妇"、"女御"。虽然拥有这么多的女人，但周天子也是不能乱来的，而是把81个女御分为9组，把27个世妇分为3组，9个嫔为一组，每组9人共陪天子一夜。3个夫人为一拨，共陪一夜，只有"后"地位最高，可享天子的独夜权。

那么，一遍轮完后怎么办呢？唐代出书的《女则》说：从"女御"至"后"轮完一遍之后，再由"后"至"女御"倒轮，简单地说就是正轮一遍、倒轮一遍。如此看来，作为"后"是可以连享两次专夜权的。白居易所说的"承欢侍宴无闲暇，春从春游夜专夜"就是对杨贵妃破坏这一游戏规则所发出的无奈喟叹。同时，《女则》对诸侯、士、大夫等也作了记载："诸侯九女，侄、娣两两所御，则三日也；次两媵则四日也，次夫人专夜，则五日也。""大夫一妻二妾，则三日遍御；士一妻一妾，则二日御遍。"需要说明的是：诸侯的正妻叫夫人，偏房叫媵，夫人与媵每人各有两个贴身丫鬟，即侄、娣。到了士大夫这一层就不能够叫夫人了，只能叫妻妾。《战国策》中"邹忌讽齐王纳谏"的故事在今天众人已经耳熟能详，邹忌能够入朝面见齐王，说明他不是平头百姓，虽然书中并没有明确提及说他是什么阶层人物，然而他有一妻一妾，就足以说明他是"士"。

《秘戏图考》卷2中，记叙了一本仅剩残章的明代家训，从中也可了解到古人对性生活安排的相关内容，如："妻妾日劳，督米监细务，首饰粉妆，弦素牙牌。以外所乐，止有房事欢心。是以世有贤主，务达其理，每御妻妾，必候彼快"，可见古代女人生活之单调，仅有性事最能使其得以欢心。中国古代对男女两性生活十分重视，将性生活看得与饮食一样重要，甚至把性生活看作调和家庭纠纷的办法，性生活的和谐也使得家庭中矛盾缓和，夫妻和睦，正如书中所记载："街东有人，少壮魁岸，而妻妾晨夕横争不顺也。街西黄发伛偻一叟，妻妾自竭以奉之，何也？谓此谙房中微旨，而彼不知也。"然而，因房事安排不妥而使得夫妻失和的事情也很多。同样在《秘戏图考》中记载，"近闻某官纳妾，坚扃重门，三日不出，妻妾反目，非也。不如节欲，姑离新近旧，每御妻妾，令新人侍立象床。五六日如此，始御新人。令婢妾侍侧，此乃闺阁和乐之端也。"

因此，在一夫多妻制的家庭中，性关系的平衡极为重要，所以才使得性生活的有关规定成为家训的一部分。而在妻妾地位悬殊的古代，妾只有一项权利是和妻同等享受的，那就是性生活。古时人多贪恋妾的美貌，然而这并不能改变她们的地位。妾的地位在古代有多低，从下面这段关于对妾的惩处描写就能看出来："人不能无过，况婢妾乎！有过必教，不改必策，而策有度有数也。俯榻解挥，笞尻五下六下，下不过胯后，上不过尾闾是也。间有责妾，每必褪裸束缚挂柱，上鞭下捶，甚至肉烂血流，是乃害彼害我，以闺门为刑房，不可不慎也。"

除去满足男人的欲望，妾在古代还有更重要的一项职责，那就是生育。如果说妻与夫是一种姻亲关系的话，那么妾只是家庭的生育工具。《礼记》："妾合买者，以其贱同公物也。"同样是与丈夫共枕、为丈夫生育儿女，妾的身份却只不过是买来的物品，尽管她们在性生活上能够享受到的权利甚至比妻子更优越，但也同样不能改变她们卑贱的命运，各种规矩将她们层层束缚，比如古代还有规定说：如果妻子不在，妾不得与丈夫通宵相守，必须在性交完毕后即离去。所以，古人虽然拥有这么多的女人，但作为丈夫的，仍然会有独守空房的时候。《女则》中说："妻及月辰居侧室"，"妾恒避女君御日，女君御日固不敢专夕，纵今自当御日，女君不在，犹不敢专夕也"。当女人遇到每月的生理期时，妻子侍奉不了丈夫，当妾的也不敢僭越，哪怕是让丈夫一人独守空房。

然而，就算如此，恐怕还是有很多生活在现代的男人会对古人的生活羡慕不已。毕竟那时候的男子可以喜欢谁就把谁娶进家门，而又构不成重婚罪。不过，事实显然不是这样的，这当中存在着诸多误解。

所谓的"一夫一妻多妾制"只能是少数人才能享用的游戏。有钱人皆以多妻为荣，相互攀比，无论是文人官僚，还是地主商人，有权有钱之后的第一个考虑，可能就是纳妾。韩非子说："卫人有夫妻祷者，而祝曰：'使我无故得百束布'，其夫曰：'何少也？'对曰：'益是，子将买妾。'"汉魏年间的《典论》："上洛都尉王玉以功封侯，其妻泣于内，恐富贵更娶妻妾。"由此可见，"一夫一妻多妾制"对平民老百姓而言，只是一个美好的愿望。百姓的收入水平不高，纳妾根本就不是这个阶层可以承受得起的，能娶一个能传宗接代的妻子就已经很满足了。

## "文君夜奔"与"纳妾未遂"

在过去男子妻妾成群，女性地位低下的时代里，司马相如与卓文君的爱情故事绝对算得上是一段佳话了。但是爱情总有跌落到柴米油盐的平凡里的时候，男人们喜新厌旧的天性在时间的揭露下渐渐暴露，终究司马相如还是动了纳妾的念头。毕竟，那是个男人妻妾成群的时代。不过，每一段酸涩故事的最初，总是充满了甜蜜，甚至可以说，是荡气回肠的。

卓文君（约公元前179年以后—公元前117年以后），西汉蜀郡临邛（今四川邛崃）人，大富商卓王孙的女儿。她容貌秀丽，喜欢音乐。17岁时丧夫守寡。辞赋家司马相如落魄归蜀时，文君毅然冲决封建罗网，与之自由结合。《史记·司马相如列传》中载有她的事迹。

司马相如原是汉景帝的弟弟梁孝王刘武的门客。梁孝王死后，司马相如回到老家成都，可是家境贫困，无以为生。他一向跟临邛县令王吉很有交情，便到临邛县去做客，受到王吉的礼遇。

这天，王吉到卓王孙家赴宴，宾客来了上百人。到了午时，司马相如也应邀而至。在座的人均为他那潇洒的神采所倾倒。而当酒酣耳热之际，王吉捧琴至司马相如跟前："闻君擅长琴技，请弹一曲，如何？"司马相如推辞了一番，便弹了两支曲子。这就是著名的琴曲《凤求凰》：

卓文君

一

凤兮凤兮归故乡，遨游四海求其凰。

时未遇兮无所将，何悟今兮升斯堂！

有艳淑女在闺房，室迩人遐毒我肠？

何缘交颈为鸳鸯，胡颉颃兮共翱翔！

二

皇兮皇兮从我栖，得托孳尾永为妃。

交情通意心和谐，中夜相从知者谁？

双翼俱起翻高飞，无感我思使余悲。

众宾客只晓得弹得铮铮动听，而知者谁？知者是卓王孙之女文君！文君新寡，又素爱音乐。因而司马相如就借琴曲来倾诉自己的爱慕之意。席间，文君听到了司马相如的琴声，偷偷地从门缝中看他，不由得为他的气派、风度和才情所吸引，产生了敬慕之情。宴毕，相如又通过文君的侍婢向她转达心意。当夜，卓文君私自跑到司马相如的旅舍，决心跟他患难与共，生死相依。

司马相如带着卓文君，快马加鞭，赶回成都。然而他的家境穷困不堪，除了四面墙壁之外，简直一无所有。卓王孙得知文君跟司马相如私奔后，大为恼怒，说道："文君太不成器，我不忍心杀死她，可是也别想得到我的一文钱！"

卓文君在成都住了一些时候，对司马相如说："其实你只要跟我到临邛去，向我的同族兄弟们借些钱，我们就可以设法维持生活了。"司马相如听了她的话，便跟她一起到了临邛。他们把车马卖掉做本钱，开了一家酒店。卓文君负责卖酒，掌管店务；司马相如系着围裙，夹杂在伙计们中间洗涤杯盘瓦器。

卓王孙闻讯后，深以为耻，觉得没脸见人，就整天杜门不出。他的弟兄和长辈都劝他说："你只有一子二女，又并不缺少钱财。如今文君已经委身于司马相如，司马相如一时不愿到外面去求官，虽然家境清寒，但毕竟是个人才，文君的终身总算有了依托。而且，他还是我们县令的贵客，你怎么可以叫他如此难堪呢？"卓王孙无可奈何，只得分给文君奴仆百人，铜钱百万，又把她出嫁时候的衣被财物一并送去。于是，卓文君和司马相如双双回到成都，过着富足的生活。

这就是有名的"文君夜奔"的故事。这个故事在民间广为流传，曾被后世小说、戏曲当作题材。比如，《古今杂剧》中有明太祖第十七子朱权《卓文君私奔相如》一卷；清人舒位《瓶笙馆修箫谱》中有《卓女当垆》一剧。卓文君的"越礼"行为，无疑是对封建礼教的勇敢挑战。她的胆识，诚然是值得讴歌赞颂的。同时，卓王孙为了顾全自己富家的体面，最终不得不对女儿作出让步和妥协，也显示出封建礼教的脆弱性和虚伪性。

童话故事说到这里，也渐渐应该落回现实了。那一年秋天，司马相如写的《子虚赋》、《上林赋》为汉武帝赏识，被召到长安做官，从此摆脱了衣食之忧，然而他与卓文君却从此千里相隔。几年之后，司马相如成了炙手可热的人物，他与文君浓情似火、相濡以沫的感情也渐渐地发生了变化。

话说那一年，司马相如准备另娶，给卓文君写了这样一封家书，上面只有"一、二、三、四、五、六、七、八、九、十、百、千、万"13个字。聪慧的文君读懂了其中夫妻已"无忆"的含义，得知自己的相公欲行纳妾，心如刀绞，泪眼婆娑，不知所措，两三个晚上都没睡好。终于在第七天凌晨三点，写完一首诗并一封家书，委托一位去长安的老乡转交给相如。那首诗和那封家书是这样的：

《白头吟》

皑如山上雪，皎若云间月。

闻君有两意，故来相决绝。

今日斗酒会，明旦沟水头。

躞蹀（音"谢蝶"，来回徘徊之意）御沟上，沟水东西流。

凄凄复凄凄，嫁娶不须啼。

愿得一心人，白首不相离。

竹竿何袅袅，鱼尾何簁簁（音"筛"，形容鱼尾像濡湿的羽毛）。

男儿重意气，何用钱刀为。

这首诗后附有一段家书，就是后世流传的《与司马相如诀别书》：

春华竞芳，五色凌素，琴尚在御，而新声代故！锦水有鸳，汉宫有木，彼物而新，嗟世之人兮，瞀（音"帽"，眼睛昏花、愚昧错乱）于淫而不悟！

朱弦断（或曰"啮"），明镜缺，朝露晞，芳时歇，白头吟，伤离别，努力加餐勿念妾，锦水汤汤（音"伤伤"，水势浩大、水流很急的样子），与君长诀！

司马相如见到家书，知道是卓文君的决绝信，大急，赶忙丢下手头一切事务，集中精力写回信。信中，司马相如一边讪讪地解释自己纳妾的初衷，一边信誓旦旦地表示要立刻悔改，绝不抛弃糟糠之妻。原文是这样的：

五味虽甘，宁先稻黍？五色有灿，而不掩韦布（韦，加工后的兽皮；韦布，韦带布衣，借指普通百姓）。惟此绿衣，将执子之釜。"锦水有鸳，汉宫有木"。诵子嘉吟，而回予故步。当不令负丹青，感白头也。

翻译成现代汉语，大意是：我没有因为尝到各种美味而忘记了稻黍，也不会让五彩斑斓的华服掩盖了皮绳土布。那个绿衣女子，不过是想让她来为你操厨。读到你"锦水有鸳，汉宫有木"的佳句，赶紧回转脚步。放心吧（我已觉悟），不会让你有"白头吟"的感叹，也不会把你辜负！

就这样，卓文君用她的才智终止了司马相如的"蠢蠢"之心，挽救了自己的爱情。司马相如回心转意，最终与文君同归故里，安居林泉。

# 无奈纳妾与难言之"痒"

曾国藩

清咸丰十一年，也就是 1861 年的秋天，所谓"金秋十月，江南草黄，红叶生树，天高水长"，在这种江南金秋的季节里，身任两江总督的曾国藩却忧心忡忡。当时的曾国藩正率领湘军主力驻扎在安徽一带。此前整整一年，他被太平军十几万大军围困在安徽祁门，差点当了俘虏。最危险的时候，他又跟在靖港一样，想自杀了事，甚至连遗书都写好了。幸亏鲍超、左宗棠率军拼死相救，才解了曾国藩的祁门之围。

就在解开祁门之围没多久，曾国藩的九弟，也是他几个弟弟中打仗最狠的那个曾国荃，率湘军主力硬攻下了安徽的省城安庆，太平军不得已向长江下游退守。这一下形势大变，湘军由被动变成了主动，开始兵进江浙，直指太平天国的大本营天京，也就是现在的南京。因为这种改变，清政府任命湘军首领曾国藩为兵部尚书兼两江总督协办大学士。至此，曾国藩算是彻底掌握了江南地区的行政与军事大权。

按理说，曾国藩时来运转，由困局转成了顺势，战场上湘军对太平军作战从此转入总攻的态势，而自己又加官晋爵，政治地位也得到了前所未有的加强，这应该是春风得意马蹄疾的时候。况且还是收获的季节，正是暖风吹得游人醉的江南。这种天气，这种地方，这种时局，这种身份，换一般人，怎么着也不会不开心吧！

可曾国藩还是心事重重。他倒也不是不开心，只不过有一件本来应该是开心的事，却让他开心不起来。究竟什么事呢？说来也简单，就两个字：纳妾。要说在古代，这也不是什么特别稀奇的事。他最小的一个弟弟曾国葆给他买了一个妾，已经送到江边军营的船上了，希望他能去看看。

在封建社会，不论是文人还是官员，甚至是一般的地主，纳妾都是常有的事儿。但曾国藩不一样，他信奉孔孟礼教，以儒家当世传人自诩，所以虽然官至一品了，也从来没纳过妾。不仅他自己不纳妾，他还特别反感别人纳妾。比如左宗棠，和曾国藩并称清代中兴四大名臣之一，也是曾国藩之外湘军最重要的一个灵魂人物。两个人本来都是当世的豪杰，可以说是绝代双骄，而且还是湖南老乡，按理说关系应该很好。但人就是这么奇怪，所谓"既生瑜，何生亮"，这个左宗棠脾气比较古怪，向来看不起曾国藩。也就是说，两人虽一起作战，一起带兵，但私人关系并不是很好。

民间传说有一次曾国藩到左宗棠那儿，因为他是左宗棠的上级，所以也没让人通报，直接就闯进左宗棠家里去了。结果进去一看，眼前的场景让曾国藩很不高兴——曾国藩进去就看到一个漂亮的女人在洗脚，而左宗棠正兴致勃勃地坐在旁边观赏。这个女人并不是左宗棠的正妻，而是他最喜欢的一个小妾。左宗棠之所以特别喜欢这个小妾，并不是因为这个小妾特别漂亮，而是因为这个小妾的脚特别漂亮，所谓三寸金莲是也。左宗棠有个特别的爱好，就是爱看这个小妾洗脚。大概他觉得只有洗脚的时候，脚的美丽才能够充分展现出来。

左宗棠

曾国藩一看，不由得有些愠怒。他本来就不主张手下将领纳妾，但纳妾是当时风俗，他也不好说什么。可左宗棠这么一位当世英雄，纳妾也就罢了，还天天喜欢看小妾洗脚，这像什么话！所以曾国藩提高了嗓门，"嗯哼"地咳嗽了一声。

左宗棠正全神贯注地投入到小妾洗脚的行为艺术里去，根本没注意到曾国藩进来。听曾国藩咳嗽了一声，才发现曾大人已经进来了。左宗棠在湘军中的地位也很高，虽然他是曾国藩的下级，但他平常也不怵曾国藩。所以左宗棠从小妾的脚上移开视线，掉头看了两眼曾国藩，什么话也不说，又掉回头，接着看小妾洗脚。

这时候，曾国藩见左宗棠不搭理他，也不生气，张口就出了一个上

第二编　醉生梦死间的挣扎

联。这个上联其实也很白话，但意思却暗含讽刺："看如夫人洗脚。"如夫人就是小妾的意思。"如"就是"像"，像夫人一样，但不是夫人，可将来说不定能够扶正，当得上夫人，由此古代男人往往将小妾叫作如夫人。曾国藩这个上联的意思很明白，是说左宗棠你这么大一位人物，居然趴在那儿看小老婆洗脚，你也不嫌寒碜。

左宗棠也是饱学之士，反应也很快。他掉回头来看着曾国藩，一点没犹豫，就对了个下联。这个下联对得特别工整，是："赐同进士出身。"曾国藩的上联暗含嘲讽，而左宗棠的下联更是毫不客气。原来，曾国藩当年考科举，对自己期望很高，考到殿试这一级的时候，以为就算不能高中状元、榜眼、探花什么的，拿个标准的二甲进士肯定没问题。但考下来的结果让他很失望，他只考了个三甲第42名，按科举考试的规定，这个层次叫"赐同进士出身"。

这个"同进士"的名字也跟那如夫人一样，是说你不算进士，但又如同进士。既然不算，又怎么如同呢？所以这纯粹是说你没考好，勉强安慰你一下罢了。

当然，对于这个对联故事，后人一般看到的都是两个人的幽默和机智，但从中也可以看出曾国藩对左宗棠纳妾的不满来。你看，他一向不喜欢别人纳妾，可现在他弟弟却替他买了个妾。按理说，曾国藩是湘军主帅，他要自己不想纳，别人也不可能逼他纳妾。所以按常理来说，他拒绝就是了，但也许是不想冷落弟弟的好意，曾国藩尽管忧心忡忡，还是跟着弟弟到江边一艘隐秘的小船上去看那个新买的小妾去了。这一看不要紧，曾国藩更不高兴了。曾国藩在日记里说，他跟着弟弟到江边的船上去看了一下，结果上船一看，这个准小妾"体貌颇重厚，特近痴肥"。也就是他弟弟替他买的这妾长得很胖，而且一副很笨重的样子。曾国藩本来就很擅长于相面，说这个女的"特近痴肥"，就是说不仅长得胖，不好看，而且还一副傻乎乎的样子，一点灵气也没有。估计跟左宗棠喜爱的那个小妾没得比。所以曾国藩当时就转头回营，让弟弟把这个小妾给退了。当然了，曾国藩作为湘军统帅，又是一名重臣，他弟弟要为他纳妾，怎么也不可能替他找个一痴二肥三厚重的类型，除非他弟弟存心的。所以曾国藩说这个女的不好看，大概也就是个托辞。他心里对纳妾这个事儿很反感，所以才会以相貌推托。

曾国藩在江南当时可以称得上是第一号人物，而且天高皇帝远，连皇帝都管不着他。他要反对纳妾，手下人也不敢给他张罗。可奇怪的是，他弟弟给他张罗纳妾的事过了没几天，他手下亲兵营的一个叫韩正国的将领，又悄悄地为他纳了个妾，又带到江边码头的一艘小船上请他去看。这一次，曾国藩居然也去小船上相看了。

其实这两次纳妾从外表看上去并没什么太大的差别，无非一个是弟弟替他纳的，另一个是手下将领替他纳的。关键是在当时的情境下，不论是谁替他张罗的，曾国藩都不能要这个小妾。那么，当时是怎样的一个情境呢？

这时候是咸丰十一年的十月，就在这一年的七月，清朝第七位皇帝咸丰皇帝驾鹤西去了。皇帝驾崩，举国大丧，按封建时代的礼仪规定，为皇帝治丧期间，全国老百姓的婚丧嫁娶全都得停止。不要说娶小妾、娶如夫人了，就算是娶正夫人也不行。

然而曾国藩不同于一般人，他是兵部尚书兼两江总督，又素来被称为是天下道学的楷模、文坛的领袖。像这样一位朝中重臣、道德领袖，怎么能做出在皇帝治丧期里纳妾这样大逆不道的事情来呢？按理说，曾国藩此时对纳妾这事儿提都不该去提，也不应该去看。何况曾国藩一生小心谨慎，又一向反对纳妾。按理说，这一次韩正国即便给他送来了美人，曾国藩照旧也会借口那小妾生的难看，然后毅然决然地把她给退了。不过，出人意料的是，曾国藩这次到江边的小船上看过之后，居然皱着眉头把这门亲事答应了下来！于是就在这年的十月二十四日，曾国藩悄悄地把这个小妾接回了府中。

但世上没有不透风的墙，两江总督曾国藩在皇帝治丧期间纳妾的事情很快就传出去了。这造成的轰动可想而知。曾国藩向来以一代大儒自居，向来以孔孟传人自居，他居然也纳小妾，并且还是在皇帝治丧期间纳的妾！皇帝是普天之下臣民百姓的君父，难道会有孩子在父亲亡故的时候纳妾吗？这就是蔑视伦理纲常，因而举国上下皆骂他失德，说他是名教（儒教）罪人。据说，那位喜欢看如夫人洗脚的左宗棠知道之后，也笑着说了三个字："伪道学！"

这一下千夫所指，搞得曾国藩也很狼狈。但狼狈归狼狈，奇怪的是，向来小心谨慎的曾国藩还真没把大家的指责当回事，还是照样带他的兵，打他的仗，写他的道德文章，还是以天下文坛领袖、天下道德领袖自居。更奇怪的是，这事过了没多久，众怒竟也渐渐地平息了下来。这件足以让曾国藩在封建时代戴上"大不敬"之罪的纳妾风波，竟然在这么短的时间内就平息了，细细追究起来也不是没有原因。不过，无论外因如何，这其中最重要的影响因素还是在曾国藩自己。

虽然，在纳妾之前他顾虑重重，忧心忡忡，但在纳妾之后，他的行为举止反倒愈加坦然起来。这也许是因为，在他自己看来，纳妾这行为并非由于自己的失德，贪恋女色，更不能说自己是什么伪道学，是名教罪人。寻常男子纳妾，要么是因为好色，要么是因为想生儿子传宗接代。但曾国藩的情况跟这两条完全不搭边。明白人闭着眼睛也能看清楚，曾国藩如果是因为喜好女色而纳妾，以他的身份和地位，他完全没必要等到这个时候才纳妾。这个时候的曾国藩都51岁了，老婆欧阳氏也已经为他生养了3个儿子、6个女儿，就算是为了传宗接代，那也足够了。所以可以肯定的是，曾国藩既不是为了女色，也不是为了传宗接代才要纳妾的。而曾国藩犹豫良久，到底还是决定冒天下之大不韪去纳这个妾，可见其背后必然有更为强大的动机不为人知。但令世人没有想到的是，这个强大的动机竟是因为曾国藩患有现在被称作银屑病的一种顽疾——牛皮癣。

据说曾国藩天生就患有牛皮癣这个病，年轻时还好一些，自从组建湘军跟太平军作战之后，这个牛皮癣的症状就越发严重起来了。牛皮癣这种病确实不好治，它属于顽症，曾国藩一生求了无数的偏方也没治好。而且当工作压力越大的时候，它发作起来就越凶。当曾国藩祁门被围，甚至被逼得写遗嘱自杀的时候，也正是他一生中这种顽固的牛皮癣发作得最凶的时候。这时候什么药都不管用，曾国藩浑身痒得不行，自己就拼命地挠，挠得浑身都是血。

但就算这样，还有一块地方挠不着——后背的那块地儿。就算他长着刘备那种手长过膝的手，也同样臂长莫及。而当时曾国藩实在没法子，几个弟弟还有身边亲信的将领也都知道他这个情况，就劝他纳个妾，晚上实在痒得不行的时候，就让小妾帮着挠。令人奇怪的是，曾国藩既然有妻室，为什么不能让原配帮着挠？实在不行，凭借他的地位，专门指派个奴婢在夜间服侍着也未尝不可，为何非要在皇帝大丧期间为此事纳妾？对曾国藩而言，这也确实是个无奈之举。当时的曾国藩带兵在外，他老婆还在湖南老家带孩子呢，没跟在身边。至于不能随便找个人帮自己挠背，这就更是曾国藩这种理学家忌讳的了。因为没有名分，男女授受不亲，那对曾国藩这种儒生来说，才真是不可能做的事儿。纳了妾了，有了名分了，再做这事儿，在曾国藩那儿才说得通。

　　曾国藩也觉得这事儿说不出口，提不上台面，但又真的病痒难熬，所以，虽然不断犹豫着，先把弟弟替自己纳的妾给拒绝了，但最终还是在第二次相亲中动摇了。然而这就是最真实、最普通的人性。曾国藩自知此番纳妾实在是有难言的苦衷，他自知这选择并非出自淫欲与奢靡的居家风气，因而在这样的认知条件下，曾国藩自身强大的信念便能够一直支撑着他去面对外在的压力。尽管这事确实难以跟人解释，但只要不违反自己的人生准则、信仰准则，任外人如何评论，他亦坦坦然然。曾国藩一生信奉孔孟儒教，一生以儒学传人自诩，事实上他确实也被后世称为是儒家精神在晚清延续的一个重要的里程碑式的人物。儒家理论讲君子坦荡荡，讲男女授受不亲，但并没讲不许纳妾，所以在古代那种社会环境下，曾国藩认为自己这样做并没错，所以纳妾前他是犹豫的；但纳妾后，当天下人都骂他的时候，他反倒能坦然面对了。

　　曾国藩在众人指责的声浪里平静度日，当大家渐渐知道他纳妾的原因之后，也就没什么人再跳出来诋毁他的声誉。即便还有很多人觉得这事做得就是不对，也不再说他是个伪君子、假道学了。就比如左宗棠，在听说曾国藩纳妾之后笑骂一句"伪道学"。想想那曾国藩当初笑自己看如夫人洗脚时候那德行，现在可好，娶个小妾闹出这么大动静来，这如何不是一种莫大的讽刺？而今自己反击一句伪道学，也着实是出了一口气，在外人看来，大有一种幸灾乐祸的意味，因为左宗棠跟曾国藩向来不和的事实众人都是看在眼里的。当初，曾国藩得势的时候，左宗棠还一直屈居其下，而曾国藩认为左宗棠这人性格太极端，所以不肯把左宗棠纳入自己的幕府之中。后来，曾国藩的弟弟曾国荃攻下南京之后，曾国藩上奏朝廷，说洪秀全的儿子，当时太平天国的幼主洪天贵福被烧死了。而左宗棠则上表揭露曾国藩撒谎，说洪天贵福事实上是逃走了。曾左二人正是在这件事上彻底决裂，后来两个人关系闹得很僵，左宗棠在很多场合里逢人便骂曾国藩。

当 1872 年曾国藩病逝的时候，左宗棠已然是封疆大吏。当时，天下人都认为两个人关系如此糟糕，左宗棠对曾国藩肯定不会有什么好的评价。但出乎所有人的预料，左宗棠不仅给曾国藩送来了挽联，而且挽联的内容是：

> 知人之明，谋国之忠，自愧不如元辅；同心若金，攻错若石，相期无负平生。

这一联也被称为晚清名联。上联意思是，说到知人善任、为国尽忠，我左宗棠还是不如你曾国藩。当然，这话虽然非常自谦，但听着还像是客套话。出乎所有人意料的主要是下联，下联的意思是说，我左宗棠和你曾国藩其实一生都是同心同德的，世人看到你我之间的纷争，其实不过是我们之间相互促进、相互纠正、相互批评、相互进步的一种方法。所谓"他山之石，可以攻玉"，所以叫"攻错若石"。这一点只有我们俩自己知道，而世人全不知晓，所以你我此生，算是"相期无负平生"了。

多数人为此惊诧，毕竟二人之间的罅隙由来已久，从二人之前的"唇枪舌战"也足见二人水火不容的关系，为何左宗棠在曾国藩死后留下的挽联里却透出一股惺惺相惜的知己意味来呢？以左宗棠那种狂狷孤傲的个性，这万万不会是他刻意在与已经去世的曾国藩客套。事实上，不止是这副挽联，左宗棠还特意写信给在湖南老家的儿子，说，世人都以为我与曾国藩势不两立、关系交恶，其实我只是与曾国藩性格不合，但就人生信仰与信念而言，当世除了曾国藩，我左宗棠还真没别的人可以佩服。现在我带兵在外，不能亲自去拜祭，你一定要代我在曾国藩的灵柩前诚心祭拜，最好专门写篇祭文，以示我对他的敬重。左宗棠一生讨厌曾国藩，但等到曾国藩去世了，他对曾国藩的评价却是最高的。左宗棠对待此事的态度与曾国藩面对纳妾风波时的观念是一样的。毕竟在左宗棠心里是了解曾国藩其人的，他本质上是一个有崇高信仰并能一生坚守信仰的人。既是如此，许多花间小事，便无需挂怀。

# 第七章　纵是须眉也妩媚

历史的河流里，男宠作为一种独特的现象，一直是社会风情长卷中不可忽视的一笔。在那些和平与战乱并存，文明与凶残齐辉的时代，男宠在一定程度上还成为一种心理，渗透在有所图的人心中，演化成根深蒂固的奴性，这种心理又外化成文学、绘画等，一时也颇为璀璨。

从历史记载来看，男宠确是先古的一种时尚。"比顽童"成为"乱风"的一种，以致古代的长辈在训诫下辈时要特别强调其危害。可见在商周两代，同性恋的现象不但存在，而且相当流行，在有的地方和有的时期里可能还成为一种社会的趋势。在《诗经·郑风》里就有很多含义暧昧的著名诗篇，很多学者对它们有过解读，只不过他们的声音被主流湮没了。比如很有名的《子衿》："青青子衿，悠悠我心……一日不见，如三月兮。"据《诗序》说，这是一首讥讽学校废坏的诗。但是清朝有一个姓程的学者却在著作中认为是指两个男子相悦。它的用词优雅，充满纯洁的审美情趣，从词气推论，具有强烈的同性恋色彩。

从现有的史籍资料来看，在春秋战国时代，社会上确有崇尚美男之风。墨子在《尚贤》中说："王公大人，有所爱其色而使，今王公大人，其所富，其所贵，皆王公大人骨血之亲，无故富贵，面目美好者也。"

荀子在《非相》中说："今世俗之乱君，乡曲之儇子，莫不美丽妖冶，奇衣妇饰，血气态度，拟于女子。"《战国策·秦策》中记载了这样一件事：晋献公想进攻虞国，但怕虞国名臣宫之奇的存在，于是荀息就建议献公送美男给虞侯，而且在虞侯面前说宫之奇的坏话。这个计策实现了，宫之奇劝谏虞侯，虞侯不听，只好逃走。虞侯失去了股肱之臣，最后亡于晋。由此看来，古代"佳丽计"的"佳丽"，既指搜罗女子，也指搜罗男人。

古典文学专家孙次舟和著名的作家朱自清早在上世纪 40 年代就提出屈原是男宠的论点，当时引起一片哗然。楚辞专家闻一多表态支持，说当时盛行男风，人们并不以此为惭。而屈原的《离骚》、《九歌》、《九思》、《远游》、《卜居》、《渔父》等诗，都可看作是他与楚怀王的爱情由亲密到疏远过程的艺术记录。这样看来，屈原投汨罗江，不仅是殉他的理想，而且还是殉情的行为。这样，屈原诗作中大量的以美人失宠自比的精彩细腻描述，就可以从同性恋角度加以重新解释了。

## 蓝颜柔情亦如水

我们常把出卖肉体的女性称作妓女，其实，男人作娼，出卖自己的肉体也是自古有之，并和妓女的历史一样漫长。但是对于男妓，历史似乎三缄其口，史料中鲜有记载，这是因为在中国封建社会，在夫权意识的统治之下，社会对男人出卖色相和肉体极为鄙视和厌恶，认为男妓现象是对封建社会男性地位及尊严的莫大侮辱。

在中国古代社会，男妓的出现首先是为了满足拥有地位和财富的贵族女性的。这方面，最具说服力的便是武则天广罗天下美男子供自己娱乐，号称"面首三千"的史实。但实际上，中国古代皇族内部的女人，除非当了皇帝或成了实际上的皇帝的（如武则天、吕雉、慈禧等），多数不但没有多大权力，甚至连女人的权利也没有。她们中，有终身难见君王的，有被迫下嫁异邦的，有被皇帝打入冷宫或赐死的……在这样的悲剧背景下，一位勇于争取女权兼皇权的女人的出现，却为中国男妓的历史添上了重重的一笔。

山阴公主刘楚玉是南北朝时期宋明帝刘彧的姐姐。她的丈夫是驸马都尉何戢。有一天，山阴公主向皇帝弟弟提出了一个使人意想不到的意见："妾与陛下，男女虽殊，俱托体先帝。陛下六宫万数，而妾惟驸马一人，事太不均。"这个意见是说，我和你虽然性别不同，但都是先帝的骨肉，你在六宫有上万的女人，而我只有驸马一个，太不公平了啊！刘彧大概觉得她说得很有道理，于是给予了她郡王的待遇，又亲自为她配置了30位面首，供其淫乐。所谓面，是面貌漂亮；首，是头发漂亮。面首在古代是男宠、男妾的代称。但是，山阴公主还不够满意，她又看上了吏部郎褚渊，向刘彧提出要他，刘彧也答应了。"见逼迫，以死自誓，乃得免。"但褚渊才当了10天面首，就被山阴公主强迫得受不住了，直到以自杀相威胁才得以脱身。

在中国，同性恋的历史源远流长，最早可以追溯到华夏始祖黄帝。清代学者纪晓岚在《阅微草堂笔记》卷十二中说："杂说称娈童始黄帝。"中国古代对同性恋有许多称谓，例如"分桃"（也称为"余桃"，出自卫灵公和他的男宠弥子瑕）、"断袖"（出自汉哀帝和他的男宠董贤）、"安陵"（出自楚共王和他的男宠安陵君）、"龙阳"（出自魏王和他的男宠龙阳君）等。汉代以前"狎昵娈童"仅为君王贵族的特殊癖好，但到了魏晋南北朝，此风渐渐普及于士大夫及社会民众。至唐朝与五代期间，男色之风渐衰。然而到了宋朝又兴盛起来。

龙阳君是中国正史上第一个有记载的同性恋者，尽管历史上并没有记录这位美男子的真实姓名，《战国策·魏策》有这样一段记载：有一天，他陪魏王钓鱼，钓得十条大鱼，不觉泪下。魏王问他何故伤心，他说："我刚钓到鱼时很高兴，后又钓了一些大的，便想把前面钓的小鱼丢掉。如今我有幸能与大王共枕同寝，

但四海之内，美人甚多，闻知臣得幸于大王，必定打扮得花枝招展来向陛下献媚，臣就像前面钓到的小鱼一样，也会被抛弃，臣怎能不哭呢？"魏王听了很感动，便下令：四海之内，有敢向我介绍美女的，我就灭其族！并封他为"龙阳君"。从此，"龙阳之癖"便成了同性恋的代名词。

与龙阳君相似，《战国策·楚策》中的安陵君也有类似情况。他是楚共王的男宠，有人提醒他，色衰会爱弛，应该向共王表态，连死也跟随他，就能得到长期的信任与眷顾。他找了一个机会和共王讲了，共王大为感动，封他为"安陵君"。所以，后来同性恋也被称为"安陵之好"。

从历史资料来看，春秋战国时期，同性恋风甚盛。《吴下阿蒙·断袖篇》记载，向魋是宋恒公的男宠，位至司马，很受宠幸。有一次，向魋知道恒公之子公子佗有四匹白色的骏马，想要，恒公就瞒着公子佗，将马的尾鬃染成红色送给了向魋。后来公子佗知道了，大怒，派人将马取回。向魋很害怕，想逃走。恒公知道后，闭门而哭，眼睛都哭肿了。至于卫灵公和宋公子朝的关系，则充分说明了当时宫闱之淫乱。《国语·左传》载，大夫公子朝有宠于卫灵公，而他和灵公之母夫人宣姜以及灵公的夫人南子都发生了性关系。公子朝怕事情泄露，就勾结了一帮人作乱，将灵公逐出卫国。后来灵公复国登位，公子朝只好和南子出奔晋国。可是卫灵公却以母亲想念儿媳妇为由，把公子朝召回卫国。当然，并不是所有男宠都有好下场。例如卫灵公的男宠弥子瑕私驾灵公的马车去探母病，论律要砍去双腿，灵公却赞其孝；弥子瑕吃了一口桃子，把剩下的给灵公吃，灵公又说弥子瑕多么关心他（后人因此将同性恋称为"分桃之爱"，此事《韩非子·说难篇》、刘向《说苑》等均有载）。以后弥子瑕年老色衰，灵公对他开始生厌，以上这些事就都成为了他的罪状。

春秋战国时期，在同性恋的问题上不仅是上淫下，而且有下欲淫上的事。《晏子春秋》记载：齐景公生得漂亮，有一次一个小官员一直轻佻地盯着他看，当景公发现此人是因为他生得姣美才这么看时，十分恼怒，要杀这个小官员。于是晏子劝景公：拒绝别人的欲望，是"不道"的，憎恶别人的爱慕是"不祥"的；虽然他意欲于你，但还不至于杀头。景公听后，只说：有这样的事吗？那么在我洗澡的时候，让他来抱我的背好了。《吴下阿蒙·断袖篇》也提到了身为贵族的襄城君受不住自己部属的挑逗，而与之相好的事。这些事，都说明了在当时同性恋已成为一股风气。

在汉朝，皇帝们拥有男宠是相当普遍的。在两汉 25 个刘姓帝王中，有 10 个皇帝有男宠，占到 40%，至于其他 60% 的汉朝皇帝，也不是完全没有男宠，只是其事迹不那么突出罢了。当然，皇帝并不是只有一个男宠，例如那个史称拥有宏图大略的汉武帝，男宠就有 5 个之多。这些汉朝皇帝的同性恋，准确地说，应该是"双性恋"，因为他们一方面妻妾如云，迷于女色；另一方面又沉湎于男宠。他们和男宠的关系，和后世的达官贵人玩弄"相公"、"小唱"不同，他们和男宠往往有较为真挚的感情。在汉代，色臣的地位发生了变化，一旦受到皇帝恩宠，便被授以重位，不仅内承床笫之私，而且外与天下之事。如汉文帝宠邓通、汉武帝宠韩嫣，邓通、韩嫣便被官拜上大夫，得赏赐巨万。

汉文帝是开创"文景之治"的英明皇帝，是汉朝最勤俭的皇帝，他连一件穿破了的衣服也舍不得丢掉，但对男宠邓通的宠爱却无以复加，在邓通身上所花的钱难以计数。邓通是蜀郡南安人，他的得宠是因为汉文帝做了一个梦而引起的。据《汉书·佞幸传》记载，有一次汉文帝梦见一个在宫掖池中撑船戴黄帽的小吏，从后面推他上天，到达长生不老的仙境。文帝回头一看，这个人的衣襟系在后面，梦醒后文帝就派人去找这个"小吏"，结果找到一个也把衣襟系在后面的人，这个人就是邓通。因他的姓名和"登通"的音相同，文帝十分高兴，逐渐对他加以宠幸；邓通也天天陪伴文帝，不事外出，甚至连要沐浴的日子也留在文帝身边，文帝由此更加宠爱他，赏赐他的财物以千万计，官拜上大夫。

有一次，汉文帝命一位有名的相士给邓通相命，相士说他会贫饿至死，文帝很不高兴地说："能富通者在我，何说贫？"于是赏赐蜀郡的严道铜山给邓通，使他享有铸造钱币之权，这种把国家的造币权赏赐给人的行为实在是历史上少有的，于是邓通富可敌国，当时就有"邓氏钱布天下"的说法。可是，历史上往往有这么一个规律，一个人如果过于受皇帝宠幸，权势过大，过于富有，往往会在宫廷之中受妒。这对那些没有什么才干，只会媚上的男宠来说更是如此。有一次文帝生疮流脓，邓通用口吮之，文帝大为感动，并且问邓通，谁最爱朕？邓通说，当然是太子。于是文帝就要考验太子一下，当太子前来请安时，文帝叫太子替他吮脓，太子面有难色。文帝说，邓通已经这样做了。太子很惭愧，因而嫉恨邓通。文帝一死，太子即位为景帝，立即罢免邓通，后来又抄了他的家，并且不许任何人接济他。最后，邓通正如那位相士所言，被活活饿死了。

其实，邓通还不算是很跋扈的男宠。汉武帝的男宠韩嫣和武帝一起同卧同起，形如夫妻，官至上大夫，受赏赐之多可与文帝之与邓通相比。但韩嫣十分跋扈，他喜欢弹丸，丸都为金制，每天都会弹失十多颗，所以当时在长安有俗话说："若饥寒，逐金丸。"意即跟着韩嫣拾金丸就能发财。有一次江都王（武帝的弟弟）入朝，与武帝一起到上林御苑打猎，武帝叫韩嫣率领百余骑兵乘车先去，江都王以为是武帝来了，立刻在路旁跪下迎接，可是韩嫣却纵车而过，置之不理。江都王感觉受到莫大的侮辱，向母亲（皇太后）哭诉，于是皇太后就十分厌恨韩嫣。韩嫣仍不收敛，仍恃宠而骄，随意出入皇帝的寝宫。最后，被皇太后抓住把柄，赐他死刑，虽然武帝极力说情，仍不能免。

在皇帝和男宠有着很真挚的感情方面，汉成帝和张放是一个著名的例子。张放官居富平侯，他的曾祖父也是官拜大司马，他的母亲还是公主之女，可谓满门显贵。张放年少英俊，而且十分聪明，所以为成帝所宠幸，并且将皇后的侄女嫁给他，婚礼极其奢侈华丽，赏赐以千万计。成帝经常和他一起出游，微服私行，几年内一起去了不少地方。在这种情况下，张放就受到一些贵族、特别是几个国舅的妒忌。这些人在太后面前说张放的坏话，太后认为皇帝正是年富力强之时，却行为不检，都是张放所致，所以就找了一个罪名，把张放放逐到外地去。成帝十分想念张放，多次召张放回京，又多次迫于太后、贵族和大臣的压力而流着泪再叫张放走。在他们分离时，通信不断。过了不久，成帝驾崩，张放也日夜思念，哭泣而死。

如果以上这件事发生在男女之间，那么这也是可以和"孔雀东南飞"、"梁山伯和祝英台"媲美的一段佳话了。可是，这种事发生在两个男子之间，又该怎么看呢？历史上有许多事情实在太复杂，如果仅从汉成帝和张放的关系来看，确有情真意挚的一面。可是成帝却是汉朝一个较为荒淫的皇帝，他的最大嗜好就是观赏身穿薄露纱衣的宫女。他还经常微服去民间寻访美女。有一次，他微服到阳阿公主家，见到歌舞女赵飞燕，就召进宫，后来废许皇后，立飞燕为后；又把飞燕妹合德召进宫，陷于淫乱，旦旦伐性，并因此而送了命。由此看来，汉成帝实际上是个双性恋者。这种情况在宫廷、达官贵族之间相当普遍，例如汉武帝，一方面拥有不少男宠；另一方面又大召美女，大建宫第。据《三辅黄图·未央宫》载："武帝时，后宫八区，有昭阳、飞翔、增成、合欢、兰林、披香、凤凰、鸳鸯等殿，后又增修安处、常宁、茞若、椒风、发越、惠草等殿，为十四位。""掖庭总籍，凡诸宫美女万有八千。"

成帝之后，汉哀帝与董贤的故事更为人所熟知。汉哀帝偶然见到了董贤，"悦其仪貌"，一见钟情，即拜董贤为黄门侍郎，并将其父迁为光禄大夫。不久又升董贤为驸马都尉侍中，"出则参乘，入御左右，旬月间赏赐累钜万，贵震朝廷"。甚至董贤在与哀帝同床共寝时，压住了哀帝的一只衣袖，哀帝宁可用宝剑斩断衣袖，自己悄悄地爬起来，也不愿因自己的不慎而惊醒爱宠的美梦。后来哀帝对董贤的宠幸加码，又迁董贤的父亲为少府，赐爵关内侯，董贤的妻父也封为将作大匠；连董家的僮仆也破例受到赏赐。董贤本人，经过柔媚婉曲的不懈追寻，终于诏封为高安侯，食邑千户。不久又加封二千户，与丞相孔光并为三公，权力之大，几乎"与人主侔矣"。而一次在麒麟殿的筵席上，哀帝趁着酒意，竟扬言要效法尧舜禅让之制，把帝位禅让给董贤。吓得群臣慌忙奏报："天下乃高皇帝天下，非陛下之有也。陛下承宗庙，当传子孙于无穷。统业至重，天子无戏言。"哀帝听了老大不高兴。如不是几个月之后哀帝驾崩，这件事情如何发展，还真的难以预料。

这也就难怪《史记》、《汉书》两书均重视色臣专宠的问题。班书针对董贤的教训，认为西汉的衰亡，"咎在亲便嬖，所任非仁贤"，违背了孔子关于不"友便辟、友善柔，友便佞"的遗教。他谆谆告诫后世，一定要懂得"王者不私人以官"的道理。司马迁身遭李陵之祸，在武帝之世言"今上"，运笔较为含蓄，不正面论及蓄宠者的是非得失，而是通过记述史实，证明邓通、韩嫣、李延年一干宠臣，到后来非逐即诛，没有一个有好下场。他的结论是："甚哉，爱憎之时！"意思是说，既然以色事人，就会有因色衰而爱弛的一天，色臣们固宠虽然有方，却无法抗拒"爱憎之时"的客观规律。

但史家的警策之论只不过是历史经验的总结，历史本身并不因此有任何改变。汉以后男宠色臣现象更为严重，直到南北朝时期，一些王朝的濒于危亡也与这一现象有一定关联。沈约撰《宋书》，追溯刘宋一朝的兴衰，毫不宽贷"易亲之色"和"权幸之徒"的危害，根据《汉书》的《恩泽侯表》及《佞幸列传》的名目，别列《恩幸篇》，痛陈民何以"忘宋德"的原因。其中写道："人君南面，九重奥绝，陪奉朝夕，义隔卿士，阶闼之任，宜有司存。既而恩以幸生，信由恩固，无可惮之姿，有易亲之色。"又说："挟朋树党，政以贿成，铁钺创痏，构于筵第之曲，服冕乖轩，出乎言笑之下。"缕陈条析得头头是道。司马迁在《佞幸列传》结尾处曾说："自是以后，内宠嬖臣大底外戚之家"，不愧为远识卓断。最高统治者"以色取人"和权佞色臣以色固宠，始终是中国传统社会的一个乱源，不论这中间表现形式生出多少变化，王者"亲便嬖"、"私人以官"则可以把任何健全的选官制度都变成有其名而无其实。

古代男妓之风之盛远远超出我们的想象，特别是五代至宋，男妓兴盛之况不仅存在于宫廷，也存在于民间，不由得让我们现代人感叹古代先人的"开放"。宋时，男妓的工作场所被称之为"蜂巢"，大概有招蜂引蝶之意。《癸辛杂识》记载说："吴俗此风（指男娼）尤甚。"说这些男妓"皆敷脂粉"，穿着打扮极为华丽，"呼谓亦如妇人"。这些模样俊俏的男子，不仅能言善道，琴棋书画也样样得心应手。女人在"蜂巢"不仅仅是寻求肉体上的欢愉，更是为了得到精神上的放松。的确，和一些年轻貌美，谈吐不俗的优雅男子在一起，怎不让这些来自上流社会的女人流连忘返呢！但是，男妓之风气虽然昌盛，可是，毕竟此举不能登大雅之堂，特别是一些社会上的闲散无赖男子，凭自身些许姿色，骚扰滋事，扰乱民间，败坏社会风气，因此政和（宋徽宗年号）年间，始立法告捕，规定凡是男子为娼者，一旦发现，要"杖一百"，对揭发者"赏钱五十贯"。

尽管男妓被古代主流社会所不齿，甚至遭到严厉打击。可是，有需求，就有市场。宋朝的男色依旧鼎盛。元代此风似稍衰。到了明朝，男色又开始兴盛。那时候，无论是皇帝还是老百姓，皆以狎男妓为时尚。史书上，有关明代福建男妓的记载比较丰富。《灯俞前琨散》说，闽有一女子，丈夫出海遇险，女子苦苦思念，夜夜都要到海边遥望丈夫出海的远方。此时，有一貌美男子在海边吟唱，凄婉的歌声唱出了女子对丈夫的思念。随后，女子就与这貌美男子同居了。女子动了真情，想与貌美男子结为夫妻，可是，貌美男子说他是专门排遣孤独女人寂寞的，为钱不为情。女子伤心落寞，抑郁而死。明代福建男妓行业非常发达，这些出卖肉体的男子，服务对象不分男女。当时福建有这样的风俗，男子出海，不得有女子相随。一方面，由于明代海上海盗出入频繁，有女子在船上，受到的威胁更大；另外又有迷信的说法，认为女子在船上不吉利。而出一次海一般都是十天半个月，有时甚至大半年，年轻气盛的男子为了解决性饥渴，就会找一些貌美男子，也就是男妓同船。男妓出海虽然可以赚些钱，但毕竟很苦，一些好吃懒做但模样有几分英俊的男子就干脆干起满足他人性饥渴的营生，在陆上为独守空房的女子服务。但是，有血性的男子是不甘成为"男色"的。《柳南随笔》说，一个叫李二哇的俘虏，可谓英俊而神勇。打仗的时候，每每都是身先士卒，锐不可当。后来被敌方生擒，敌方将领对这位英俊而神勇的俘虏非常喜爱，"欲与昵"，但李二哇坚决不从，自杀身亡。有诗歌记载了这段历史："花底秦宫马上飞，每番先阵入重围。可怜拚得刀头血，不向勤王队里归。"

到了清代，同性恋风气仍然盛行，因此，有关部门甚至颁布这样的法令规定："优伶的子孙，以至于受逼为奸的男子，不许应科举考试。"但是，由于清代盛行"私寓"制度，官吏富商蓄养相公成风。这些大户人家买来眉清目秀的小男孩供主人赏玩，称"男风"，小孩被称为"相公"或"象姑"。这种"私寓"制度，直到清末民初，才因有伶人出面倡议而被废止。清初诗词大家陈维崧与优伶徐紫云的同性恋不仅不是秘密，而且路人皆知。陈维崧的《贺新郎·云郎合卺为赋此词》是同性恋文学史上最具文采的一首词："六年孤馆相偎傍。最难忘，红蕤枕畔，泪花轻飏。了尔一生花烛事，宛转妇随夫唱。只我罗衾寒似铁，拥桃笙难得纱窗亮。努力做，橐砧模样。休为我，再惆怅。"

此外，故宫博物院里有一本《板桥自叙》，在其中，郑板桥就提到了自己有"断袖之癖",说自己"酷嗜山水,又尤多余桃口齿及椒风弄儿之戏",余桃口齿及椒风弄儿之戏指的就是同性恋。《墨林今话》的作者蒋宝龄也说郑板桥"不废声色,所得润笔钱随手辄尽"。郑板桥一生养过多个男宠,其做官的俸禄与卖画所得的钱,有许多是花在此事上了。郑板桥也曾不无伤感地坦陈"自知老且丑,此辈利吾金而来耳"。郑板桥71岁时,曾与时年48岁的清代著名诗人袁枚有过一次会晤。二人乘兴唱酬,甚为欢畅。酒至半酣,板桥说:"今日之衙门,动辄板子伺候,那板子偏又打在桃臀之上。若是姣好少年,岂不将美色全糟蹋了?我要能参与朝廷立法,一定将律例中的笞臀改为笞背,这才不辜负了上天生就的龙阳好色。"而有龙阳之好的袁枚一听,立即产生"与我心有戚戚焉"的认同感。其实,袁枚在同性恋上并不输于郑板桥,他年近七旬时还收了年轻貌美的男秀才刘霞裳做学生,师徒偕游,双宿双飞,一派名士风流。《随园轶事》对袁枚的龙阳之好有载:"先生好男色,如桂官、华官、曹玉田辈,不一而足。而有名金凤者,其最爱也,先生出门必与凤俱。"

清代著名小说《聊斋志异》第三卷《黄九郎》一节,有一段聊斋先生"笑判"同性恋的文字,甚为有趣:

男女居室,为夫妇之大伦;燥湿互通,乃阴阳之正窍。迎风待月,尚有荡检之讥;断袖分桃,难免掩鼻之丑。人必力士,鸟道乃敢生开;洞非桃源,渔篙宁许误入?今某从下流而忘返,舍正路而不由。云雨未兴,辄尔上下其手;阴阳反背,居然表里为奸。华池置无用之地,谬说老僧入定;蛮洞乃不毛之地,遂使眇帅称戈。系赤兔于辕门,如将射戟;探大弓于国库,直欲斩关。或是监内黄,访知交于昨夜;分明王家朱李,索钻报于来生。彼黑松林戎马顿来,固相安矣;设黄龙府潮水忽至,何以御之?宜断其钻刺之根,兼塞其迎送之路。

蒲松龄如此大评同性恋,可见同性恋现象在清代社会之盛行了。


## 那些坐拥美男的女皇、皇后们

## 一、西晋惠贾皇后贾南风

西晋惠帝司马衷之妻贾南风，又称惠贾皇后，其父是西晋的开国元勋贾充。贾南风其貌不扬，生性残酷，曾亲手杀过人。善于钻营，精于权术，性多妒忌，并生性淫荡，秽乱春宫。惠帝懦弱无能，国家政事皆由贾南风干预。贾南风暴戾而专制，废黜太子，挑起了"八王之乱"，使西晋陷入了长期的内战，后在战乱中被废并被杀。大一统的中国，从此陷入了三百多年的分裂割据局面。

惠帝因为对贾南风怕得要死，不敢和别的妃子有染；但贾南风就不同了，她不仅和太医公开偷情，还派人去宫外物色猎物，看到英俊少年就连哄带骗，蒙上眼睛打个包裹寄到自己房间里。后生看到雕梁画栋，丝缎绫罗，只当自己来到天堂。这些不知情的小伙子在仙宫里欲仙欲死，几天之后，又蒙上眼睛，装进包裹，邮递到刑场，上面写着寄件人对"邮件"的处理方案是："即刻问斩。"所以，那些年轻人刚刚从包裹里钻出来，那边就刀起头落，他们眼睛睁开来看到的第一个东西，就是自己已经没有头颅的身躯，迷迷糊糊就上了真正的天堂。当然也有例外，有个小吏一夜暴富，华服美食，奢靡无比，被当盗贼抓起来了。经过审讯，这个小吏才知道他夜夜承欢的原来就是皇后，官员也就把他放了。

贾南风尽管有千般丑恶、万般无耻，但使她能在宫里立住脚的就是权术。史书说她"妒忌多权诈"。贾南风从妹妹那儿抱来一个男孩，冒充自己的儿子，杀死了太子。她与楚王司马玮合谋，先杀死杨骏，诛其亲族数千人；又杀死司马亮及其党羽；最后以图谋不轨的罪名，反手除掉年仅 21 岁的楚王。看来，权力不仅是男人的春药，也是女人的。

## 二、北魏文成帝的冯皇后

冯氏（442—490 年）的祖父冯弘、伯父冯跋是北燕国王；其父冯朗在北燕灭亡后降魏，官至秦、雍二州刺史；姑母是北魏太武帝拓跋焘的左昭仪。后来其父因罪被杀，她随姑母入宫。452 年，文成帝即位后，封 11 岁的冯氏为贵人，并在她 14 岁时立为皇后。同年，立 2 岁的儿子拓跋弘为皇太子。按照"立子杀母"的规矩，拓跋弘生母李贵人被赐死。

冯皇后抚养拓跋弘，待太子如同亲生。文成帝死后，献文帝拓跋弘即位时，年仅12岁，尊冯皇后为皇太后，由丞相乙浑总揽朝政。乙浑图谋篡位，冯太后用计把他逮捕杀死。从此，朝政由冯太后一人裁决。

随着献文帝慢慢长大，母子间的矛盾越来越深。471年，18岁的献文帝被迫禅位于5岁儿子拓跋宏（即孝文帝），自己做了太上皇。但他仍统兵南征北伐，这本身就使冯太后感到威胁，加上献文帝还杀了冯太后的男宠李奕，于是，冯太后在476年将年仅23岁的献文帝毒死。献文帝死后，冯太后以太皇太后身份再次临朝听政。杀了一批政敌，重用一批有改革思想的人，进行一系列改革：颁行班禄制，整顿吏治，统一度量衡，推行"三长制"，实行均田制。改变了鲜卑族的落后局面，为孝文帝迁都洛阳以后的繁荣打下基础。

冯太后的生活比较俭朴，不好华饰，但她却好男宠，并把这当成是笼络权臣的手段。就连南朝齐国派来的使者刘缵也被冯太后留宿宫中，在床帏间解决边境问题。不论如何，冯太后都不愧是北魏一位杰出的女政治家。490年9月，冯太后病逝，终年49岁。谥为文明太皇太后，葬于永固陵。

### 三、北魏灵太后

胡承华，是司徒胡国珍的女儿，是一个文武兼备的大美人。据说胡承华降生的时候，她的母亲看见卧房内红光照射，不知是何征兆？胡国珍将这件事拿去问当时很有名气的术士赵胡，赵胡立即说："这是个吉兆，有大贵之表，方为天地母，生天地主。"等到胡承华长大，通过出家做尼姑的姑妈的大事宣扬，大家都知道胡家有这么一个奇怪的又才高貌美的女子。宣武帝拓跋恪听到了风声，把她召到后宫，册封为承华世妇。当时宣武帝的高贵嫔因得宠而被封为皇后，高皇后貌美性妒，她不准所有后宫嫔妃接近皇帝，唯独胡承华纤丽动人，善伺人意，楚楚可怜，行止乖巧，颇得高皇后的欢心，于是网开一面，特准胡承华在晚上服侍皇上，因而蓝田种玉，珠胎暗结，十个月后竟为皇家产一承继大统的麟儿。

北魏时期仿照汉武帝"留犊去母"的故事，严格规定："子为储君，母当赐死。"因而六宫嫔妃多祈祷上苍，但愿生公主，却不愿生子为太子。然而胡承华却慨然道："国家旧制，未免苛刻，但妾却不惜一死，宁可为皇家育一嗣续，却不愿为贪生计，贻误宗桃。"妊娠期间，后宫中妃嫔多劝她服药堕胎，都认为："生儿居长，必为太子，而生母则必死无疑！"胡承华始终不为所动，不久果然生下一个男儿，宣武帝大喜过望，取名叫诩；又担心高皇后妒忌，招致不测，特地另派乳母，放在别宫中养育，不但高皇后不得过问，就连生身之母胡承华也不准看视。拓跋诩3岁时，宣武帝册立他为皇储，不但没有遵照旧制将他的生母胡承华赐死，反而晋封胡承华为贵嫔，高皇后大为愤怒，多亏朝中大臣刘腾、于忠、崔光等从中相助，才保障了胡承华的生命安全。

宣武帝驾崩，拓跋诩嗣位而为孝明帝，尊高皇后为皇太后，胡承华为皇太妃。不久胡承华就逼皇太后到瑶光寺出家为尼，自己成为灵太后。灵太后亲理朝政，裁决政事，随手批答，把朝政处理得有条不紊。她饬令制造一辆"申讼车"，设座车内，外垂帘幕，定期出巡云龙门及千秋门等繁华地区，接受吏民诉讼并申冤案件，当即裁判或交有司妥为处理，获得朝野的好评。凡州郡荐举的孝廉秀才，都由灵太后亲御朝堂，临轩发策，自阅试卷，评定等级，然后量才使用。

北魏累世强盛，东夷西域，贡献不绝，且与南朝设立"互市"以通有无，因此府库盈溢。灵太后有一次来到绢库，一时兴起，命令随行的王公大臣及妃嫔公主一百余人，尽一己之力，负绢布出库，能背多少出库就把所背出来的赐给背绢者。基于贪婪一念，大伙儿一拥而上，扛负最多的超过二百匹，少的也有百多匹。尚书陈留公李崇、章武王拓跋融因扛负过重，体力不支，颠仆在地，李崇伤腰，拓跋融损足，灵太后笑夺其绢，使他们空手而出，引得时人作歌谣讽刺："留章武，伤腰折足，贪婪败类，自取其辱。"另外长乐公主手持二十匹而出，表示不异于众人，得到灵太后的嘉许。大将军崔光仅取两匹，灵太后怪其太少，崔光回答道："臣只两手，唯堪两匹而已！"使众人听后，皆有愧色。

灵太后在生活中也有出轨的时候。北魏名将杨大眼虎背熊腰，孔武有力，眼睛大如铜铃，炯炯有神，摄人魂魄，南征北战，立下了不少汗马功劳。他的儿子杨白花，容貌身材长得和他父亲一模一样，丰仪俊朗，力能举鼎，英武过人。灵太后正在徐娘半老的年纪，养尊处优的生活使她的心灵时常感到空虚落寞，于是把杨白花当作心目中的白马王子，经常把他召至宫中备至优渥之意。杨白花别无选择，只好俯首称臣在石榴裙下，做了深宫内院的娇客。但他终究不是一般的佞臣，而是一个有本领的人，加上畏惧大祸随时都会加身，于是，心思一横，连夜率部下逃出洛阳，投奔南朝梁国。灵太后思念不已，又不便明目张胆地声张，百转愁肠，谱成《杨白花歌》一曲，以暮春时节的杨花飘荡难觅踪迹，来抒发内心的怀想和期盼。

### 四、北齐武成帝高湛的胡皇后

北齐武成帝高湛继承帝位后，他的长广王妃胡氏被册立为皇后。高湛强奸嫂嫂李祖娥，常常宿在昭信宫，胡皇后不耐宫闱寂寞，同高湛的亲信随从、给事和士开私通。和士开唇红齿白，翩翩有风度，又弹得一手好琵琶。高湛知道后，非但不责怪他，还有意成全他们。和士开善使一把铁槊，胡皇后说她也想学槊，高湛便命和士开教她。胡皇后与和士开眉来眼去，乘机调情。高湛只顾饮酒作乐，视而不见。

和士开为巩固地位，讨好太子高纬，劝高湛做太上皇，说这样可以进一步纵情享乐。高湛便让位于太子，从此深居宫中，一味淫乐，三年以后因酒色过度而死。高湛死后，胡太后和和士开的关系正式公开化，许多大臣不满，上奏要求处罚和士开。但高纬年少昏庸，怕得罪太后，没有处罚和士开。而和士开则趁机排除异己，日益权重，被封淮阳王。一班趋炎附势的大臣纷纷向他献媚，一时间，胡太后的姘头成了北齐王朝的大红人。

然而高纬的弟弟、琅琊王高俨却是个敢作敢为的人。他知道胡太后的妹夫冯子琮与和士开不合，便与其谋划。在一个深夜埋伏士兵于神兽门外，次日和士开上朝时，士兵将其抓获并杀死了他。胡太后知道后又悲又气，然而高俨拥兵三千，屯于千秋门外，她和高纬不敢把他怎么样。但这件事以后，高纬认识到高俨的能力，十分不安，便秘密地将其杀害了。

### 五、女皇武则天

大唐永昌二年（690 年）的秋天，中国第一也是唯一的女皇帝武则天登基，国号大周，改元天授。这个时候，李治已经死了八年了。作为一个手段毒辣、作风强硬的女皇帝，武则天的治国才能是可圈可点的。而作为一个女强人，武则天则因拥有许多男宠而为后世侧目。

应该说，武则天招纳男宠，主要是用来浇灭欲火的，这与武氏家族女性普遍性欲较强的基因有关。武则天的母亲荣国夫人（后改封太原王妃）88 岁时，仍性欲十足，竟然与自己的外孙贺兰敏之乱伦通奸，对此，《旧唐书》称"敏之既年少色美，烝于荣国夫人"；《新唐书》称"敏之韶秀自喜，烝于荣国"；就连治学严谨的司马光在《资治通鉴》中也称"敏之貌美，烝于太原王妃"，可见这事不是虚构。另外，武则天的女儿太平公主、姐姐韩国夫人、外甥女魏国夫人在私生活方面也都不甚检点。

武则天 14 岁入宫，从"太宗闻其美容止，召入宫"（《旧唐书》）的记载来看，垂涎已久的唐太宗决不会放过她。但是，由于武则天性格刚强，缺乏女子的柔弱，不久便被唐太宗晾在一边，坐了 12 年的冷板凳。所以，武则天没有生育，封号也一直是才人。唐太宗死后，武则天出家，后改嫁唐高宗。唐高宗有八子四女，其中后四子、后二女均为武则天所生，这一点，足以说明武则天在性生活方面的贪婪和霸道。唐高宗后期多病，身体变得很差，武则天的性欲受到了压制。不过，追逐权力，在一定程度上冲淡了武则天的生理欲望。

权力，是男人的春药，也是女人的催情剂，而且地位越高、权力越大，这种来自身心的蠢蠢欲动就越强烈。弘道元年（683 年），唐高宗病逝，武则天掌权，身心放松，久蛰的生理欲望在权力的刺激下再次激活，于是，男宠成为武则天这个寡妇的必需品。

在武则天的众多男宠之中，最有名的有四个。然而这四个男宠，却个个结局悲戚。武则天的第一个男宠是薛怀义。第二个男宠是御医沈南璆，沈南璆为人温和，很知道武则天的心思。这时候，武则天已经年届七旬，身为御医的沈南璆尽职尽责，对女皇关心有加。一来二往之中，武则天喜欢上了他，让他侍寝。可是，沈南璆却身心虚弱，成全不了武则天的美意。于是，在某个良宵，沈南璆暴死于宫中。

万岁通天元年（697 年），太平公主把美貌年轻、通晓韵律、能歌善舞的张昌宗引荐给武则天。在博得武则天的欢心之后，张昌宗又把自己的哥哥张易之引荐给她。起初，武则天并没有把他们公开带到宫中，而是以在宫里写书（修《三教珠英》）为名，在内殿和后宫与他们厮混的。在和武则天相处的八年时间里，张易之和张昌宗深得武则天的恩宠，历任司卫少卿、控鹤监内供奉、奉宸令、麟台监，封恒国公，得赐田宅玉帛无数。

除了自己的女儿推荐、官僚推荐、男宠自荐，武则天还经常密派心腹到民间明察暗访秘密搜罗。经过了披沙拣金般的淘换，武则天的"后宫"也渐渐形成了规模，据说是"面首三千"。由于人员众多，数量庞大，为了便于管理，在698年，武则天成立了史上具有划时代意义的皇帝配偶的组织部——控鹤监，设立了正副主管和主祭官。后来又选拔张易之、张昌宗兄弟担任行政主管。武则天的"后宫"丝毫不逊色于男性帝王们的三宫六院。在这些"阳道壮伟"的情人们的陪伴下，武则天度过了她辉煌快乐的晚年，直至被迫退位。

然而，天下男人多如牛毛，期待伺候武则天的男人虽然很多，但不可能人人都有机会。那么，武则天在选择男宠方面有什么讲究呢？

首先，武则天的男宠都是年轻的美男。薛怀义"伟形神，有膂力"（《旧唐书》），"伟岸"（《新唐书》），是一个相貌不凡、高大威猛的帅哥。史料没记载沈南璆的相貌，但他能够入得宫廷，专职给皇帝、皇后等高端人物看病，最起码是一个温和、儒雅的清秀男子。张易之"年二十余，白皙美姿容"，张昌宗"面似莲花"（《旧唐书》），二人都长得十分貌美标致。另外，从"天后令选美少年为左右奉宸供奉"和"近闻上舍奉御柳模自言子良宾洁白美须眉……专欲自进堪奉宸内供奉"（《旧唐书》）来看，年轻貌美是武则天挑选男宠的首要条件。

年轻、貌美、健壮，是武则天挑选男宠的三个必备条件。上有需求，下必投其所好。那么，是不是符合这三个条件的男子就可以充当武则天的男宠呢？非也。唐代文人宋之问就吃了武则天的闭门羹。宋之问很有才华，且"伟仪貌，雄于辩"（《新唐书》），各方面条件都不错。武则天下令"选美少年为左右奉宸供奉"，宋之问蠢蠢欲动，也想为武则天出力，并专门给武则天写了一首表明心迹的诗。"则天见其诗，谓崔融曰：'吾非不知之问有才调，但以其有口过。'盖以之问患齿疾，口常臭故也。之问终身惭愤。"（《太平广记》）武则天拒绝宋之问，除了他有"口臭"，还在于他太露骨。武则天虽然是皇帝，虽然贪恋美男，但她毕竟是女人，仍须保持必要的矜持。宋之问如此明目张胆，况且有生理缺陷，别说武则天不喜欢他，不敢与他亲近，就是喜欢也不好答应。事实上，除了宋之问，凡是公开自荐的，不论是父亲举荐儿子"洁白美须眉"，还是自我标榜"阳道壮伟，过于薛怀义"（《旧唐书》），均遭到了武则天的拒绝。武则天一时糊涂，发出的"选美少年为左右奉宸供奉"诏令，在朱敬则的劝谏下也废止了。可见，武则天选择男宠还是很注意影响的。

受家族基因的影响，也受权力因素的刺激，武则天晚年虽然欲望亢奋，但终其一生也不过四个男宠而已。四人中，薛怀义是千金公主悄悄献媚，张昌宗是太平公主秘密推荐，张易之是张昌宗顺带引荐，沈南璆则是武则天的地下情人，入宫时均未造成恶劣影响。武则天晚年，朝政基本上由易之兄弟专擅。太子李显（即被废黜的唐中宗）之子李重润及永泰郡主私下议论二张专政。张易之知道后跑到武则天那里诉苦。风烛残年的武则天不问青红皂白，责问太子。太子无奈，缢杀了自己的儿女。神龙元年（705 年）武则天病重，大臣崔玄、张柬之等起羽林兵迎中宗李显复位，把病榻上的武则天请下了皇帝宝座。随后，诛张易之、张昌宗兄弟。《太平广记》记载，二人在迎仙院被杀后，其尸体又于天津桥南被公开枭首。武则天的最后两个男宠落了个尸骨不全。

其实，作为一个女皇，一个精明的政治家，武则天蓄养男宠应该说主要是为了显示女皇的威权。二张入侍后，武则天已年满 73 岁，就算生活优裕，养生得法，服用春药，也难使一个老妪返老还童。她之所以这样做，是在向众人炫耀：既然男子为帝可以有成群的嫔妃，女子登基也应该有侍奉的男宠。在中国历史中，除武则天外，女人为帝绝无仅有。一位女性政治家在男性皇帝专制的时代，想立于不败之地，就需要经历孤军作战的艰难。为使臣民信服，就要人为地、主动地树立自己的绝对权威和尊严。她在所有的领域内都要行使同男性皇帝一样的权力，都要享受同男性帝王一样的利益。因此，在"性"的问题上，她也要效仿男性帝王了。即使不是为了"性欲"，她想拥有几个可以安慰寂寞、稍解老来忧愁的年轻异性，对贵为天子的她来说也是易如反掌的。

在所有这些和男宠有关的故事中，几乎与一般的恋情一样，存在爱情、友谊等诸多情感，也存在性的关系。在这种情感枝干上，同样也衍生出阴谋、凶杀、奸淫、虐待等各种非常事件。一部男宠的故事集，就是一部人类情感的世情画卷。

为男宠披上文化的外衣，是因为这个社会职业很古老，很有市场，还与不少文化名人有牵扯。南朝著名诗人褚渊就做过山阴公主的男宠；武则天改元建周的时候，许多拥唐的文化名家，都曾冒着生命危险，站出来拿武则天蓄养男宠说事，试图阻止朝代更替。一直到清朝时，曹雪芹的经典巨著《红楼梦》出现，男宠文化依然在其中多有体现：薛蟠与贾宝玉为了男宠秦钟几乎大打出手，王熙凤对贾蓉的专宠等，均说明男宠文化在清代很盛行，并作为一种文化现象广泛存在于社会生活的各个方面。

男宠文化，在历朝历代均有不俗的传承，朝廷宫闱之内，民间富裕之家，但凡床笫寂寞者，多有蓄养男宠之念之行，此人性使然，社会使然，文化使然，不足为怪。正如人们反对妓女盛行，说倡优文化是一种畸形文化一样，男宠文化，也是一种跛了脚的文化形式，尽管常说存在即合理，但是，其无论怎么存在、怎么传承，也必然是一瘸一拐，难以走进社会主流。

男宠作为一种非主流的存在，先天与审美意识有关，在审美的领地，它是香花还是毒草？如同一部《红楼梦》，有人看见的是恶心，有人看见的是病态，有人看见的是原始的诱惑，有人看见的是细腻、敏感的心灵情怀，有人看见的是魔鬼面目模糊的微笑，有人看见的是上帝独特的抚摸。

中国自古以来，与社会的存在同步，文学艺术同样拥抱男宠现象，只有极少数是明显的歧视态度，还有一部分是病态的欣赏，更多的是完全从人性出发，对之进行安之若素的审美表达，产生了绚丽多彩的文艺作品。数量之多，质量之精，举世罕见，只是长期以来，由于主流声音过于洪亮，这一部分作品被忽视。实际上，其中体现的另类世界的生活，有着深厚的社会基础和历史沉淀，具有很高的研究和鉴赏价值。

# 第二编

## 叹一声情为何物

—— 且看古人为爱痴狂

# 第八章　那些婚嫁里的荒唐事

在中国传统观念中，婚姻具有非常神圣而庄严的意义。《易·系辞》云："天地氤氲，万物化醇，男女媾精，万物化生。"认为男女婚姻是承载天地阴阳之性密合而成。《易·序卦》云："有天地，然后有夫妇；有夫妇，然后有父子；有父子，然后有君臣；有君臣，然后有上下；有上下，然后有所措。"君臣、父子、夫妇、兄弟、朋友算为五伦，而伦常礼制、社会规范都是基于婚姻制度而逐步建立起来的。

婚姻制度是一种重要的社会规范，婚礼嫁娶，也被古代人认为是人生中最大的礼仪。和其他习俗相比，婚嫁礼仪随世情而多变，一定程度上反映出了人类当时文明教化的程度。古代的婚姻中有许多繁琐的程序，尽管如此，人们却也都认认真真，绝不马虎，目的只有两个：一是使婚姻得到社会的确认；二是为新婚夫妇清除邪恶，祈求美满幸福的生活。

然而，被古人看作十分重要的婚嫁中，却有许多陈规陋习，我们在向传统致敬的同时，也不得不辩证地看待其中的荒唐事，试着去体会在那些婚姻制度下饱受摧残的人们对婚嫁发出的一声声叹息。

# 权力斗争下的乱伦姻亲

皇帝的迎娶历来是一件关系皇帝个人幸福、国家社稷安危的大事。在皇权专制的封建社会里，由于权力的过分集中和政治斗争的残酷，不知有多少红颜丧尽青春，即使是皇帝本人，也常常在这种不正常的婚姻状态中苦苦挣扎，根本没有爱情和幸福可言。西汉的第二个皇帝汉惠帝刘盈，他的爱情和婚姻悲剧就是母亲一手操办的结果。

汉高祖刘邦病死之时，太子刘盈只有 16 岁，经历了激烈的太子之争后，在母亲吕后的支持下，刘盈终于即位为皇帝。刘盈生性软弱谦和，而母亲太后吕雉却泼辣凶悍，加上她长期的政治斗争经验和雄心勃勃的政治野心，在太后的职位上她更加如鱼得水，渐渐掌握了朝政大权。吕后不但要控制朝政，她还想把皇帝、自己的儿子也控制在自己的手中，这样她才能为所欲为地达到自己的目的。但就在这时候却发生了一件事，使吕太后寝食难安。汉惠帝抓了一名诸侯审食其，以欺君罔上的罪名判处他死刑。这个审食其本来并不是什么功绩显赫的人物，官职也很一般，皇帝要判他死刑本来无可厚非。但是这件事却在宫廷里面引起了一阵轩然大波，甚至太后都出面为审食其求情，并且直接导致了太后吕雉为皇帝安排结婚成家。

原来这个审食其和吕后具有不一般的关系，他是吕后的姘夫。当年，吕后嫁给刘邦以后，刘邦就陷入了楚汉争霸的不停争斗之中，而且在很长一段时间里都屈居下风。刘邦落魄的时候，他的父亲和妻子吕雉都落入项羽手中做了人质。在楚军大营中，吕雉被关了很长的时间，她孤立无援，常常觉得很孤单，久而久之竟和与自己一起被抓来的审食其勾搭在了一起。后来刘邦把父亲和妻子接了回来，吕雉这才有所收敛，审食其也不敢在刘邦的眼皮底下胡作非为。但是刘邦平时忙于政事，晚上就和收罗的众多美女鬼混在一起，常常把吕雉冷落在一边，所以她难免寂寞，和审食其仍然保持着藕断丝连的联系。久而久之，朝廷上下沸沸扬扬，人们都在窃窃私语，只是谁也不敢把这件事告诉刘邦罢了。

刘邦死后，吕后执掌了朝廷的大权，她就更加放肆起来，明目张胆地封审食其为侯，两人来往更加频繁。有时候，太后召见审食其，甚至留他在自己的寝殿——长乐宫里过夜。吕后人老心不老，常常欲望强烈，召见的名义不足以满足需要，就把审食其藏在大箱子里，贴上贡品的封条，命人抬入宫中。时间久了，宫里的人一见到写有贡品的箱子，就知道太后又有"喜事"了。惠帝早在做太子时，就对母亲的所作所为有所耳闻，但是当时父亲尚在，他太子地位都不稳固，如果传出这样的丑事，对自己极为不利，只好假装不知。现在自己做了皇帝，眼见吕后和审食其更加放肆，不禁又羞又恨，恨不得找个机会将审食其碎尸万段。终于有一天，他抓到了审食其的一个错处，判了他一个欺君枉法的罪名，想要借这个机会杀了他。

吕后听说这件事后很着急，她急于去救审食其却又感觉不便于自己直接出面，于是又开始耍弄她的政治手段，她授意一名大臣——平原君朱建去救审食其。这时候，年轻的惠帝喜欢上了一个与自己年龄相仿的太监，这个太监长得妩媚俊俏，惠帝把他当成了自己的伙伴，两个人整天形影不离。太监口舌乖巧，惠帝也很听他的话，两个人在一块玩得很开心。朱建于是就通过这个太监去救审食其。他对太监开门见山地说："审食其是太后宠爱的人，现在皇帝要杀他，你如果不想办法救他的话，太后肯定会杀皇上宠爱的人报复，审食其死后，下一个死的就是你了！"太监听了这话非常害怕，连忙说自己是一个下人，怎么能够左右皇帝的意志呢？朱建就对他说："皇上心慈手软，只要你哀求他，皇上一定不会轻易杀人的，只要审食其活下来，他一定会感激你，太后也会喜欢你的，这样你就有前途了。"后来在那个太监的求情之下，仁慈的惠帝终于放了审食其。

经过这一次事件之后，太后吕雉觉得皇帝已经日益难以控制，她想方设法要把惠帝牢牢地控制在自己的手里；而且皇帝年龄日益增大却还未婚，还同太后住在同一个宫殿里，吕后感觉这也不方便她同审食其私会。于是她决定给皇帝找个皇后，一方面将皇帝迁出自己的宫殿，另一方面通过皇后把惠帝控制在手里。主意一定，吕后开始为皇帝寻找合适的对象了。

吕后想来想去，决定把自己的亲外孙女、惠帝姐姐鲁元公主的女儿张嫣嫁给惠帝。惠帝当然不同意这桩婚姻，鲁元公主也不愿意把自己的亲生女儿嫁给自己的弟弟，两个人都觉得非常别扭，认为这是乱伦。为了达到自己的目的，太后对自己的亲生儿女不惜以生死相威胁。鲁元公主说："张嫣不过九岁，还是一个不懂事的孩子，男女之事根本没有听说过，母后何苦生死相逼？舅舅媾和外甥女，本来就是丧尽人伦、天理难容的事情，只有禽兽才能做得出来，如今弟弟以天下人君的身份迎娶外甥女，岂不为天下人所取笑吗？"吕后大怒，声嘶力竭地训斥女儿，她知道这件事不能强逼，于是就假装垂泪说："这难道是我所愿意的吗？同样是我的骨肉，我怎么会有加害之心呢？高祖皇帝死得早，如今虽然天下稳定，但遗臣们虎视眈眈，你我母子三人虽各处尊位，不知哪日就会死于非命。如今唯有将吕家与刘家结为一体，才能确保江山和你我的性命。嫣儿是天生富贵之人，有我在宫中，必不会受任何委屈，这结婚的事也是我家之事，哪容得天下人来插嘴呢？"吕后威逼利诱，汉惠帝和鲁元公主没有办法，终于答应了这门婚事。

一个本来是外甥女的小女孩，如今却被一纸奇怪的婚姻带到长安城中最高大最庄严却又最荒唐无聊的宫中来了，红烛摇曳的温馨中，汉惠帝会是什么心情呢？这场婚姻使原本就懦弱的刘盈更加痛苦不堪，当淤积的气愤不能发泄之时，惠帝渐渐地走上了自暴自弃之路，日益沉浸在声色犬马之中，不理政事。政治斗争的残酷，使惠帝发现自己是一个低能的皇帝，他哭泣着对吕后说："我是你的儿子，却做不出你做的事来，以后天下的事，由你掌管好了。"

皇宫的生活是很无聊的，皇后的生活更是无聊，皇帝没有心思找皇后，张嫣只好在宫中一个人玩耍。两年之后，张嫣渐渐长大起来，身体也有一定的发育，于是吕后就经常派人监视皇帝和皇后的私生活，她自己也一改以往不管皇帝夜生活的态度，督促惠帝与皇后同床。吕后的督促更加促发了惠帝不碰皇后的决心，这种逆反的心理给他带来一阵阵报复的快感。吕后的目的是希望皇后早日能生出一个皇子来，这样她大汉的江山才后继有人，她也有控制朝权的机会。吕后常常问张嫣："皇上跟你同房了没有？怀孕了没有啊？"张嫣是一个早熟的孩子，两年的宫廷生活使她明白了很多，起初她很害羞，慢慢地就不怕问了，她沉着并不断地骗吕后："同房了同房了，您就别操心了。"

惠帝的荒淫生活渐渐地掏空了他的身体。吕后对于大权的关心，远胜于对于唯一的儿子健康的担忧。眼见皇帝的身体日益垮下去，却仍旧没有子嗣，吕后不由得着急起来。手下人监听的报告，早证明皇帝极少和皇后在一起，而张嫣一次次声称已经同房的话，也令吕后怀疑起来。为了皇后能够生出个皇子来，吕后将皇帝和皇后召集在一起，并恶狠狠地说，如果皇后还不能怀孕，他就要杀掉皇帝所接触过的每一名宫女。惠帝更加愤恨，却也无可奈何。当他和张嫣一起坐在寝帐里的时候，他总是让张嫣先睡去，自己却长时间地坐在一边发呆；或者屏退了侍者，自己去侧室里睡。张嫣表现出了超出她年龄的成熟，每当这时候她就自愿地将皇帝送到别的寝室，而总是对太后交代说日夜同皇帝在一起，直到最后无法遮掩了，她就假装自己已经怀孕了。

张嫣一个人在宫里孤苦伶仃，虽为皇后之尊却无人疼爱、无人关心，也没有人可以倾诉，生活得非常孤单。有一次，张嫣的母亲鲁元公主来宫里看她，张嫣十分乖巧地和母亲说自己生活得很好，只是在夜晚没人的时候，才向母亲倾诉内心的苦衷。鲁元公主抚摸着女儿的头，心疼地对她说："以你如此身貌，而终身为处子，吾每念之，肝肠如割也。"为了安慰女儿，也为了安慰自己，鲁元公主又对女儿说她是天仙谪降，故始终不为尘俗所污，言到此处，母女二人相拥而泣。

将外甥女嫁给舅舅，这本身就可算一种兽性行为，但刘盈和张皇后却恪守住了人伦，终究没有越过雷池一步，这也让我们看到了人性中最为美好的一面。刘盈保住了人性，但他却用人性的另一种张扬来填补这段空虚和空白，他拼命去其他女人那里寻找快乐，寻找能够麻醉自己忘掉痛苦的快乐。张嫣也保住了人性，然而不同的是，她却从此失去了人生最起码的快乐。她既要承受不伦的婚姻形式所带来的痛苦，还要忍受生活在无性婚姻里的摧残折磨。而这些，都是拜吕后所赐。刘盈和张嫣一样，都是吕后权力欲望下的牺牲品，都是政治上的牺牲品。

最后，在公元前 188 年，也就是惠帝和张嫣结婚后的第三年，汉惠帝刘盈就抑郁而死了。可怜张嫣年仅 12 岁就当上了有名无实的皇太后，开始了自己守寡的一生。在吕后的专权下，她没有任何权力，只是孤独地活着，苟延残喘而已。诸吕被消灭之后，汉文帝即位，封薄姬为皇太后，张嫣失去了皇太后之位，更加凄苦。公元前163年，她默默地死去，年仅36岁。她没有葬礼，没有墓志碑文，连封号也没有，只是被习惯性地称为孝惠皇后，就连她的坟墓也是简陋而粗鄙的。

## 近亲结婚的凄惨后果

今人在说起近亲结婚时，大都会想到人类在原始社会时的血婚制。血缘群婚制度，亦称血婚制或血缘家庭，指在原始社会蒙昧时期的中级阶段，在同一原始群体内，同一行辈或同一年龄阶段的男女既是兄弟姐妹又互为夫妻的集团婚姻形式。在这里，婚姻集团是按照辈数来划分的：在家庭范围以内的所有祖父和祖母，都互为夫妻；他们的子女，即所有的父亲和母亲也是如此；同样，后者的子女，又构成第三个共同夫妻圈子；而他们的子女，即第一个集团的曾孙子和曾孙女们，又构成第四个圈子。这样，这一家庭形式中，仅仅排除了祖先和子孙之间、双亲和子女之间互为夫妻的权利和义务（现代的说法）。同胞兄弟姐妹、再从（表）兄弟姐妹和血缘更远一些的兄弟姐妹，都互为兄弟姐妹，也一概互为夫妻。

血婚制是群婚制的低级形式，也是人类两性关系史上产生的第一个禁忌原则。这一规则排除了纵向的父母与子女、祖父母与孙子女等直系血亲间的两性行为；两性行为只能在同一行辈的男女之间进行。它的出现，也是人类迫不得已而为之的。原始社会时，生产力不发达，人们还没琢磨出怎么开荒怎么种地，就像那些一般动物一样，一个地方可猎取的食物差不多快猎取完了，就换个地方，也就是族群迁徙，但是年老的已经没有体力在洪荒里奔波了，只好留在原地，苟延残喘，让年轻的去发现"新大陆"，这种人为的分离，使父母辈和子女辈没有机会进行交配，久而久之，大家也就认为年老的和年轻的交配很不应该，也就把这种父母和子女的乱伦禁止了。

血婚制虽然把父母和子女的乱伦问题解决了，但是兄妹之间的问题却很难解决，都是年纪差不多大的，又生活在一起，的确不好办。女娲，也就是那个被国人认为是人类始祖的神灵，她和伏羲就是兄妹结合成为夫妻，然后繁衍人类，这样看来乱伦的行为一直潜伏在人类的基因里。中国人大概到了周朝的周公才特别谴责乱伦。周公以后，统治者为了方便统治，用道德钳制人民的思想行为，开始排斥乱伦。周公之后，人们进化到已经懂得开始追求精神，开始礼义廉耻的教化之后，才觉得兄妹之间乱伦好像有悖于道德，而且还发现兄妹之间甚至近亲之间的联姻，会导致后代的残疾，无论是从个人道德上还是后代延续上，都没有好处，才算彻底禁止了兄妹之间的乱伦。然而从古到今，近亲之间的姻亲却因为各种缘由，从来没有真正消除过。

在清代，皇子、皇帝大多正式结婚前已有性生活，娶嫡福晋之前就生有子女的也有不少先例。然而，值得注意的是，同治帝、光绪帝、宣统帝，三朝皇帝个个绝后。

先说同治帝载淳，他于同治十一年九月（1872年10月）举行大婚典礼，死于同治十三年十二月（1875年1月），单从大婚之日算起，他与众多的后妃宫女生活了两年零三个月时间，却没有留下一点骨血。有人认为，皇帝死时，皇后阿鲁特氏已怀有龙种，但这只是野史之说，信史未见确凿材料。

再说光绪帝，他三十八周岁死去，身后竟然也没有留下一男半女。光绪帝娶有一位皇后，有名分的妃子两名，身边还有成群的妙龄宫女。他于光绪十四年十月（1888年11月）大婚，至光绪二十四年八月囚禁瀛台，近十年时间，虽然政治上难以伸展手脚，基本上是个傀儡皇帝，但性生活还是有较大自由的，尤其与他宠爱的珍妃的婚姻生活堪称甜美。光绪帝的皇后叶赫那拉氏入主后宫几十年，光绪帝对她几乎没有兴趣，但也绝不是没有碰过半个指头，史家说"承幸簿"很少留下光绪帝与皇后的性生活记录，"很少"不等于没有，尽管极有可能这是皇帝受"亲爸爸"所慑的逢场作戏。不幸的是，皇后也未能为光绪帝生下一男半女，虽然她为此想得心酸，想得发狂。

而据史料记载，光绪帝继位人宣统帝溥仪，活了61周岁，也是绝后。

接连三朝皇帝都没有留下一男半女，人们不禁要问：爱新觉罗氏皇族到底怎么了？

对此，广泛涉猎有关史书、传记，未见研究结果。但从现代医学角度对其透视分析，能依稀看到相当重要的缘由。可以说，清末三朝皇帝都未生儿育女，与满洲皇族的婚姻习俗有关。按照满洲皇族的婚配习俗，丈夫死后，允许妻子转嫁丈夫的弟弟，甚至可以转嫁儿子或侄辈。这种原始的婚俗，把女人当作一种财富和交配工具。清太祖努尔哈赤死前曾嘱咐：俟我百年之后，我的诸幼子和大福晋交给大阿哥收养。大福晋是指努尔哈赤的嫡妻，大阿哥是指努尔哈赤的长子代善。有人认为，努尔哈赤所说的"收养"，是指自己死后将嫡妻归儿子代善所有。

皇太极时代，莽古尔泰贝勒死后，他的众多妻子分别分给侄子豪格和岳托；努尔哈赤第十子德格类贝勒死后，其众多妻子中的一个被第十二子阿济格纳为妻。肃亲王豪格是皇太极的长子，多尔衮是努尔哈赤的第十四子，是皇太极的亲弟弟，论辈分多尔衮是豪格的亲叔叔。但豪格娶的嫡妻博尔济锦氏，是叔叔多尔衮其中一个妻子（元妃）的妹妹。侄子豪格死后，其嫡妻博尔济锦氏在叔叔多尔衮逼迫之下，被多尔衮纳为妻子。

大清国开国皇帝皇太极及其儿子顺治帝的婚配，都是典型的近亲婚配或乱伦婚配。建州女真的领头人努尔哈赤，为统一女真各部落，娶蒙古科尔沁贝勒明安的女儿为侧妃，开与蒙古部落联姻之先河。后来，他的四个儿子都娶蒙古女子为妻。尤其是他的第八子皇太极，为了对付强大的明朝，积极推进满蒙联姻。皇太极改国号为"大清"后，册封的五宫后妃都来自蒙古博尔济锦家族，其中三位漂亮的后妃论辈分乃是姑侄。先是姑姑博尔济锦氏于明万历四十二年（1614 年）嫁给时为贝勒的皇太极，后尊称为孝端文皇后，生了三个女儿；接着，天命十年（1625 年）春，她的年仅 13 岁的侄女又嫁给当时仍为贝勒的皇太极，后被封为永福宫庄妃，生了顺治帝福临，还生了三个女儿，后被尊为孝庄文皇后；之后，天聪八年（1634 年），她的另一个 26 岁的侄女，也就是庄妃的亲姐姐，也嫁给了继承汗位多年的皇太极，被封为宸妃，生过一个两岁即夭折的儿子。

有人统计，皇太极在位期间，满洲贵族仅与蒙古科尔沁部联姻就达18次之多。皇太极之子顺治帝与其父亲一样，也是近亲婚配或乱伦婚配：

孝庄文皇后的两个侄女，都嫁给了顺治帝，一个封为皇后（即孝惠皇后，后被废降为静妃），另一个封为淑惠妃。顺治帝娶的这两个妻子，是他同一个亲舅舅的两个女儿，都是他的表妹；后来，孝庄文皇后的一个侄孙女，又嫁给顺治帝为妻，后被封为孝惠章皇后。这就是说，顺治帝不仅娶了两个表妹，还娶了表侄女为妻。而从蒙古科尔沁部首领莽古思的角度来讲血缘伦理，他是将女儿（孝端文皇后）嫁给了皇太极，又将两个孙女（孝庄文皇后、宸妃）嫁给了皇太极，后又将两个孙女（静妃、淑惠妃）、一个曾孙女（孝惠章皇后）嫁给了皇太极的儿子顺治帝福临。

为了增进与强大的蒙古部落的联盟，金国大汗、大清国皇帝、王、贝勒等贵族不仅娶蒙古女子为妻，还把自己的女儿嫁给蒙古王公贵族。清朝初创时期，大清国第一帝皇太极，将长女至四女几个十二三岁以上的女儿，都嫁给蒙古各部落的王子王孙。其中，三女固伦端靖长公主、四女固伦雍穆长公主，嫁给孝端、孝庄两位皇后的娘家子孙。其他几个女儿在皇太极死后出嫁，多数也嫁给了蒙古王孙公子。至清政权入主中原后，北不断亲，加强与蒙古各部落的政治联姻，仍为历朝清帝奉行的基本国策。这里边，也存在着近亲婚配甚至乱伦婚配。

清政权入主中原后，受中原伦理观念影响，对皇室的近亲婚配和乱伦婚配逐渐限制。康熙朝规定：阅选秀女时，秀女中属后族近支或母族属爱新觉罗之女的，应当予以声明。嘉庆朝规定：挑选秀女时，属皇后、皇贵妃、妃嫔亲姐妹的，加恩不予挑选。规定归规定，实际上近亲婚配和乱伦婚配依然存在。顺治帝娶一等侍卫佟国维的姐姐佟佳氏为妻，佟佳氏所生第三子即康熙帝玄烨，她后来被尊为孝康章皇后。康熙帝娶佟国维的女儿，即孝懿仁皇后为妻；孝懿仁皇后的一个妹妹也嫁给了康熙帝，后被尊为悫怡皇贵妃。这就是说，康熙帝娶了两个同父表妹为妻。佟国维对于康熙帝来说，既是亲舅舅，又是岳父大人。到了晚清，光绪帝同时娶原任侍郎长叙的两个女儿他他拉氏为妻，姐妹俩分别被封为瑾嫔和珍嫔。此类现象还有不少，上述仅是其中两例。

女真（满族前身）初兴时期仅3万人，蒙古则有40万铁骑。弱小的满族要实现扩张雄心，奉行满蒙联姻，不失为高明之举。金国大汗、大清国皇帝、王、贝勒等贵族娶蒙古女子为妻，又将自己的女儿嫁给蒙古王子王孙，其间夹杂着严重的近亲婚配甚至乱伦婚配，如此相袭，亲上加亲，有的因姑侄同嫁一人，亲到了扯不清伦理的地步。满蒙联姻的结果，带来了满族灭亡明朝、入主中原的辉煌胜利，同时，近亲和乱伦婚配又伏下了满洲皇族毁灭的因子。

综观清代皇帝，总体上越到后来生育能力越差，所生子女早夭比例越高。开国皇帝皇太极（崇德帝），享年 51 周岁，可查的有名分的后妃 15 位，仅以此 15 位后妃为计算依据，她们和皇太极生了 11 个儿子、14 个女儿。11 个儿子中长到十六虚岁以上的成人共 7 位，4 个早夭；14 个女儿中 13 位长到 16 岁以上，只有一位 15 岁死去，子女早夭的比例为 20%。

第二位皇帝福临（顺治帝），患天花而死，终年 24 周岁还差一个月，可谓短命，但娶了有名分或生有子女的后妃共 18 位，生育子女数量不少，共 8 个儿子、6 个女儿。可能与其近亲结婚和乱伦婚配有关，其中 4 个儿子早夭，6 个女儿中超过 16 岁的 4 人，但只有一个女儿出嫁，其余都在未出嫁前就夭折了，子女早夭比例为 43%。

第三位皇帝玄烨（康熙帝），享年 68 周岁，据不完全统计，生前拥有后、妃、嫔 55 位，共生了 35 个儿子、20 个女儿，其中长大成人，封有爵位的儿子 12 人，长到十六虚岁以上的女儿 8 人，子女早夭折的比例为 51%。

接下来几位皇帝生育能力有所下降，但不算太弱。第四位皇帝胤禛（雍正帝），享年 56 周岁，自称"清心寡欲，自幼性情不好声色。即位以后，宫人甚少"。据《清史稿》记载，他娶有后妃 7 人，共生了 10 个儿子、4 个女儿。

第五位皇帝弘历（乾隆帝），享年 87 周岁，生前册立的后、妃、嫔共 31 位，生有 17 个儿子、10 个女儿。

第六位皇帝颙琰（嘉庆帝），享年 59 周岁，共有后、妃、嫔 14 位，但只生了 5 个儿子、9 个女儿。其中，长子只活了三个来月，未取名就死去；7 个女儿未成年早殇，出嫁的皇三女和皇四女也很短命，分别于 31 岁和 28 岁时死去。儿女的早夭比例高达 57%。

第七位皇帝旻宁（道光帝），享年 67 周岁，有名分的后妃 20 位，共生了9个儿子、10个女儿，第二、三子婴儿时就死了，10个女儿中只有5个女儿长大成人，其中最长寿的一位仅活到34虚岁，其他4位二十出头就相继夭折，子女早夭比例高达37%。而且，论医学条件，道光时代要比皇太极时代好得多，皇太极常带着妻子和儿女浴血征战，有时连性命都难保，根本谈不上优越的生育条件和医疗保健；道光帝时期，后妃的生育保健与儿女的医疗条件绝对天下一流，但与先祖开国皇帝皇太极相比，所生子女数量要少得多，子女早夭比例则要高得多。

第八位皇帝奕詝（咸丰帝），一生风流成性，有名分的后妃19人，却只生了2个儿子、1个女儿，大儿子出生不久来不及取名就死了，女儿仅活到20虚岁，幸存的儿子就是后来的同治帝。同治帝、光绪帝、宣统帝，接连三位皇帝均未生育子女。爱新觉罗皇族代表人物的生育能力，如同他们崇尚的武功那样彻底废了。

就光绪帝而言，由于当傀儡皇帝，政治抱负得不到施展，婚姻又非常不幸，一生"未尝一日展容舒气也"，身心受到严重摧残，加之受祖辈近亲婚配和乱伦婚配的影响，身体很差，患有遗精、头痛、痨症、脊骨痛等多种疾病。尤其是长期所患的遗精病，是他丧失生育能力的重要原因。光绪三十三年（1907年），也就是光绪帝死前一年，他曾亲自探究并写下自己的病原："遗精之病将二十年，前数年每月必发十数次，近数年每月不过二三次，且有无梦不举即自遗泄之时，冬天较甚。近数年遗泄较少者，并非渐愈，乃系肾经亏损太甚，无力发泄之故。"光绪帝生于同治十年六月（1871年8月），写病原时36周岁，这就是说，他从十五六岁青春发育期起就患了遗精之病，每月多达十几次。三十岁出头，便到了几乎无精可泄的地步。患有如此要命的疾病，无论怎样刻意播撒龙种也就成了徒劳。

封建时代，皇帝绝后不仅是皇族的不幸，也是整个国家的不幸，常常因此引发政治灾难。载漪、荣禄之辈，正是钻了光绪帝绝后这个空子，伙同慈禧太后立溥仪、废光绪，惹起一大堆政治麻烦的。三朝皇帝连续绝后，大清国一派末世征兆。就在这股子灰暗晦气之中，曾经辉煌于世的封建王朝急剧走向衰败。

# 被视为累赘的童养媳

　　清朝政府规定，男子 16 岁，女子 14 岁，就达到结婚年龄，可以自便。这项法令，继承了宋明的立法，已有几百年的历史了。虚岁十四五岁的少年就可以成亲，是一种早婚制度。早婚是当时的习惯，在统治阶层和缺少劳动力的贫穷人民家庭中尤为流行。清朝的帝后是早婚的典型，顺治帝 14 岁大婚，康熙帝的婚事更早在 12 岁的童年时完毕，雍正帝的孝圣皇后结婚时 13 岁，乾隆帝算晚婚的，大婚时也才 17 岁。帝后的婚龄之早，表现了皇室、贵族、官僚等社会上层家庭婚龄的一般情况。社会下层的缺少劳动力的家庭，为了获得劳动人手，常给年岁尚幼的儿子娶年长的媳妇，形成小女婿的社会现象，这在北方尤为习见。

　　在中国历史上，婚龄的规定，随着社会条件的变化有所变动。在长期的战争年代，法定婚龄偏小，如南北朝时期北齐后主（565—577 年在位）规定，女子 14 岁到 20 岁之间必须出阁，北周武帝建德年间（522—577 年）强制 15 岁以上男子、13 岁以上的女子成亲。在一次大的战争之后，婚龄也在实际上被提前了。西汉惠帝六年（公元前 189 年）规定女子在 15 岁至 30 岁之间必须出嫁，否则多征税。唐太宗贞观元年（627 年）的法令，强制男子 20 岁、女子 15 岁以上成家。这些婚龄的规定，是实行鼓励人口增加的政策。因为战争使人口锐减，统治者为增加劳动力和补充兵源，强迫青少年早婚以增加人口。

　　清代的婚龄法规是稳定的，虽然没有强制青少年结婚，但实际是鼓励早婚，鼓励人口的滋长。在清代，人口的猛增成了爆炸性的问题，由顺治七年（1650 年）的 1060 万人，增到道光二十年（1840 年）的 4 亿1281 万人。早在清朝前期，康熙帝、雍正帝都感到了问题的严重，屡屡说人民生计困窘，是由于"生齿日蕃而田不加辟"造成的。乾隆帝在晚年更惊呼他的属民比其祖辈时跃增 15 倍，表示出他对民生问题的担忧。但他没有采取进一步措施，只说些要求小民"俭朴成风，勤稼穑，惜物力而尽地利"的陈词虚语（《清朝续文献通考》卷 25）。康雍乾时之所以没有推迟结婚年龄、限制生育的措施，是因为那个时代的人们普遍认为子孙多是好事——"多子多福"。如雍正帝祝愿宠臣鄂尔泰"多福多寿多男子"。鄂尔泰报告已有 5 个儿子，雍正帝说他的祝愿实现了（《朱批谕旨·鄂尔泰奏折》）。而雍正帝的父皇康熙帝则有儿子 35 个，女儿 20 个，堪称"多子翁"。

人们希望多生，在当时是很自然的事情：宗法私有制，需要有血缘关系的财产继承人，在一家一户的生产单位的社会，家庭需要及时补充劳动力，这就是早得子、多生子的思想意识和现象的产生根源。由此而派生的早婚制度就不难理解了。早婚还表现在童养媳习俗上。童养媳，又称"待年媳"，就是由婆家养育女婴、幼女，待其成年后与婆家的后嗣正式结婚。童养媳在清代几乎成为普遍的现象。童养媳的年龄大多很小，有的达到了清代法定婚龄，也待年在婆家，则是等候幼小的女婿成年。

童养媳婚姻的流行，有着广泛的社会原因。

第一，贫穷的人家生下女儿无力养活，就把她给了人，长大了成为抚养者家中的媳妇。安徽绩溪县这种情形很多，所以嘉庆年间修《县志》，说贫者"女生界人抱养，长即为抱养者媳"。

第二，结亲聘礼重，婚礼浪费大，陪嫁多，而这种习俗常人又无力抗拒。童养媳习俗可以大大减少这种开支。男方抱养待年媳不需要彩礼，等到正式结婚，仪式要比大娶简单得多，不需要花多少钱，女家也不需要陪嫁妆，没有破家嫁女之忧，所以同治年间纂修的江西《新城县志》说到当地童养媳盛行，强调"农家不能具六礼，多幼小抱养者"。婚礼习俗，成为童养媳习俗形成的一个原因。

第三，清代社会还有公婆或丈夫病重提前娶媳妇的习俗，这种做法叫作"冲喜"，希望病人好起来，这成为出现童养媳的又一个原因。

童养媳习俗使幼女身心遭到无情的摧残，她们多受夫家，尤其是婆母的虐待。"扬州八怪"之一的郑板桥有一首收于《郑板桥集》的同情待年媳的题名《姑恶》的诗，他写道：

　　小妇年十二，辞家事翁姑。未知伉俪情，以哥呼阿夫。

　　两小各羞态，欲言先嗫嚅。翁令处闺阁，织作新流苏。

　　姑令杂作苦，持刀入中厨。……

　　析薪纤手破，执热十指枯。翁曰是幼小，教导当徐徐。

姑曰幼不教，长大谁管拘！恃其桀傲性，将欺颓老躯。

……

岂无父母来，洗泪饰欢娱。岂无兄弟问，忍痛称姑劬。

疤痕掩破襟，秃发云病疏。一言及姑恶，生命无须臾。

清吴友如绘《劝母止虐》，表现了恶婆毒打童养媳的情形：恶婆要把童养媳纳入规范，动辄打骂，并强迫幼女从事力不胜任的家务劳动。童养媳在这种迫害下，还不敢向娘家的亲人诉说。这样的恶婆婆不是个别的，她们要降伏儿媳，以使后者规规矩矩地侍候公婆丈夫。"多年的媳妇熬成婆"，待到小字辈熬成婆婆，又以婆婆的方式虐待自己的童养媳或儿妇。有的童养媳还被婆家当作财产而出卖，同治朝《上海县志》卷20就记录了一位贫民把童养媳卖给妓院。再如阳湖县有一个佃农为了交地租，要把童养媳出卖给人为妾（道光朝《武阳合志》卷28）。

## 弃妇与婆婆的那点事

离婚就是夫妻双方结束婚姻关系。中国古代离婚原因多种多样，大致说来有违律为婚、和离、义绝、七出等等。其中"违律为婚"是指违背法律的非法婚姻，如骗婚、同姓为婚、良贱为婚等等；"和离"是指夫妻双方自愿离婚；"义绝"多指夫妻双方做出有悖伦理的事情而强行执行的一种离婚。在古代的离婚中最主要的是"七出"。

古代女子出嫁曰归，而被丈夫抛弃曰出。所谓"七出"即丈夫离弃妻子的七种原因，也称七去。《大戴礼记·本命》说："妇有七去：不顺父母，去；无子，去；淫，去；妒，去；多言，去；窃盗，去。不顺父母，为其逆德也；无子，为其绝世也；淫，为其乱族也；妒，为其乱家也；有恶疾，不可粢盛也；口多言，为其离亲也；盗窃，为其反义也。"作为妻子，若犯其中的一条，只要做成文书，由双方的父母和见证人签名，即可解除婚姻关系。

古代出妻是常事。孔子三世皆出妻，孔子的弟子曾参也出妻，孟子也曾经想要出妻。出妻所持的理由往往是上面的"七出"。但实际上，出妻早已超出了"七出"的范围。曾参就以妻子蒸梨不熟而出妻，孟子因妻子在卧室脱衣无礼而出妻。《诗经》里的《卫风·氓》和《谷风》中的男子更是毫无缘由地出妻。这"七出"看似是为女子维护婚姻的一种保障，不在"七出"者则不能弃，而且还有所谓的"三不去"。《孔子家语》说："三不去者：谓有所娶无所归；与共更三年丧；先贫贱后富贵。"但是欲加之罪，何患无辞。条例虽七，但运用无穷，随时随地冠以莫须有的罪名。男子喜新厌旧，攀求富贵荣华，往往编制各种理由出妻，更有甚者，仅凭一时的心情任意为之。

如果一个女子被弃，成为弃妇，她的结局会很悲惨。不仅自己会被家人和邻里耻笑批评，认为她不吉利，还会使家族蒙羞。即使社会允许其再嫁，也有许多的禁忌和讲究，生活十分凄苦。如果不想被丈夫休掉，便要时时刻刻在言行举止上小心谨慎，使丈夫开心愉悦，争取不出"七出"的范围。然而"七出"的范围又是何等的模糊。

在"七出"中最有模糊性、最容易被曲解的就是"不顺父母"了，这是古代女子最难以解决的一件事。翻开史料，女子因"不顺父母"而被弃的是"七出"中最多的一类。在古代社会，男主外女主内，婚后女子的顺父母主要是顺婆婆。因此婆媳关系的好坏就可以决定一个女子是否成为弃妇的命运。

婆媳关系，简言之，就是女子通过与丈夫的婚姻缔结而形成的与丈夫的母亲之间的亲属关系，它是以血缘和姻亲为纽带确立的。古代社会是以宗法和伦理立国，古代婆媳之间有着严格的伦理规定。第一，媳妇对婆婆必须恭谨侍奉。《礼记·内则》对侍奉公婆的要求讲得很具体："在父母姑舅之所，有命之，应为敬对，进退周旋慎齐、升降、出入、揖游，不敢哕噫、嚏咳欠伸，跛倚，睇视，不敢唾涕，寒不敢袭，痒不敢搔，不有敬事，不敢袒裼，不涉不撅，亵衣衾不见里，父母唾涕不见。"在公婆面前，心有愁事也不敢皱眉，有疾不敢吐，要咳嗽得憋着，总要竖直站立，伸伸腰，斜倚一下都不行，甚至身上有痛痒也不敢搔。第二，公婆对媳妇有绝对的权力。《礼记·内则》说："父母不悦而挞之流血，不敢疾怨，起敬起孝。"无论父母的想法和做法对不对，做子女的都必须服从，不得违抗。做媳妇的如果侵侮公婆那是大逆不道的，不但家法难容，国家也要加以制裁。

《唐律·斗讼》规定：对公婆凌骂者征三年，殴者绞，伤者斩，过失者徒三年，伤者徒两年半，谋杀者斩。明清时代，将子孙之妇与子孙同样对待，凡媳妇对公婆有侵犯者都按子女侵犯父母同样惩处。而公婆对媳妇可以任意打骂，只要不致残就不用负责，即使负责也是极轻的。可见，在古代媳妇对婆婆只有一味地服从，婆婆高高在上，媳妇则毫无地位可言。而这种婆媳地位的不平等则主要源自于古代尊母抑妻的习气。

在中国古代社会里，母亲备受尊崇而妻子则无足轻重，这是不争的事实。例如《明史·张廷玉本传》，李自成攻陷京师后，"召入之，长揖不跪……自成曰：'当礫汝父母！'乃跪"。《续资治通鉴·宋纪一百六十七》："史嵩之下先以兵会伐唐州，时城中粮尽，人相食，金将乌库哩杀其爱妾以啖之，上争杀其妻。"古代之所以尊母抑妻是因为古代提倡以"孝"治国和男权社会里对女子"三从"的规定。

母亲受尊是因为历代统治者都推行"以孝治国"。统治者认为，治国同治家有相通之处。儒家讲修身齐家平天下，家齐而后国治。齐家最根本的就在于孝，因此统治者把孝放在首位。社会生活中也有众多的关于孝道的指导原则和礼仪制度。有圣人言，孔子曰："父母在，不远游，游必有方。""身体发肤，受之父母，不敢毁伤，孝之始也。"还有朝廷的法令，《旧唐书·刑法志》把不孝列入十恶之中。后代的法律对不孝的规定越来越具体，处罚也都比较严厉。这样上倡下行，久而久之，社会便是一个十分讲究孝道的社会了。因此，古谚语说："百行孝为先"，"天下无不是的父母"。

我国古代自从进入阶级社会就一直是男权（父权）社会，也是一个讲伦理纲常的社会。在男权的伦理纲常里女子自然是备受压抑的。在从父而居的家庭生活传统里，女子必须是"三从"：未嫁从父，既嫁从夫，夫死从子。这三从分别代表女子的三个人生重要阶段：女儿、妻子、母亲。在这三个阶段里，女儿虽然听从父亲的安排，在婚姻和人生上无法自主，但主要是待嫁闺中，有时还会分得一定的财产（嫁妆）。妻子在夫家则主要是协助丈夫管理家务，并孝顺公婆。母亲则相夫教子，最后成为姑婆享有管理家政的权利。女儿和母亲都有血缘亲情的联系，而妻子则仅靠婚姻关系来维持。因此，妻子是地位最低最不稳定的。

古代提倡重孝而轻儿女情长，当一个男子在遇到母亲和妻子两难选择时，都会毫无疑问地选择母亲。这样在古代以"孝"至上的社会里，男子（儿子）毫无理由地孝敬母亲，而妻子又都会服从丈夫，丈夫孝母，妻子自然会孝婆婆。母与子的地位不平等，婆婆与妻子的地位就更加不平等，婆婆对妻子掌握着生杀大权。

弃妇是被男子所抛弃的女子，她的被弃与丈夫直接有关。但是否顺父母与被丈夫出与否有着重大的关系。《大戴礼》中将"不顺父母"作为"七出"之首，可见其重要性。因而弃妇的命运与公婆有着极其重要的关系。古代社会男主外女主内，女子主要负责家内事务，因此媳妇与婆婆的关系更为密切。但孝顺公婆是妻子最难以做到和做好的一条。在"七出"中的其他六条中，只要男女生理正常，女子在娘家受过严格训练应该不会出什么问题；再者还可以为丈夫娶妾来进行弥补。唯独顺公婆最难，古代媳妇对婆婆只有绝对的顺从，但人心难测，作为儿媳不要说有意开罪婆婆，即使偶有冒犯或稍有闪失，使婆婆不悦也会成为丈夫出妻的借口。

历史上这样的事例很多。《后汉书·烈女传》载："广汉姜诗妻者，同郡庞盛之女也。诗事母至孝，妻奉顺有笃。母好饮江水，水去舍六七里，妻尝溯流而汲，后值风不时得还，母渴，诗责而遣之。"因为孝得官的关内侯鲍永，妻子在婆婆面前骂了一声狗，他认为这是大不敬，把妻子一脚踢得远远的。南朝梁萧子显《南齐书·刘环献列传》叙刘环献"年四十与未有婚对，建元中……环献娶王氏女。王氏涿木壁挂覆，土落孔氏床上，孔氏不悦，环献即出其妻"。这里只要婆婆有一丝的不悦，丈夫就认为是大不敬，就得出妻。丈夫同母亲的意志是一致的。然而有时夫妻之间互相喜悦，夫妻情深，但是只要婆婆不愿接受儿媳，做儿子的虽然满心不愿，也只能割爱。婆婆可以强制性地拆散一对恩爱夫妻。历史上这样的例子也不少。

著名的《孔雀东南飞》里焦仲卿与妻子刘兰芝感情无间，无奈焦母不喜欢儿媳，刘兰芝便被出，最后夫妻双双殉情。《后汉书·应奉传》："华仲妻本汝南邓元义前妻也。元义父伯考为尚书仆射，元义还乡里，妻留事姑甚谨。姑憎之，幽闭空室，节其饮食，羸露日困，妻终无怨言。后伯考怪而问之，时义子郎数岁，言母不病，但苦饥耳，伯考涕曰：'何意亲姑反为此祸。'因遣归家更嫁为华仲妻。"宋代的陆游与表妹唐婉感情深厚，无奈陆母嫌弃儿媳，陆游与唐婉被迫分开，几年后唐婉抑郁而终。

古代虽说女子三从，"老而从子"，但老妇们从儿子主要是对家业的跟从，是相对于外界与宗族；但在女主内的家庭，老妇（婆婆）仍然是一家之主，正如《红楼梦》里的贾府不管是贾政还是贾赦，那只是对外而言，真正做主的是颐享天年的贾母。而且古代以"孝"至上，不管父母对错，后辈只得服从，婆婆虽然从子，但子则必须孝母。况且妻子不过是娶来的外人，儿子不能因为妻子而忤逆了母亲大人，背上不孝的罪名，成为千古的罪人。因此，婆婆对儿媳就有了绝对的权力。

如果婆婆仁慈明理，媳妇在夫家过得就会比较顺利，甚至开明大度的婆婆还会是媳妇的庇护伞，婆婆不许儿子休妻，儿子便只能作罢。如孟子的母亲在孟子要休妻时极力劝住，孟子也只能作罢。但如果婆婆糊涂挑剔，儿媳便只能默默受苦。甚者婆婆会施加压力于儿子，使儿子休掉儿媳。而休掉妻子的理由可以不分皂白地冠以"不顺父母"的大名。而政府也会不问青红皂白地通通判决休妻。白居易写了不少同情下层人民的好诗，但他对一个出妻案的判决却不能不令人遗憾。有一个人因"父母不悦"出妻，妻子认为自己"无失妇德"，闹到官府。白居易审理此案时，以"莫慰母心，则宜去矣，何必有亏妇道，然后弃之"加以判决。可见，愚"孝"已根深蒂固，一个女子的命运就这样轻而易举地被决定了。

在古代男权社会，女子的命运完全掌握在男子手中，实属不幸。然而同为女性的婆婆为何对儿媳也这样残忍？从客观原因看，婆媳无血缘关系，来自于两个有不同文化背景的家庭，这样的两个陌生人每天吃住生活在一起，摩擦是难免的。从心理角度来看，同性相斥，婆婆无法忍受同儿媳妇相争对儿子的爱。然而从最根本的来看，婆婆利用孝顺和对家庭的管理权威对儿媳指手画脚，完全是因为在经过多年的媳妇熬成婆后获得了家长权——"婆权"。夫为子纲，孝道其实是对家长权利的肯定。女人的天下是内，是家里，家里就是婆婆的统治范围，而儿媳就是婆婆施威的对象。在经过多年痛苦的媳妇生涯后，再加上前面的两个因素，婆婆面对当年的"自己"又会是怎样的心态？这就要取决于婆婆的涵养与素质了。而面对大如山的"婆权"，儿媳唯一能做的就是小心加小心了。

# 第九章 菜户与对食——冷清宫闱里的畸形互暖

几千年以来的人类文明社会，总会有许多不文明的组织制度和人事制度，宫女制度、太监制度就是中国史上最不文明的制度，男的被废，女的不能嫁，阴阳失调，罪莫大焉。然而，总要在最不合理的组织内，找到尽量合理的组合；总要在最不人性的圈子里，尽量找到人性的光辉。于是，憋屈的太监们和憋屈的宫女们结合了，在扭曲的宫廷制度下以"对食"组合寻求最佳生存方式。所谓"对食"，原意是搭伙共食，指宫女与宫女之间，或太监与宫女之间结为"夫妇"，搭伙共食。这是宫女、太监被长期幽禁在宫廷，不能过正常的家庭生活，怨旷无聊，因而产生的一种畸形现象。

对于"对食"，自汉代至明代，史籍及笔记记载不绝。如《汉书·外戚传下·孝成赵皇后》："官婢曹晓、道房、张弃，故赵昭仪御者于客子、王偏、臧兼等，皆曰宫（曹宫）即晓子女，前属中宫，为学事史，通《诗》，授皇后。房与宫对食。"再如明沈德符《野获编·内监·对食》："今中贵授室者甚众，亦有与娼妇交好，因而娶妇者。至于配耦宫人，则无人不然。凡宫人市一菜蔬，博一线帛，无不藉手，而费亦不资。然皆宫掖之中，怨旷无聊，解馋止渴，出此下策耳……按宫女配合，起于汉之对食，犹之今菜户也。"

明朝初期，一经发现太监宫女结伴，便要立即打死。明朝中后期，随着皇帝对朝政的懈怠，以及太监势力的逐渐增大，也就对这种现象睁一只眼闭一只眼了，有些大太监甚至在宫外置房娶妻纳妾。本来，七情六欲就不是剥皮和板子阻止得了的，而且存在的就是合理的，"对食"这种人事架构的合理性也不是剥皮和打板子所能阻止的。因此，"对食"一直顽强地存在着、发展着，正如沈德符所说："然亦终不能禁也。"

## 太监，畸形制度与心理下的可怜可悲之人

宫廷中使用被阉割的男子作太监，始于春秋时，后来历代相传，直到清末。太监的来源，是皇帝委派内官挑选少年男子，施刑后入宫听用。太监因老病残弱或犯罪而减员，有司立即另选新人来补充。太监在入宫时净身的程序在严格的监督下进行，以防有人徇私舞弊。秦朝时，吕不韦把嫪毐假装阉割而送进宫中，以满足秦始皇的母亲赵姬的性要求，这成为历史上的千古秽闻。以后各代在这个问题上严格把关，显然是接受了秦始皇时的教训。

不仅皇宫使用太监，各代王室及勋臣贵戚的府第也都使用阉人充任各种职役。有些达官显贵常利用权势，购买引诱民间青少年，将他们阉割后用作奴隶。在明代，这种现象最突出，而且大多是阉割幼童。正统初年，靖远伯王骥征讨麓川（今云南陇川）时，将民间幼童阉割为奴，有人上本弹劾他，英宗朱祁镇竟不予理睬。正统十四年（1449年），王骥和都督宫聚又擅自阉割幼童，名曰进献于宫中，实际上是他们留下来自己使唤，四川卫训导詹英奏闻朝廷，英宗认为王骥有功，仍然未加追究。天顺四年（1460年），镇守湖广、贵州的太监阮让，将俘获的东苗儿童阉割1565人，其中病死329人，他又买了一批，凑足这个数目，依然将他们阉割。有人把阮让的所作所为奏闻朝廷，代宗朱祁钰只是传旨责备他一番，并且责令巡抚都御史白圭对阮让加以制止，但并没有将他们加罪。王骥和阮让用兵平定叛乱后又将该地区儿童阉割，意在斩草

除根，这已是残暴至极；他们借此机会把阉童作为自己的私有奴隶，做法也更为卑劣。此外，明清两代的某些王爷及封疆大吏也常阉割本地的幼童，或者自己使用，或者把其中的一部分输送给皇宫。

太监在宫廷供职，经常接近皇帝，有一定的特权。有的太监利用特殊身份贪污受贿或敲诈勒索，入宫不久就积累起万贯家资；有的太监被委任为内官，掌握一定的政治权利；有的太监甚至还能参与军机，与文武重臣平起平坐；个别的太监成为宦官后竟然凌驾百官之上，独擅朝政。春秋时，齐国的寺人竖貂曾发动叛乱，贾举曾参与弑君，宋国寺人惠嫱伊庆谗杀太子，寺人柳谗逐右师，他们开创了阉宦乱政的先例，流毒后世。东汉末年，宦官把持朝政，最终导致了汉朝的灭亡。唐代仇士良，明代王振、汪直、刘瑾、魏忠贤等，都曾一度独揽大权，地位超过宰相。历代相当多的人看到当太监有利可图，就甘心情愿地自动阉割，挤进太监的行列，然后沿着宦官的阶梯，登上政治的舞台。因此，古代出现了许多自我施以宫刑的人，也出现了封建社会的一个奇特现象——自宫。

春秋时有个叫竖貂的人是自宫的首创者。齐桓公对管仲说，竖貂自宫是亲近国君的表现，忠诚可嘉，因此想任用他做宰相。管仲说："竖貂连自己的身体都不爱惜，他能爱国君吗？"管仲一语道破自宫者的思想实质，他们并不是出于对国君或皇上的忠诚，而是出于追逐权力的自私动机。后世各代中，凡是皇帝重用太监，太监享有较多特权的时候，自宫的情况也就格外地多。五代时，南汉主刘铢宠信宦官，有的宦官被封为三师三公，官号加"内"字或"诸宫使"字的，不下二百人；而文武百官都被看作是"门外人"。群臣中有才能的人以及新科进士状元等，若想受到重用，必须先下蚕室，然后才能出入宫闱。于是，很多人纷纷自宫，以图求得官职。结果，宫中的太监和宦官竟多达两万人。

明代自朱元璋起，历朝都重用宦官。具有生杀大权的东厂、西厂、司礼监等机构，都归宦官执掌。宦官拥有的权势、财富及其养尊处优的生活，对一般的名利之徒有很大的吸引力。因此，明代自宫现象同以前各代相比最为严重。明初时，自宫而请求录用为太监的人数已相当多，以至于超过了宫廷的实际需要。于是从永乐时起，各朝都多次颁发禁止自宫的法令，对违令自宫者给予严厉的处罚。永乐二十二年（1424 年），明成祖朱棣诏令，凡是自宫者，都要以不孝论处。如果军人违犯，连本管头目总小旗一同治罪；如果民间违犯，罪及有司里老。同年八月，仁宗朱高炽即位，长沙府有位百姓自宫，请求入宫作内侍，仁宗说："游惰不孝的人，竟然忍心自绝于父母，怎么能配在朕左右听用？"于是下令将他充军戍边。按着，兴川有位名叫徐翊的军官上书奏称，他的儿子自宫，已入宫作内侍，请求免除自己的军籍。仁宗斥责徐翊教子不严，诏令他的儿子离开宫廷，去代替父亲服兵役，并且诏示刑部尚书金纯等人说："今后有自宫者，定要处死，决不轻饶。"

宣宗朱瞻基即位时，也发生了类似的事情。有军、民任本等数人，自宫请求录用，宣宗说："仁宗皇帝曾有诏令，自宫者都要发配交趾充军。这些人竟然还敢这样做！"于是就按照旧例将他们充军交趾。宣德二年（1427 年），宣宗下诏重申：凡是自宫的人，军人退回原伍，百姓遣回原籍，不许投入王府及官员家中躲避差役。若再有违犯者，犯者本人及隐藏之家都要处死，官吏及邻居等人知情不报者，一同治罪。宣德六年（1431 年），金吾卫指挥同知傅广表示愿意自宫，以便到宫廷为皇家尽忠，刑部把他的要求上达，宣宗下令将他交给刑部治罪。

英宗时，对自宫者的处罚依然反复重申。正统十二年( 1447 年 )诏令，自宫而已入宫者，准予自首，之后可送到南海子（南苑）种菜；隐瞒而不自首者以及新发现的自宫者，全家发配辽东充军。天顺二年（1458 年）重申此项禁令。正统十三年（1448 年），江西鄱阳（今波阳）百姓樊侃、陕西盩屋（今周至）百姓李回汉分别自宫，谎说是因为疾病和骑马受伤而失去性器官，请求入宫效力，英宗将他们按违禁论处，都发配到辽东铁岭充军。景泰三年（1452 年），代宗朱祁钰也颁布过禁止自宫的诏令。

但是，自宫的现象仍然不能杜绝。这些人被查出来之后，一般都不会被判死罪，发配边远地区充军不久，遇到特赦的机会又可以回到京城，有司按旧例将他们送到南海子种菜，遇到宫中的太监缺员时，就让他们递补。其中有些聪明能干的人，一旦成为太监，日后也能飞黄腾达。宪宗成化十一年（1475 年），竟有三百多名因自宫被发配的人潜逃回京城，侥幸得到录用，宪宗朱见深得知这一情况，下令让锦衣卫将他们拘捕，重杖责罚后遣送原来的戍所。成化十五年（1479 年），朝廷再次下令，让巡城御史、锦衣卫指挥督同五城兵马，把潜逃回京的自宫者缉拿，遣回原籍；城内外如果有人家敢私自容留这些潜逃者居住，留住者及左邻右舍一起查究惩处；抓获的自宫者要枷号示众一个月，期满再杖一百，押解回原籍。如果再来京城，其父亲、兄长等家庭成员要一同治罪。

弘治、正德年间，朝廷都曾严惩自宫者。弘治六年（1493 年）五月，军人马英的妻子罗氏把她的小儿子马五阉割，打算送入宫中请求录用，结果被人告发，罗氏和动手阉割的人依法应当斩首，刑部郎王嘉庆等三位官员把他们改判为笞杖责罚。孝宗朱佑樘大怒，下令将王嘉庆贬谪到外地，将罗氏等处决。正德元年（1506 年）、二年、九年、十六年先后四次发布禁令，内容大致相同，规定自宫者本人及动手阉割的人要处斩，全家发配边远烟瘴地区充军，潜逃至京城者一旦擒获即行处死，窝留及知情不报者皆治罪。

这些禁令尽管越来越严厉，但自宫的风气一直刹不住。自宫者就像成群苍蝇，围着皇宫这块有腥味的地方，赶不开，打不散。太监优越地位的吸引力实在太大了，使不少人甘冒触犯法网甚至被杀头的危险继续这么干。自宫的现象越禁越多，有的地方一个村庄就有几百人自宫。自宫者潜入京城后，千方百计寻找关节和门路，有的竟也能如愿以偿。个别人的成功给多数人注入了兴奋剂，涌向京城的自宫者的队伍有增无减。

自宫的风气直到明末依然很盛。崇祯初年，朝廷又再次颁发禁令，并写成布告到处张贴。但收效甚微，自宫者置若罔闻。由于朝廷在发布禁令的同时大量录用自宫者入宫，这使朝廷的禁令成了一纸空文，也给予了自宫者更多的投机的希望。崇祯年间共选录三次，宫中的内监比天启时增加约一万人，每年耗费白米增加 72000 石，靴料增加 50000 双。未被录用的自宫者也不肯离开京城，他们散居于皇城外，俗称"无名白内官"。崇祯十七年（1644 年），李自成攻破北京的时候，宫中太监共 7 万人，都哗然散去，当时加上皇城之外的"无名白内官"们，太监的总数不下 10 万人。

其实，在明代庞大的自宫者中，只有少数人可以进入宫廷，而进入宫廷者只有极少数人可以爬上权势的巅峰。正统年间的著名宦官王振是自宫进用的，得势后官至司礼太监，后来竟以古代辅佐成王的周公自比，公卿都拜在他的门下，英宗朱祁镇也称他为"先生"。正德年间的张忠因父亲嫌弃他而自宫，后来竟然做了御马太监，与司礼张雄、东厂张锐并称"三张"。万历时的陈矩是被他的父亲阉割后入宫的，后来成了司礼掌印兼东厂太监。天启时的魏忠贤也是自宫者，他原名李建中，是肃宁县的无赖子弟，因家庭贫穷，其妻改嫁，他百无聊赖，就自行阉割，托关系入宫，开始掌甲字库，很快积累了许多钱财，后来独掌朝政，成为明史上地位最显赫、为祸最酷烈的宦官。

然而，即使像王振、魏忠贤这样能成一番气候的自宫者，他们在宫廷的政治角逐中也很难善终。更多的自宫者，根本无法进入皇宫的高墙之内，他们有的受到禁自宫法令的处罚，或被斩首，或被发配，或被遣送原籍，老死故土；有的终身苦苦钻营而一事无成，默默无闻。不论是哪一种下场，自宫者的命运都是既可怜而又可悲的。古代社会的内监制度及宫刑的法规，不仅戕害了他们的肉体，也锈蚀了他们的精神，扭曲了他们的人格，把他们变成生理和心理都严重畸形的人。

## 宦官对性的欲求

宦官虽然经过阉割而丧失了正常的性能力，但有许多迹象表明，他们仍有一定的性要求。受宫刑或自宫者一般都是在成童之后或成年之后被阉割的，有些人在阉割之前还曾娶妻生子，因此他们在自己的人生历程中最初曾有过男性的身份。受宫刑后，由于性伤残的刺激加上逆反心理的作用，在某些人身上原有的男性意识不仅不会灭绝，反而更加强化，出现变态的性心理，他们仍有对异性的性交欲望、占有欲望以及像健康男子一样过正常的夫妻生活的欲望。从生理的角度讲，宦官的阳具虽被阉割，但性腺犹在，性激素仍有分泌，这就可能导致性要求的存在；从心理的角度讲，宫廷中皇帝与后妃之间的性事因宦官的特殊身份而并不避讳，这也可能对其形成刺激，进而诱发性的欲望。甚至从某种意义上讲，这种心理的畸形发展反而会使其产生较常人更强烈的性欲望，所谓"聋者偏欲听声，盲者偏欲见光"，正是这个道理。据末代太监孙耀庭回忆，他年轻的时候像正常人一样有性欲，对女人异常感兴趣，而且早在涛贝勒府上当差时就偷看过"春宫图"，并兴奋得彻夜未眠。对男女之间的事情，他自认了解得也不次于常人。如在侍奉末代皇后婉容期间，孙耀庭一见她吃饭时对冷食皱眉头，就晓得"例假"又来了。凭这一点，就足以使一辈子没嫁过人的老宫女富妈对孙耀庭佩服得五体投地。

客观地说，宦官是古代宫廷中处境最为悲惨的一群。他们虽已惨遭阉割，却仍然具有男人的性意识与相应的性要求，其满足方式尽管在常人看来有偏激或畸形的一面，然而这种心理与生理上的需要也有一定的合理性并理应受到人们的同情。历代太监由于对性的要求，有的娶妻纳妾；有的嫖娼宿妓；有的甚至奸污妇女，惑乱宫廷。种种现象，怪异而离奇。

宦官娶妻、夺妻的记载历代都有，可谓史不绝书。可以说，心理上的慰藉和潜在的性要求是宦官娶妻成家的两大动力。宦官娶妻成家，见于史载的较早例证当是秦、汉时期的赵高。《史记·李斯列传》曾提及赵高有女婿阎乐，官任咸阳令。有女婿必有女儿，但据史籍记载，赵高系自幼阉割，显然不具备生育能力，此女当为赵高养女无疑。赵高既能收养子女，娶妻成家应该是可能的。由此而后，宦官娶妻成家的记载越来越多。至东汉时期，宦官势力急剧膨胀，乃出现了"常侍黄门亦广妻娶"的情形，桓帝时单超等"五侯"，更"多娶良人美女以为姬妾，皆珍饰华侈，拟则宫人"。这表明娶妻纳妾至晚在东汉时期已成为宦官的合法权利。北魏孝文帝时，著名宦官张宗之曾将南朝宋殷孝祖的妻子萧氏霸占为妻。

进入唐代之后，宦官娶妻更为普遍。玄宗时，大宦官高力士偶然见到刀笔吏吕玄晤的女儿，见其容貌秀美，举止娴雅，惊为天人，遂娶之为妻。吕玄晤随即被擢为少卿，后出任刺史。高力士还和宰相裴光庭的妻子（武三思之女）私通，可见他不但有正室，而且有外遇。肃宗时，权阉李辅国娶元擢的女儿为妻，元擢也因此当上了梁州刺史。宪宗时，宦官马存亮官至上将军，其妻王氏，被封为齐国夫人。曾历仕顺、宪、穆、敬、文、武六朝的大宦官仇世良娶妻胡氏，乃开府仪同三司、检校太子宾客兼御史大夫、赠户部尚书胡承恩之女。胡氏嫁给仇世良后，妻以夫贵，得封鲁国夫人。

北宋时，神宗赵顼有一次生了病，太后传旨给内侍梁惟简，让他的新媳妇做一领黄袍。可见梁某娶了妻，并被神宗默许。宋徽宗时，宦官梁师成也有妻，其妻死时，苏叔党、范温都戴孝前去为她哭灵。

元顺帝时，宦官罕失既有妻又有妾，妻和妾争宠，妾竟然把妻杀死，把她的肉割烂喂狗。

明太祖朱元璋时，曾严禁宦官娶妻，但收效甚微，不久便成为一纸空文。宣德年间，宣宗朱瞻基曾把两名宫女赐给亲信内监陈芜作夫人。曾侍奉过建文帝的太监吴诚在正统十四年（1449年）随英宗北征时阵亡，他生前有妻有妾。景泰二年（1451年），其妾姚氏向皇上启奏，请求将吴诚衣冠安葬，代宗朱祁钰应许。天顺二年（1458年），英宗朱祁镇又将一份在南京的庄田赐给吴诚的妻子。天顺六年，守备大同的右少监马贵，把皇宫中浣衣局遣送出来的一名宫女娶作妻室，都指挥杜鉴把他告发，马贵承认有此事，表示愿受处罚，但英宗宽恕了他。第二年，协守大同东路都知监右监阮和娶妻后，又把一名婢女纳为妾，有人奏报朝廷，英宗也没有对他加罪。这说明，此类事件已是司空见惯，皇帝不把它当成什么罪过，一般人也不觉得有什么奇怪了。

清代对宦官管束极严，但娶妻成家之事仍很多见。清末著名权阉小德张曾在妓馆中结识了一个叫方金翠的妓女，两人情投意合，娼主也极力逢迎。方金翠对小德张伺候得十分周到，小德张吐痰时总要方金翠以口承接，然后再由方吐入痰盂，所以一时传闻很多，称"过笼痰筒"。小德张对其相当满意，便想买方金翠从良。娼主见此良机，拼命抬高价格，小德张也准备同意。不料方金翠却坚决不同意，理由是她还是处女。小德张一气之下，在另一家妓馆买了一个名为张小仙的处女为妻。

能够娶妻、纳妻的，大多是有一定地位的宦官和有一定权势的太监。那些地位较低的宦官或在宫中执持下等差役的太监，则常常到外面嫖妓宿娼。《宋史·宦者传》就记载宦官林亿年告老后曾养娼女盈利；同时还记载宦官陈源犯罪被贬，在贬所和妓女淫乱取乐，以至于被人怀疑是否真的是阉宦。明代宦官中有不少人与娼妓成为至交，甚至干脆娶娼妓为妻妾，以纳为己好。由于明代宦官势力较大，收入丰厚，京城中也确实有不少娼妓甘愿与宦官来往。明代京师的青楼教坊有个叫"西院"的地方，专门接待宫中的宦官和一般太监。这里的妓女受到烟花同行们的鄙弃。来这里走动的多是被斥退不用的太监或者太监中的年轻者，有一定身份的宦官不但不肯去"西院"，而且如果听说哪个太监去嫖妓，还要严加惩治，有的竟然被拷打致死。宫中结对食的风气盛行以后，还有个别的太监在外面与某妓女相好并把她正式娶回家中。万历年间，有一天宫中发现一名女扮男装的女子，形迹可疑，抓住一审问，原来是一名妓女。有个宦官包占了她，但欠她的夜度之费没有如数给她，在宫中不敢再出去，妓女只好改装偷偷混入宫中找这个宦官要账。神宗朱翊钧知道此事，传旨把那位宦官交司礼监处治，把妓女交付法司审究，但不知后来结果如何。崇祯年间，朝廷曾颁布过禁止内监娶妻及在外宿娼的诏令，但终究没有能够禁绝。

明代，太监奸污妇女的事件也时有发生。洪武末年，石允常任河南按察佥事时，有一次他微服到民间私访，听见一户人家传出悲哀的哭声，一打听，原来这户人家的女儿被一名阉宦逼奸，因羞辱而自尽。石允常将此事奏闻朝廷，朱元璋准奏，把这名阉宦逮捕，定为死罪。景泰元年（1450年），大同右参将许贵奏称，监军宦官韦力转仗势强奸某军官的妻子，其妻不从，韦力转就把这位军官杖责致死。代宗朱祁钰让巡按御史查问，未有结果。天顺元年（1457年），工部右侍郎霍瑄又奏称，韦力转每当举行宴会时，都要找来妓女陪酒，还强娶部下军官的女儿作妾。英宗十分恼怒，这才派人逮捕韦力转，依法惩处。

除此之外，历史上还有一些宦官淫乱宫廷的记载。这一方面表现为君主与宦官的同性恋关系；另一方面表现为后妃与宦官的通奸关系。就前者而言，古代宫廷中颇有玩弄男色之风，有的君主即以宦官作为同性恋对象。就后者而言，寡居的女主子为了满足性欲，亦常常因内廷役使的便利，把宦官作为性伴侣。秦国假宦官嫪毐与太后私通之事人所共知。明代嘉靖年间，宦官刘荣和宫女多人淫乱，事情暴露后被黜退。天启年间，宦官魏忠贤、赵进敬、徐应元三人结为嫖友，淫乱宫廷。魏忠贤又和另一位太监魏朝同时与熹宗朱由校的乳母客氏私通，这更是人所共知的秽闻。定兴人侯二的妻子客氏，18 岁时由奶子府选送入宫，成为后来的熹宗朱由检的乳母。朱即位后奉客氏为奉圣夫人，位极尊贵。客氏是一个性欲旺盛的女人。她先和宦官首领魏朝交好，后来听说魏忠贤的性能力比魏朝强，便转向魏忠贤求欢。二魏成为情敌，魏忠贤本来拜在魏朝名下，魏朝当然受不了，于是二魏在乾清宫暖阁竟为了争宠而使性殴斗，并惊醒了入睡的熹宗。熹宗问明情况，不仅没有生气，反而听凭客氏决断。客氏倾向于魏忠贤，熹宗把魏忠贤判给了客氏，魏朝则发落到宫外，在苑囿当差。客氏和魏忠贤求欢火热，奸情甚浓。魏忠贤在客氏的帮助下，很快升为司礼监秉笔太监，权倾后宫。

在清朝，有两个传闻都是关于慈禧太后的。其一是，据清人薛福成《庸庵笔记》记载，安德海是直隶南皮人，进宫后深得慈禧太后的欢心，其原因据传说是他并未净身。1869 年，慈禧派他出京办事，安德海一路招摇，飞扬跋扈，终被山东巡抚处死，并暴尸三日。但行刑后，山东巡抚突然发现安德海是假宦官，根本未曾阉割，忙用其他宦官的尸体顶替。后来山东巡抚非但没受到慈禧太后的责难，反而升任四川总督，其原因就在于他在善后处理中为她遮了羞。其二是，香港医师陈存仁曾撰文称，清末民初名医马培之作为御医曾为慈禧太后看过病。为了摸清慈禧的病因，他通过贿赂慈禧身边的小太监，得知慈禧曾得过小产后遗症。马培之当然不信，指出其寡居多年，根本不可能怀孕。但小太监解释说，慈禧与总管太监李莲英有情，而李莲英则是阉割未净之身。再是从清代宫廷定期检查宦官下身的情形看，阉割之后性器官的部分恢复也是可能的。据清末太监回忆，宫廷之内对宦官定期查体，时称"三年一小修，五年一大修"。那些阉割不净或阳具复起者，免不了都要再挨一刀，称"刷茬"，其痛苦程度绝不亚于初次阉割，甚至犹有过之。

宦官和女人如何满足性欲求？这一直是一个谜。但首先有一点是肯定的，即对于众多的宦官而言，由于阳具不存而显然不可能过正常的性生活，因而其性欲的满足方式必然是畸形的乃至是病态的，然而究其根本，也不过是通过视觉与触觉的刺激来满足心理、生理上的需要而已。从可见的史料分析，大致有两种：一是抚慰与口交。清人笔记《浪迹丛谈》云："阉人近女，每喜手抚口啮，紧张移时，至汗出即止。盖性欲至此已发泄净尽，亦变态也。"明嘉靖年间田艺蘅认为，太监"虽去其势，男性犹在，必须近妇女乃安夜也"，他举太监侯玉为例。侯玉有不少妻妾，而且个个年轻貌美。侯玉与田艺蘅的父亲田汝成是好朋友，田汝成到广东任督学时，侯玉送给他两个女子，其中一位名叫白秀，长得天姿国色，原来是侯玉的宠姬。据白秀说，侯玉平日与她相爱，淫谑亲昵，胜过平常人家的夫妻。侯玉与她发生"性关系"时，总是在她身上又抓又咬，折腾得浑身出汗，兴味索然，他才算罢休。侯玉每当和她来这么一次，总要疲惫不堪，卧病数日才恢复正常，这是因为他的男性机能毕竟已经丧失，虽然有性的要求，却不能发性的欲望，欲火在胸中，所以十分焦躁。从侯玉的情况来看，受过宫刑的人在性的问题上终生要忍受着痛苦的折磨。

二是借助狎具进行。清人查慎行《人海记》记载：明末崇祯皇帝的宠妃田贵妃利用宦官与宫女淫戏之事，以挑拨崇祯皇帝与周皇后的关系。某一日，田贵妃故意让宫女抬轿去见崇祯皇帝。崇祯见是宫女抬轿，而不是如往常一样由宦官抬轿，感到非常奇怪。田贵妃趁机解释说："宦官们恣肆无状，尤其是周皇后宫中的小太监狎宫婢，故远之耳。"崇祯本是生性多疑之人，立即下令搜查周皇后居住的坤宁宫，果然查获了宦官使用的多种狎具，周皇后气得当场吐血。此刻有个老宫人提醒崇祯："田妃宫中独无对儿乎？亦可搜也。"崇祯一不做二不休，果然也搜出了一批狎具。另据《万历野获编》记载："近日都下有一阉竖比顽，以假阳具入小唱谷道不能出，遂胀死。法官坐以抵偿。"所谓的"小唱"即教坊歌妓。太监用假阳具硬塞进其"谷道"，即肛门之中，竟将其活活摧残致死。

还有的太监行为更加淫秽龌龊，竟然和别的男子进行肛交。明朝太监在入宫之前的净身时，都只是剔除睾丸，并不割掉阴茎。万历时，有个太监和一个唱曲的男孩子淫乱，将不能勃起的阴茎塞进那男孩的肛门里，谁知竟然拔不出来了，阴茎在里面越胀越大，男孩疼痛至极而送了命，那个太监也被判了死罪。清代接受明代的教训，选中的太监在入宫前净身时，就将阴茎和睾丸同时割去。乾隆时，有一位官员向高宗弘历报告说，太监的阴茎虽然被割去，但在很多情况下它还会长到一定的长度。因此他建议立刻普遍检查一次，对又长出阴茎的太监再度斩草除根。高宗同意了他的建议，因而有不少太监被迫受了第二次宫刑。据说，这位提建议的官员是因为宦官得罪了他，他才想出这个办法进行报复。

上述种种关于太监性变态的表现，正是他们悲剧人格的一个方面。他们虽然有类似正常男子的性意识，但确实无法实施正常男子的性行为，当他们明显地觉察到自己的性无能时，必然陷入绝望的悲哀。有的太监幻想得到奇妙的药方，使自己的性器官重新长出来，恢复男子正常的性功能，但这种努力总是徒劳的。万历时，太监高寀奉旨去福建征税，爪牙魏天爵、林宗文两人千方百计向他献媚，有一次向他提供一个秘方，说活取童男童女脑髓和药一起服用，可以使睾丸重新长出，而且能御女生子。高寀非常高兴，就派亲信购买幼童，敲开头颅骨，取出脑浆。贫困的百姓不知高寀的"妙用"，有的就把亲生骨肉卖给他；市井无赖还用蒙汗药诱捕民间的儿童，献给高寀，换得重赏。高寀害死了许多人，以至于税监府院里的水池中白骨累累。但是，他的性功能并没有半点儿的恢复。魏忠贤也曾四处探寻使阳物复生的方法，并听信这一传言，暗中服食了七个囚犯的脑髓。像高寀和魏忠贤这样的人，自己受到宫刑的残害，又去变本加厉地残害别人，其人性也和其性功能一样完全丧失了。

## 对食与"菜户夫妻"

除了宦官之外，宫廷中还有一批可怜人，那就是宫女。相对于宦官而言，宫女是正常人，然而唯其是正常人，她们才承受了比宦官更多的压抑与痛苦。在古代宫廷中，除清朝曾部分地实行过宫女的退休制度外，其他历代王朝的宫女都是终身制。宫女们在十五六岁的花秀年华被选入宫，面对的是繁琐的礼节、森严的规矩、不时的凌辱与无尽的寂寞。她们不能嫁人、不能成家，唯有执役终身，然后老死宫中。李隆基曾聚4万女子于后宫，而天宝五年以后，杨贵妃得宠，后宫女子皆被搁置一旁。在杨贵妃的授意下，后宫凡姿色稍美者，都被迁移到远离玄宗日常生活的地方，连皇帝一直喜欢的梅妃都被迁走。东都洛阳上阳宫是安置宫女的一大场所。这些宫女被困在上阳宫，至死方休。到唐德宗贞元年间，离玄宗天宝已有四十多年，上阳宫还有白发的宫女存活着。诗人白居易曾痛心地写下《上阳白发人》一诗，将宫女闭锁深宫、青春流逝的怨恨与无奈描写得淋漓尽致，以纪念这群无辜的牺牲者：

> 上阳人，上阳人，红颜暗老白发新。
> 绿衣监使守宫门，一闭上阳多少春。
> 玄宗末岁初选入，入时十六今六十。
> 同时采择百余人，零落年深残此身。
> 忆昔吞悲别亲族，扶入车中不教哭。
> 皆云入内便承恩，脸似芙蓉胸似玉。
> 未容君王得见面，已被杨妃遥侧目。
> 妒令潜配上阳宫，一生遂向空房宿。
> 宿空房，秋夜长，夜长无寐天不明。
> 耿耿残灯背壁影，萧萧暗雨打窗声。
>
> 春日迟，日迟独坐天难暮。
> 宫莺百啭悉厌闻，梁燕双栖老休妒。
> 莺归燕去长悄然，春往秋来不记年。
> 唯向深宫望明月，东西四五百回圆。
> 今日宫中年最老，大家遥赐尚书号。
> 小头鞋履窄衣裳，青黛点眉眉细长。
> 外人不见见应笑，天宝末年时世妆。
> 上阳人，苦最多。少亦苦，老亦苦，少苦老苦两如何？
> 君不见，昔时吕向《美人赋》，又不见，今日上阳白发歌！

对宫女来说，得不到皇帝的宠幸固然可悲，然而得到了也未必可喜。隋文帝杨坚的五子二女都是嫡出，这在帝制时代是极为罕见的，其原因就在于皇后独孤氏是一个妒忌到变态程度的女性，她从不许杨坚爱上别的女人。有一次她得知杨坚喜欢上一个宫女并让她侍酒，便醋性大发，随即用酷刑将此宫女折磨致死。与之类似的还有南宋光宗的皇后李凤娘。有一次，一个宫女侍候光宗洗浴，光宗见宫女的手长得白嫩细长，便摸着宫女的手夸赞了一句。李皇后知道后，竟斩去宫女的双手，血淋淋地盛到食盒中送给光宗，把光宗吓得当场晕了过去。

宫女不仅可能因后妃妒忌而遭害，也可能因皇帝一时心血来潮而丧命。据《唐语林》记载，唐宣宗得到一个进献的宫女，十分宠爱，数日内赏赐无算。有一天，宣宗突然闷闷不乐地说："玄宗皇帝只有一杨贵妃，天下至今未平，我岂敢忘乎？"于是将宫女招来说："应留汝不得。"左右忙劝说可以将此女放还。宣宗却说："放还我必思之，可赐鸩一杯。"这个可怜的宫女就这么被毒死了。

历代宫廷之中的宫女成千上万。她们一经选入宫内，便失去了自由之身，衣食菲薄，住所简陋，身执贱役，没有知心人儿排解心中郁闷，平日里非但父母不能想见，就是病了也得不到正常医治，更不会有人照料。在这种难耐的孤寂之中，宫女们与同样寂寞的宦官相互照顾、相互抚慰，应该是完全可能的，也在情理之中。而且在大多数情况下，宫女与宦官的交往非但不会受到后妃的责难，甚至会受到鼓励。之所以会出现这一现象，一方面是因为宫女其实就是潜在的妃嫔，她们一旦被皇帝临幸，就可能晋身，因而让宫女与宦官密切交往，就相应地减少了自身的威胁；另一方面，后妃能否被皇帝临幸在相当大的程度上取决于执役的宦官。在明、清两朝，通常由敬事房太监负责皇帝的性生活。每当皇帝吃完晚饭，执役宦官便托一银盘进呈皇帝，上面有嫔妃的"绿头牌"，供皇帝挑选当夜侍寝嫔妃。在这一过程中，宦官可能对皇帝施加影响，如"某妃近来身体欠佳"、"某妃近来容光焕发"等等，都是变相的建议。在皇帝举棋不定的时候，这些建议往往会起到决定性的作用。所以，嫔妃们不仅不愿得罪宦官，有时还反而会巴结宦官。让身边的宫女与有身份的宦官保持关系，无疑是可选择的方式之一。

宦官无妻而宫女无夫，两者由此而结成临时伴侣，以慰深宫之寂寞，这种关系称为"对食"。对食最早见于汉代，东汉的应劭注"对食"一词说："宫人自相与为夫妇名'对食'，甚相妒忌也。"可见这是宫中隐语，即使在东汉，读者已不甚理解，所以应劭认为有加注的必要。这条注文的上一半似乎是现在所谓女子同性恋爱，下句则仍不好懂。按《旧唐书》卷 37《五行志》说："长庆四年（824 年）四月十七日，染坊作人张韶与卜者苏玄明于柴草车内藏兵仗，入宫作乱。二人对食于清思殿。

是日禁军诛张韶等三十七人。"据此，则男子之间也有对食现象。张韶和苏玄明入宫"作乱"时在殿中对食，其意义恐怕不仅是一般的同性恋爱，而是以此作为一种"厌胜"的手段。应邵注文中所谓"其相拓忌也"一语，大概也是指对别的宫女的一种"厌胜"作用。隋唐五代时期的《宫词》有云："莫怪宫人夸对食，尚衣多半状元郎。"这大致反映出此时宫中也有对食的现象。据此，可知宫女对食，自西汉至五代不绝。被阉者视同女性，故亦可与宫女对食。且因对食伴侣为状元郎，故宫女不但不以为讳，且夸耀于人。据现有史料，只能说，凡宫中相爱皆可称"对食"，虽异性亦然。

迨至明代，太监与宫女结对食已成为普遍现象。到嘉靖、万历时，结对食已成为宫中的不成文的规矩，甚至于一个宫女入宫很久而无对食，会遭同伴取笑为"弃物"。因此，宫女们也主动和太监接近，选择如意的伴侣，看中之后，有的"自定终身"，有的"求媒说合"。确定关系之后，太监和宫女暗地约会，谈情说爱，花前月下，设誓定盟，与外界青年男女相恋的情形一模一样。到了正式结为对食的时候，有的还要举行简单的仪式。究其缘由，则在于宫中低级宦官无力娶妻纳妾，宫女又很少有机会被皇上临幸，宦官和宫女便只有自己寻求安慰，所谓"宫掖之中，怨旷无聊，解馋止渴，出此下策耳"。

明代宦官与宫女之间的伴侣关系，又有"菜户"之称。从史料分析，菜户与对食应是有区别的。对食可以是宦官、宫女之间，也可以是同性之间，且大多具有临时性；而可称为"菜户"的宫女与宦官，多共同生活，如同夫妻，具有相当的稳定性。明朝初年，朱元璋对宦官与宫女之间的这种行为深恶痛绝并严令禁止，对娶妻成家的宦官更处以十分残酷的剥皮之刑。但自永乐而后，宦官地位上升，这一禁令随之烟消云散，史载："宫人无子者，各择内监为侣，谓菜户。其财产相通如一家，相爱如夫妇。既而嫔妃以下，亦颇有之，虽天子亦不之禁，以其宦者，不之嫌也。"大致类似的史料也见于野史。据《万历野获编》所载，最初因值房宦官和司房宫女接触较多，便逐渐产生感情。宦官以此为基础，往往主动替宫女采办衣食、首饰及日用杂物，以表达追慕之情。宫女若相中此宦官，即可结成伴侣，称为菜户。菜户在明代宫中是公然允许的，即使是皇帝、皇后有时也会问宦官"汝菜户为谁？"宦官只据实回答即可。

宦官与宫女结为菜户后，唱随往还，形如夫妻。宦官对所爱的宫女固然是任劳任怨，听凭驱使；宫女也会心疼宦官，不让他干太多的活儿，而是支使别的宦官去干。宫中有些地位低贱、相貌丑陋且又年岁较大的宦官自知不可能被宫女看上，便甘心做菜户之仆役，为其执炊、搬运、浆洗，宫女每月付给他们一定的银两。在这种情况下，一些善烹饪的宦官便成为追逐的对象，所得的报酬也较多，最多的一月可赚到四五两银子。这些宦官身着沾满尘土和油渍的衣服，背着菜筐，出入宫廷，购买一应所需杂物。

结为菜户的宫女、宦官，多在花前月下彼此盟誓，终生彼此相爱，不再与别人发生感情。宦官如果发现他所爱的宫女移情别恋，往往万分痛苦，但不会对宫女如何，却常常与其情敌发生尖锐的冲突。万历年间郑贵妃宫中的宫女吴氏曾和宦官宋保相爱，后来又移情于宦官张进朝。宋保不胜愤怒，终至万念俱灰，出宫削发为僧，一去不返。宫中的宦官对宋保评价极高。如吴氏移情别恋的情形在明宫中较为少见，宫女和宦官结为菜户后大多能终身相守，并且彼此都以守节相尚。如果其中一方死去，另一方则终身不再选配。《万历野获编》曾记载，有一个读书人寓居于城外寺庙中，见寺中有一室平日紧锁，甚觉奇怪。趁寺庙中人打扫的机会，他进去看了一下，竟发现里面全是宫中宦官奉祀的已亡宫女的牌位。牌位上都写有宫女的姓名。寺庙中人告诉这位读书人，每逢宫女的忌日，与其结为菜户的宦官便会前来致祭，悲伤号恸，情逾寻常夫妻。

自秦、汉之后，大致上历朝都允许进入中年以后的宦官收养假子。收养假子对于宦官来说是一种莫大的心理安慰。有养子奔跑膝前，他们便不会太过悲伤与孤寂，也不会老觉得自己不能生育会断子断孙。从史料所反映的情况看，宦官的养子不一定都是阉儿，也有不少是生理正常的儿童。

唐朝的高力士本姓冯，在圣历初年被岭南讨击使李千里进贡入宫后，由宦官高延福收养为子，改姓高。中唐以后，宦官收养儿子的数量大为增加，有的宦官一人即收养义子数十人乃至数百人，发展成为极具威胁的政治力量。为了抑制宦官的势力，历代王朝都曾作出一些禁令或限制宦官收养义子的有关规定，唐代就曾规定宦官只许收养 10 岁以下的阉童一人为假子；宋代也规定年满三十的宦官才可以收养一个小宦官为假子，并需登记备案，不过上述规定最后都成为一纸空文，宦官收养义子的数量都大大超出规定。唐代权阉仇世良养子 5 人，彭献忠有养子 6 人，杨复恭养子更在 600 以上，而且他们的养子也不尽是阉人。宋代也有许多宦官收养宫外正常男孩，宋真宗时还有宦官外出掠劫民家小儿，以致出现其母抱儿投海的惨剧。清代的大宦官一般收养本姓本族的子侄为养子，在宫外居住，如清代权阉李莲英也收养了 4 个儿子、2 个女儿。

虽然朝廷允许中年宦官领养假子，但并不是每一个宦官都有能力领养的，他必须具备相当职位和经济能力作为条件。换言之，一个宦官要想成为养父或义父并非易事。因为在人们的世俗传统观念中，入宫为宦本非光彩之事，而做其养子更是有辱祖宗，若没有高官高爵或丰厚的钱财相吸引，是不会有人甘愿为之的。同时从另一角度看，大宦官们都很看重养子，养子不但可以继承其财产和爵位，更重要的是养子可以为其尽孝，在其死后为其披麻戴孝、服丧守灵，并在年节之时为其祭祀，如此一来方能在其死后不至成为没有依托的孤魂野鬼。所以，宦官们对养子的选择一般来讲还是十分慎重的。

第三编　叹一声情为何物

# 第十章　温柔乡里的柔媚酥骨

　　中国历史上所说的妓女概念，似乎比我们现在所说、所理解的要宽广一些。专家们认为，中国历史上的妓女有两大类，细分有五类。大的来说，有艺妓和色妓之分，前者主要从事艺术表演活动，如同今日之文艺工作者、娱乐明星；而后者主要出卖色相，就是今日人们普遍认为的娼妓。但之所以把艺术家和娱乐明星归入妓女，是因为艺妓也经常卖身。

　　如果再细致划分，中国历史上的妓女由宫妓、营妓、官妓、家妓和民妓组成。宫妓是皇宫中服务于皇帝的妓女；营妓是服务于军队军官和士兵的妓女；官妓是服务于各级地方官员的妓女；家妓是达官贵人家庭供养的服务于达官贵人的妓女；而民妓可能更接近于今天人们所理解的妓女，就是活跃于民间，"服务"于社会的妓女。在这五类类型的妓女中，前三类是国营妓女，按照现在的话说，是体制内的。她们地位卑贱，生活却相当优裕，编入国家正式编制（乐籍），由国家财政供养。至于后两类，相当于个体私人经济，体制外生存，独立经营，自负盈亏。

# 历史上的"国营"妓院

有学者认为，妓女在中国最早出现的时间在殷商时期，妓院的出现则晚得多，而且是以国有企业的形式出现。创始人据说是管仲。管仲名夷吾，又名敬仲，字仲，谥号敬，史称管子，他是后来成为"春秋五霸"之首的齐桓公的宰相。关于管仲开国有妓院的记载很多，最早的是《国语·齐语》："齐有女闾七百，征其夜合之资，以通国用。管仲相桓公时，立此法，以富国。"据学者考证，《国语》成书可能在战国以前，总之是本历史非常悠久的书。汉刘向的《战国策·东周策》亦云："齐桓公宫中七市，女闾七百，国人非之。"成书时间不明的《韩非子·难二》云："昔者桓公宫中二市，妇闾二百，被发而御妇人。"《齐书》云："管仲设女闾三百。"清代褚人获《坚瓠集·续集》云："管子治齐，置女闾七百，征其夜合之资，以充国用，此即花粉钱之始也。"

闾是"门户"的意思，相当于院子。无论是《国语》还是《齐书》，都可以肯定管仲开国有妓院是无疑的，只是数量说法不一，有七百的，也有三百二百的，总之不会少。《周礼·大司徒》云："令五家为比，使之相保，五比为闾，使之相爱。"即便是按二十五家为一闾算，二百闾，也有五千家。所以，有人戏称管仲为"全世界官娼鼻祖"。李敖在《且从青史看青楼》中说："管仲治齐，就设有'女闾'，女闾就是公娼——不是公家准许的窑子，而是官办的窑子。这是中国最早的'公营企业'，开办目的，是增加国库收入。"

再后来出现的军妓，实际上也是国有的。东汉赵晔《吴越春秋》考证："勾践输有过寡妇于山上，使士之忧思者游之，以娱其意。"越王勾践为了报仇，早日打败吴国，绞尽脑汁想了一堆一般人想不到的办法。比如说"美人计"，派西施去迷惑夫差。还有这招征寡妇慰劳兵士，确实起到了鼓舞士气的作用，而且一不小心又创造了一个世界第一——开"以妓劳军"之先河。

汉武帝刘彻改变了越王勾践"以妓劳军"的临时性做法，正式建立了"营妓制度"。据《汉武外史》记载："一曰，古未有妓，至汉武始置营妓，以待军士之无妻室者。"汉武帝是历史上著名的好色天子，自称"能三日不食，不能一日无妇人"，能想出这个点子来，一点也不辱没他的智慧。

唐高祖李渊没有什么了不起的建树，但他在隋炀帝"括天下周、齐、梁、陈乐家子弟皆为乐户"（《隋书·裴蕴传》）的基础上开创了教坊。教坊美其名曰为教习乐舞之所，实际上很多女乐人在兼职从事性活动。唐孙棨《北里志》序云："京中饮妓，籍属教坊，凡朝士宴聚，须假诸曹署行牒，然后能致于他处。"说明陪酒的官妓，身份都隶属于教坊。凡是士大夫宴饮，必由教坊官员批准，才能去陪酒。《北里志·附录·北里不测堪戒二事》记载："王金吾，故山南相国起之子，少狂逸，曾昵行此曲。遇有醉而后至者，遂避之床下。"王氏有职事在身，入坊宿妓，遇后来者又匆忙躲避到床下。由此可见教坊内女乐人搞兼职的恐怕不在少数。

正所谓"上有所好，下必甚焉"。尤其是在唐玄宗设教坊、置梨园，统四万宫妓作乐以及和杨玉环风流韵事传遍朝野后，各级官员极为羡慕，纷纷仿效。地方上诸道、方镇、府司、州县军镇都设有官妓，每逢节日宴游，迎送官员，招待宾客，都要分配妓女前去歌舞陪侍。

官员和妓女，本来是社会地位悬殊的两种人，生活没有交集，但是，历史上，这两种人的关系曾经最为紧密。在唐朝，官员嫖妓宿娼，出入妓院，勾搭妓女，是一种风尚。这一方面是因为皇帝的榜样示范作用；而另外的原因是，唐朝科举取士，诗赋是科考的内容之一，诗赋文章做得好，就可以当大官；而作为妓女，逐水草而居本身就是她们的职业特点，官员们就是她们丰盛的水草；而且，她们不仅仅是卖身，她们还卖唱，卖唱是卖身能够卖出好价钱的保障，因为唱得好意味着除了色相之外，还具有更高的艺术造诣，而这是文人官员更为看重的。但唱什么呢？这些金榜题名、才华横溢的进士出身的官员的诗词歌赋显然是她们求之不得的传唱佳作。

对于妓女来说，与这些官员厮混，能得到官员写的诗词，又能通过这些官员的唱和提高知名度，对于官员来说，与比自己老婆漂亮得多，风情得多，文雅得多的妓女厮混；本身就是人生快事，能够证明自己人生的辉煌，而且还能通过她们的口把诗词传唱出去，这无论对于官员还是妓女都是双赢的策略。唐朝不少著名诗词既是妓女传唱的对象，甚至也因为妓女的传唱而更加流传久远。到了宋朝，那个著名的词人柳永，成为妓女们不惜重金争相服务的对象，只可惜宋朝已经反对官员嫖妓，柳永与妓女的关系影响了他在仕途的发展，只好奉旨填词终了一生。

宋元时期，理学兴起，重视男女之防，对于官员狎妓有所限制，规定妓女只能为官员提供歌舞和陪酒这类活动，不能提供性服务，违者要受到各种处分。这种规定执行起来一定有难度，因为私下的交易似乎很难被发现。事实上，地方军政行政长官私下命令地方官妓提供性服务的仍很普遍，不过，官员像唐朝那样公开要求妓女献身，并以这种交易为风流倜傥而骄傲自豪的风气，算是被转变了。到了明朝，朱元璋同样禁止官妓向官员提供服务，让一些官妓面向市场，向社会提供服务以增加财政收入。官员不能从妓女那里得到性服务，官员对妓女的态度也开始冷漠，官妓营妓的经费也成为问题，她们不得不向市场化服务转变，中国妓女的市场化从此开始了，中国妓女开始从以官营为主向民营主导过渡。

到了清朝，雍正皇帝下令全国废除乐籍制度，国家不再正式供养妓女。从那时开始，官员嫖妓在制度上被禁止了。

# 那些史上留名的青楼女

## 一、慧眼识英的红拂

红拂女姓张，在南北朝的战乱中，流落长安，被卖入司空杨素府中为歌妓。因手执红色拂尘，故称作红拂女，为"风尘三侠"之一。

三侠原有一位文武兼通的才子名叫李靖，他通兵法谋略，心怀大志，隋朝建国后，他决定前往长安，以求报国之路。在长安，他先投到杨素门下，杨素开始非常怠慢，后与李靖谈论一番，觉得此人很有前途。但他毕竟年老体弱，不再有远大的理想，只是安于现状而已。李靖非常失

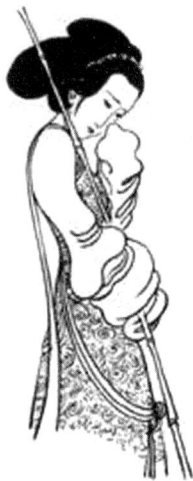

红拂

望。二人谈论之时，红拂就立在旁边，她见李靖气宇非常，乃英雄侠义之士，心中暗暗倾慕，于是派门人跟踪李靖，得知他的住处，自己深夜前往。

夜晚，李靖独坐灯前，想着白天的事，觉得前途渺茫。李靖正在发闷，忽听敲门之声，开门一看，竟然是白天在司空府见到的侍女。红拂开门见山地表明自己的心意：愿意投奔李靖，伴随其闯荡天下。李靖喜出望外，却也担心杨素那边没法交代。红拂安慰他说：杨素年纪大了，近来多有侍女逃走，司空府不会追究。李靖见有佳人理解自己并且愿意奉献一生，非常欣慰，当即应允。司空府找不到红拂，派人查询了几日，最终还是不了了之。于是红拂与李靖二人扮成商人离开长安。

他们一路跋涉，在灵食的一处客站歇脚时遇见了一个满脸虬髯的人，此人自称虬髯客。红拂见他相貌粗鄙，却有一种不凡的气质，于是与他拜为兄妹。三人一同来到汾阳，见到了李渊与李世民，交谈一番后，李靖与李世民顿觉相见恨晚，而虬髯客却说："既有真主在此，我当另谋他途。"几天后长安传来杨素老死的消息，李世民请他三人一同到府中商议，李靖与红拂前往李府，虬髯客独不往，说要在长安等他二人。

后来，李靖与红拂到长安找到虬髯客时，发现他竟是一个非常富有的人，更不可思议的是，虬髯客非要把全部家产送给他们，自己仅带一个行囊远走他方。二人目送虬髯客远去后，查点他家中之物，竟发现还有兵书数册，李靖日夜研究，兵法韬略大大增长。李渊父子起兵后，李靖显示了他的军事才能，帮李渊父子平定江南，建立了大唐。并攻打突厥，活捉颉利可汗，被封为卫国公，红拂自然成了一品夫人。而虬髯客据说组织了一支兵马，杀入海中扶桑国，灭其政权后自立为帝。

## 二、女校书薛涛

唐中期，原来在京城为官的薛勋与妻子裴氏迁往蜀中。过了不久，裴氏生下一个女孩，取名薛涛，字洪度，表示她是在惊涛骇浪的洪流中度过的。薛涛 8 岁那年，其父让她以院中梧桐树为题，吟诗一首，薛涛念道："庭除一古桐，耸干入云中；枝迎南北鸟，叶送往来风。"薛勋大骇，认为这"迎送"、"往来"之词乃是不祥之兆。

薛涛 14 岁时，父亲去世。她为了维持自己和母亲的生计，作了诗乐娱客的诗妓，凭借自己的美丽容貌和绝世才华，很快就成了成都名妓。当时西南常常受到吐蕃的侵扰，朝廷派来一位剑南节度使经略西南，这个人名叫韦皋。他早就

薛涛

听说了薛涛的才华，并请她应席赋诗，薛涛不假思索立题《谒巫山庙》一诗："乱猿啼处访高唐，路入烟霞草木香；山色未能忘宋玉，水声犹是哭襄王。朝朝夜夜阳台下，为雨为云楚国亡；惆怅庙前多少柳，春来空斗画眉长。"韦皋大加赞赏，于是薛涛就成了帅府常客。韦皋本想让薛涛担任校书郎官职，但无奈她身份卑微，只好作罢。因为薛涛家门前有几棵枇杷树，韦皋就用"枇杷花下"来描述她的住地。从此"枇杷巷"也成了妓院的雅称。

随着薛涛的名气越来越大，韦皋嫌她过于招摇，便把她贬至松州，薛涛在途中写下了 10 首著名的离别诗，总称"十离诗"：

出入朱门四五年，为知人意得人怜；近缘咬着亲知客，不得红丝毯上眠。——《犬离主》

越管宣毫始称情，红笺纸上撒花琼；都缘用久锋头尽，不得羲之手里擎。——《笔离手》

雪耳红毛浅碧蹄，追风曾到日东西；为惊玉貌郎君坠，不得华轩更一嘶。——《马离厩》

陇西独自一孤身，飞去飞来上锦茵；都缘出语无方便，不得笼中再唤人。——《鹦鹉离笼》

出入朱门未忍抛，主人常爱语交交；衔泥秽污珊瑚枕，不得梁间更垒巢。——《燕离巢》

皎洁圆明内外通，清光似照水晶宫；只缘一点玷相秽，不得终宵在掌中。——《珠离掌》

跳跃莲池四五秋，常摇朱尾弄纶钩；无端摆断芙蓉朵，不得清波更一游。——《鱼离池》

爪利如锋眼似铃，平原捉兔称高情；无端窜向青云外，不得君王臂上擎。——《鹰离鞲》

蓊郁新栽四五行，常将劲节负秋霜；为缘春笋钻墙破，不得垂荫覆玉堂。——《竹离亭》

铸泻黄金镜始开，初生三五月徘徊；为遭无限尘蒙蔽，不得华堂上玉台。——《镜离台》

韦皋看后转怒为喜，很快就将她召回成都。

数十年间，剑南节度使共换了11位，每一位都被薛涛的绝色与才华吸引。薛涛在42岁那年，第一次全心全意地爱上一个人——前来成都公干的元稹。元稹比薛涛整整小了11岁，并且是全国闻名的才子，他也被这位迟暮的美人深深吸引。虽然地位、年龄悬殊，他们却在一起度过了一年的美好时光。元稹回到长安后曾寄诗给薛涛，表达思念之情，但他最终也没有回来。而薛涛对元稹的思念却是刻骨铭心的，她用自己的全部身心等待能与心上人再度相逢，直到她终于明白自己只是元稹生命中的一个小插曲，便索性穿起道袍，隐居楼中，不再参与诗酒花韵之事。她过了近二十年清淡的生活，在65岁时与世长辞。当时的剑南节度使段文昌为她亲手题写了墓志铭："西川女校书薛涛洪度之墓"。

### 三、王幼玉歌断芳魂随雁去

在湖南省衡阳市南有一座山峰名回雁峰，因为每年秋季，成群的大雁就会飞到这里等待来年春天飞回北方。唐德宗年间，回雁峰下有一女子名叫王幼玉，她本是名门之后，因黄巢起义，随家人避难来到衡阳。父母双亡后，凭着婉转明亮的歌喉和高雅艳丽的容貌，做起了歌妓。

有一天，当地郡守在雁峰寺中设筵款待御史大夫夏公，招来王幼玉助兴。王幼玉唱出一曲《雁归来》，举座皆惊，王幼玉顿时名声大震。洛阳商人柳富是世家子弟，读书出身，有钱有学问有修养，他因性情刚烈在家乡惹了乱子，避乱而来衡阳。他被王幼玉高雅的气质和动人的歌声深深吸引，而王幼玉也很欣赏他，和他相处了一段时间后，就向他表明心态，肯与他相伴一生。柳富沉吟道："我南来湘潭时，因与人格斗，误伤二命，被旅店的侍女见到，她强要与我成亲，否则就到官府举发，我无计可施，只好带她同走。"王幼玉拿出自己的私蓄二百万钱，终于用金钱和晓以利害，把柳富的女侍妻子打发回了湘潭。

两人正准备共结百年之好时，柳富的父亲去世，柳富只好回家奔丧。临行之时，二人共同起誓，定要等着对方。但柳富回去料理完丧事，就被族中父老留住，以免他再与歌妓相伴。柳富情急之下打伤了一位年长的族人，被关在狱中。王幼玉等了好久，不见他回来，就派人前来打听。

来人回去后带回了柳富被押狱中的消息和他的思念之情，王幼玉决心要等到海枯石烂。等到唐德宗驾崩之时，唐昭宗继位，大赦天下，柳富获得了自由。就在他准备南下与心上人团聚之时，藩镇之间的混战阻隔了交通，只好先设法辗转托人给王幼玉捎去一封信，信中附有一阕词："人间最苦，最苦是分离，伊爱我，我怜伊，青草岸头人独立，画船东去橹声迟。楚天低，回望处，两依依。后回也知俱有愿，未知何日是佳期，心下事，乱如丝。好天良夜还虚过，辜负我，两心知，愿伊家，衷肠在，一双飞。"王幼玉收到信后，把阕词变成歌到酒楼演唱。

然而时光飞逝，岁月空添，南北道路还是受阻。王幼玉疾病缠身，越来越绝望，当她知道来日无多时，她每天都到回雁峰上，一遍一遍地唱着那首阕词，直到用尽最后一丝力气，倒下，跌入了悬崖。只有行行大雁把她的歌声传送给远方的柳富。

### 四、颜令宾爱上唱挽歌的人

唐代的娼妓一般可分成三等，上等的接待达官贵族、名人雅士；中等的接待富商巨贾、中小官吏；下等的则无论行业身份一律接待。上等里面的上等，就是"都知"了。文酒之会，除了散闲官员之外，也常邀请文人雅士凑趣。还要有一位才貌出众、八面玲珑的名妓主持，这种主持人就称为"都知"。"都知"必须善于调排周旋，面面俱到，能说会唱，博古通今才行。当时整个平康里巷中，真正能得到客人公认的"都知"只有三人，那就是郑举举、薛楚儿和颜令宾。三个人中出道最早的是郑举举，后来慢慢隐退；薛楚儿被郭子仪之子郭锻量珠娶走，最后只剩下了颜令宾。

颜令宾秀目纤腰，婀娜多姿。她对于达官显贵并不十分热衷，但对文人雅士却非常礼遇，因此有许多文人名士朋友，她常与他们彻夜清谈。当时长安的文人都以能参加颜令宾主持的文酒之会为荣。而颜令宾的娇客好友如云，却不对谁以心相许。因为她已经有了心上人——长安城中的"凶肆歌者"（专替人唱挽歌的人）刘驰驰。刘驰驰贫贱低下，却多艺多才，能自编歌词，赋诗作文。两人情投意合，又彼此身世凄凉，私下里盟定终身，只等刘驰驰攒足了钱，为颜令宾赎出青楼。

在一个春寒料峭的时节，颜令宾主持文酒之会时染上风寒，一病不起。当她觉得大限将至时，便邀请平时交往较多的文人墨客写一些话别之词送她。大家眼见昔日的鲜花还未完全开放就已凋敝，都非常难过。过了几天，颜令宾终于香消玉殒了。势力的鸨母见摇钱树没了，一气之下将文人们送来祭奠她的诗词篇章扔到街上，正巧被悲痛欲绝的刘驰驰拾到。他把那些纸笺一页一页地仔细拾起，藏在怀中。等到颜令宾下葬郊外以后，刘驰驰便日日跑到她的坟上，把他拾到的诗词唱给情人听。他唱得最多的一首诗是："昨日寻仙子，辎车忽在门；人生须到此，天道竟难论。客至皆连袂，谁来为鼓盆；不堪襟袖上，犹印旧眉痕。"

### 五、苏轼的患难知己王朝云

王朝云，字子霞，钱塘人，因家境清寒，自幼沦落在歌舞班中，却独具一种清新洁雅的气质。宋神宗熙宁四年（1071年），苏轼被贬为杭州通判，一日，宴饮时看到了轻歌曼舞的王朝云，备极宠爱，娶她为妾，此时的苏轼已经40岁了。

苏轼是一位性情豪放的人，在诗词中畅论自己的政见，得罪了当朝权贵，几度遭贬。在苏轼的妻妾中，王朝云最善解苏轼心意。一次，苏轼退朝回家，指着自己的腹部问侍妾："你们有谁知道我这里面有些什么？"一答："文章。"一说："见识。"苏轼摇摇头，王朝云笑道："您肚子里都是不合时宜。"苏轼闻言赞道："知我者，唯有朝云也。"

苏轼在杭州四年，之后又官迁密州、徐州、湖州，因"乌台诗案"被贬为黄州副使，这期间，王朝云始终紧紧相随。在黄州时，他们的生活十分清贫。元丰六年（1083 年），王朝云为苏轼生下了一子，取名遂礼。

宋神宗驾崩后，宋哲宗继位，任用司马光为宰相，废除了王安石的新法；苏轼又被召回京城升任龙图阁学士，兼任小皇帝的侍读，这时的苏轼，十分受宣仁皇太后和年仅 12 岁的小皇帝的赏识，政治上春风得意。

两年之后，苏轼再度被贬任杭州知府。杭州百姓非常爱戴他。此后苏轼又先后出任颍州和扬州知府。宋哲宗用章惇为宰相，政见不同的苏轼被贬往南蛮之地的惠州（今广东省惠阳县），这时他已经年近花甲了。身边姬妾陆续散去，只有王朝云始终追随。苏轼感叹作诗："不似杨枝别乐天，恰如通德伴伶元；阿奴络秀不同老，无女维摩总解禅。经卷药炉新活计，舞衫歌板旧姻缘；丹成逐我三山去；不作巫山云雨仙。"序云："予家有数妾，四五年间相继辞去，独朝云随予南迁，因读乐天诗，戏作此赠之。"

王朝云在惠州又为苏轼生下一子，取名干儿。产后，王朝云的身体虚弱，不久便溘然长逝，年仅 34 岁。王朝云死后，苏轼将她葬在惠州西湖孤山南麓栖禅寺大圣塔下的松林之中，并在墓上筑六如亭以纪念她，亭柱上镌有一副楹联：不合时宜，惟有朝云能识我；独弹古调，每逢暮雨倍思卿。

## 六、击鼓抗金的梁红玉

梁红玉生于宋徽宗崇宁元年，原籍池州，祖父与父亲都是武将出身，梁红玉自幼随侍父兄练就了一身功夫。宋徽宗宣和二年方腊起义，祖父和父亲因贻误战机被杀，梁红玉也沦落为京口营妓。朝廷派童贯率军平定方腊，最后方腊被韩世忠所捉。

平定方腊后，在庆功宴上，韩世忠与梁红玉初次见面，二人对视生情，终成眷属。他们相亲相爱的生活一直伴随着战争度过。梁红玉有身孕后留在京城，却被苗傅和刘正彦扣押，但二人碍于韩世忠的勇猛并不

梁红玉

敢难为他们母子。

此时宋高宗没有行动的自由，隆裕太后和宰相朱胜非密派梁红玉驰往秀州，催韩世忠前来救助，并封韩世忠为御营平寇左将军，封梁红玉为安国夫人。韩世忠很快平定了苗傅等人的叛乱，授武胜军节度使。

这年冬天，金人再度进犯，从黄州和采石矶两处渡江，直逼临安，宋高宗逃至越州。韩世忠留守秀州，建炎四年元宵节，金兀术下战书与韩世忠，约定第二天开战。韩世忠听从梁红玉的计策，把宋军兵分两路，看中军摇旗为号，进行包围截杀。结果金军大败。韩世忠放声高歌：

万里长江，淘不尽壮怀秋色，漫说秦宫汉帐，瑶台银阙，长剑倚天氛雾外，宝光挂日烟尘侧！向星辰拍袖整乾坤，消息歇。龙虎啸，凤云泣，千古恨，凭谁说。对山河耿耿，泪沾襟血。汴水夜吹羌管笛，鸾舆步老辽阳幄。把唾壶击碎，问蟾蜍，圆何缺？

当时，有奸细向金兀术献了一计：以土覆船板，以火箭烧毁韩世忠战船。但韩世忠用梁红玉的计策以少胜多，围困敌军近五十天，使金军不敢随便渡江侵犯。岳飞被害后，韩世忠也被罢去兵权，他索性辞去官职，与梁红玉白头偕老度过余生。

### 七、迷住宋徽宗的李师师

李师师原本是汴京城内经营染房的王寅的女儿，3岁时父亲把她寄名佛寺，老僧为她摩顶，她突然大哭。老僧人认为她很像佛门弟子，因为大家管佛门弟子叫"师"，所以她就被叫作李师师。过了一年，父亲因罪死在狱中。她由邻居抚养长大，渐渐出落得花容月貌，皮肤白皙，被经营妓院为业的李媪收养，教她琴棋书画、歌舞侍人。一时间李师师成为汴京名妓，是文人雅士、公子王孙竞相争夺的对象。最后连宋徽宗也闻其名而想一亲芳泽。高俅、杨戬自然怂恿宋徽宗，并信誓旦旦地保证不会走漏消息。

一见到李师师，宋徽宗就觉得这些年简直是白活了。李师师不卑不亢、温婉灵秀的气质使宋徽宗如在梦中。李师师与高俅早就相识，见位高权重的高大人竟然对这位陌生的客人毕恭毕敬，心下疑惑，但可以确定这也是得罪不得的达官显贵，于是殷勤侍奉。

第二天天还没亮，宋徽宗急忙穿好衣服，与高俅、杨戬赶回去上朝。从此宋徽宗对后宫佳丽视若无睹，隔三差五就以体察民情为由，出宫来李师师这里寻欢作乐，有时还叫着大学

李师师

士王黼同去。李师师渐渐也知道了他的真实身份，万岁爷驾临，怎敢不百般奉承！如今的李师师可非往日可比，身份虽然仍是名妓，却也"名花有主"，有权势的王公贵族也只能望"师"兴叹。

可是偏有武功员外郎贾奕以前与李师师交情深厚，一日偶遇李师师，便去她家中留宿，酒后不免醋意大发，写了一首讽刺宋徽宗的词："闲步小楼前，见个佳人貌似仙；暗想圣情辉似梦，追欢执手，兰房恣意，一夜说盟言。满揿沉檀喷瑞烟，报道早朝归去晚回銮，留下鲛绡当宿钱。"宋徽宗听说后大怒，差点杀了他，最后把他贬到琼州做了个参军。

其实在所有的客人中，李师师最中意的是大才子周邦彦。有一次宋徽宗生病，周邦彦趁着这个空儿前来看望李师师。二人正在叙旧之际，忽报圣驾前来，周邦彦躲避不及，藏在床下。宋徽宗送给李师师一个新鲜的橙子，聊了一会儿就要回宫，李师师假意挽留道："现已三更，马滑霜浓，龙体要紧。"而宋徽宗正因为身体没全好，才不敢留宿，急急走了。周邦彦酸溜溜地添了一首词："并刀如水，吴盐胜雪，纤指破新橙。锦帏初温，兽香不断，相对坐调筝。低声问：向谁行宿？城上已三更，马滑霜浓，不如休去，直是少人行。"岂知宋徽宗痊愈后来李师师这里宴饮，李师师一时忘情把这首词唱了出来。宋徽宗问是谁做的，李师师随口说出是周邦彦，话一出口就后悔莫及。宋徽宗立刻明白那天周

邦彦也一定在屋内，脸色骤变，过了几天找借口把周邦彦贬出汴京。之后，有一次李师师将周邦彦谱的一首《兰陵王》唱给宋徽宗听："柳荫直，烟里丝丝弄碧，隋堤上，曾见几番拂水飘绵送行色。登临望故国，谁识京华倦客，长亭路，年去岁来，应折柔条过千尺，闲寻旧踪迹，又酒趁哀弦，灯照离席。梨花榆火催寒食，愁一箭，风快，半篙波暖，回头迢递便数驿，望人在天北。凄恻，恨堆积，渐别浦萦回，津堠岑寂。斜阳冉冉春无极，念月榭携手，露桥闻笛，沉思前事，似梦里、泪暗滴。"宋徽宗听后，也觉得对周邦彦太过严厉了，就又把他召回汴京。

宋徽宗玩物丧志，对边境上的危机满不在乎，终于在靖康之难成了俘虏。金军本想连李师师一起俘虏，但没有成功。宋朝南渡后，李师师的下落不明，有人说她捐出家产抗金，自己遁入空门；有人说她被金军掠走，吞金自杀；也有人说她随便嫁了个商人，后来在钱塘江淹死了。

### 八、莘瑶琴喜嫁卖油郎

南宋年间杭州有个花魁娘子美娘，原名莘瑶琴，在战乱中与父母失散，被卖入妓院。当她长到 14 岁时已经美艳异常了。但她只想做青倌人，不肯接客，鸨母就将她灌醉，把她的初夜卖给了一个姓金的员外。莘瑶琴第二天醒来痛不欲生，但同行姐妹劝他说，走到这一步，更要接客，找到如意之人好尽早从良，而且也要积攒一些为将来赎身的银两。莘瑶琴从此不再反抗，欣然从命，不久就被称为"花魁"。

杭州清波门外有个开油店的朱十老收养了一个从汴京逃难来的名叫秦重的小厮，并将他改名为朱重。朱重如今长到 17 岁，每日帮朱十老榨油卖油。但朱十老的使女兰花却心怀不轨，与伙计邢权勾搭，挑拨离间，让朱十老将朱重赶了出去。

朱重只好走街串巷卖油。有一天他到钱塘门外的昭庆寺去卖油，恰好寺中要做九昼夜的功德，他一连九天挑油到昭庆寺。第九天朱重在石头上歇息，看到一位美若桃花的女子从寺中出来，他都看呆了，四处打听，才知道是花魁娘子。朱重知道凭自己的身份是没法再见到这位绝色美女，但"有志者，事竟成"。他从此辛勤工作，一分一钱地积攒银子，一年以后终于攒到了十来两银子。他买了一身体面的衣服，拿着剩余的银两前来见花魁娘子。但花魁娘子是相当忙的，每天都有应酬，朱重扑了十几次空，但他仍不死心，鸨母终于被他感动，破例让朱重在莘瑶琴房中等她归来。

莘瑶琴晚上回来时，已经喝醉了，一进屋就和衣而卧。朱重在她身边躺了一夜，除了为她盖被、倒茶之外，就是欣赏她的花容月貌，没有一点侵犯她的意思。莘瑶琴第二天醒来以后非常感动，她从未见过如此诚恳老实的男子，于是芳心暗许，并给了他二十两银子。此时朱十老染病在床，邢权与兰花深夜卷走了柜中的银钱。朱十老这时才想到朱重的好处，便找回朱重。朱重不计前嫌，用莘瑶琴给他的银子做本钱，重新做起了生意，但朱十老的病症越来越严重，不久去世。朱重一个人忙不过来，便招了一位从汴京逃难的中年汉子莘善和他的妻子阮氏。朱重并不知道，这位中年汉子，正是花魁娘子莘瑶琴幼年走失的父亲。

杭州城中有个吴八公子，人品恶劣，一向对莘瑶琴垂涎。有一天，他强行把莘瑶琴带至湖中船上，想要轻薄。莘瑶琴平时就很反感他，死不从命，吴八公子就脱了她的绣鞋和缠脚布，让她自己走回去。莘瑶琴受到羞辱，痛不欲生，正巧碰到了路过此处的朱重，朱重就把她送了回去。莘瑶琴对他更是欣赏有加，连鸨母也觉得他是个难得的忠厚之人，莘瑶琴拿出了多年的积蓄，让朱重为她赎了身。二人在成婚之时，莘瑶琴又与失散多年的父母相认，终成双喜临门的大团圆结局。

### 九、战乱拆散有情人

明宪宗时期，秦淮河畔有两位名妓——邵三与杨玉香。邵三的瑶华馆紧邻杨玉香的琼华馆，二人的关系也非常密切。邵三年长一些，温婉和善；杨玉香稍小，才情不俗，孤傲清高。

一日，闽县世家子林景清奉命入朝，经过这里时到瑶华馆来探花，他一下子就倾倒于邵三的娇艳风采之下，邵三也殷勤地为他设宴，两人对饮成趣，林景清还留下了一首赞美诗："珠翠行间碧簪技，罗裙浅淡映春衫；空传大令歌桃叶，争似花前倚邵三。"

第二天，杨玉香来看望邵三，无意中发现了桌子上的诗笺，只觉得文采洋溢，回味无穷，于是拿起笔，在背面题下了："一曲霓裳奏不成，强来别院听瑶笙；开帘顿觉春风暖，满纸淋漓白云声。""满纸淋漓"四字恰恰表达了她的仰慕之情。邵三是个明眼人，一下子就看穿了杨玉香的心思，当下表示"愿为你二人牵和"。可巧的是，林景清正在此刻造访，而杨玉香不愿匆忙尴尬地相见，匆匆奔向旁门。林景清刚进院子就看见一个人影走出旁门，红衣粉颊一闪而过，林景清只呆呆地看着空空的旁门。邵三看他出神，笑说："那是我妹妹，隔壁的杨玉香。"林景清直言说出想与那美人相识，希望邵三从中引见，邵三爽快答应。

第二天早上，邵三带着林景清来到琼华馆，杨玉香仍是红裙粉面，含笑礼让。三个人清谈阔叙，度过了一天的快乐时光。晚饭以后，酒意阑珊，而林景清更是"酒不醉人人自醉"，邵三识趣离去，成就红烛罗帐下那一对璧人。经过这一夜缠绵，林景清与杨玉香可真是恩爱不绝，形影相随，真如新婚夫妇一般。数月之后，林景清的父亲催他返家，他只好先返回家乡，禀明父母之后再来接杨玉香。临行前，杨玉香郑重地将琼华馆改为一清馆，表示此馆今后只接待林景清一人，不再有他客。林景清写下了一首《鹧鸪天》道别：

几字娇蛾恨不开，阳台今作望夫台，月方好处人相别，潮未平时仆已催！听嘱咐，莫疑猜，蓬壶有路去还来，穆穆一样垂丝柳，休傍他人门户栽！

最后一句写出了他的担心，怕杨玉香"依他人门户"，杨玉香和了一首《鹧鸪天》表明心志：

郎系闽南第一流，胸蟠星斗气横秋，新词婉转歌才毕，又遂征鸿了碧楼。拉锦缆，由兰舟，见郎欢喜别郎忧，妾心正似长江水，昼夜随郎到福州。

杨玉香在林景清走后，日日企盼，一直盼了六年，直到她从希望的起点走向绝望的终点。其实林景清的日子也不好过，他本想尽早接杨玉香回家成婚，可是还没动身，就赶上倭寇侵扰沿海，北上的路途被阻断。林景清在家待得心急难熬，好容易倭寇之祸平息，他立即上路，恨不得一步跨回金陵。行到白沙渡船之时，一夜忽见杨玉香站在河岸，林景清大声呼唤，杨玉香忽地飘过河面，林景清没来得及细想紧紧抱住她，互诉别离之苦。两人在沙滩上谈了一整夜，眼见日出拂晓，林景清突然发现心上人不见了，猛然惊醒，却是一梦。林景清立刻有了不祥的预感，更是日夜兼程赶到金陵。刚一走进一清馆，就见身着素衣的邵三在那里垂泪，而杨玉香的棺材就在里屋。林景清抚棺痛哭不止。邵三告知：杨玉香日日苦守，抑郁而终。她的死亡日期就是林景清行到白沙江边那天。第二天，邵三发现林景清躺在棺中杨玉香身边，气绝身亡。

### 十、秦淮河畔柳如是

柳如是是活动于明清易代之际的著名歌妓才女，她个性坚强，正直聪慧，魄力奇伟。柳如是名是，字如是，小字蘼芜，本名杨爱，后改名柳隐，因读辛弃疾词："我见青山多妩媚，料青山见我应如是"，故自号如是，后又称"河东君"、"蘼芜君"。她是嘉兴人，生于明万历五十年（1618年），幼即聪慧

柳如是

好学，但由于家贫，从小就被掠卖到吴江为婢，妙龄时坠入章台，易名柳隐，在乱世风尘中往来于江浙金陵之间。由于她美艳绝代，才气过人，遂成秦淮名姬。她留下了不少值得传颂的轶事佳话和颇有文采的诗稿、尺牍。

柳如是曾与南明复社领袖张缚、陈子龙友好，与陈情投意合，但陈在抗清起义中不幸战败而死。柳氏择婿要求很高，许多名士求婚她都看不中，有的只停留在友谊阶段。最后于崇祯十四年（1641年）她20余岁时，嫁给了年过半百的东林领袖、文名颇著的大官僚钱谦益。

崇祯十三年冬天，原朝廷礼部侍郎钱谦益削籍归乡已经两年，这年的冬天奇冷，他所居住的"半野堂"门前也特别冷清，已好久不曾有友人来访了。一个冬日淡淡的午后，钱谦益坐在书房中打盹，忽听得家人传报："有客人来访！"不一会儿，拜帖就送到了书桌上，钱谦益来了精神，拿过拜帖一看，上面写着："晚生柳儒士叩拜钱学士。""柳儒士？"他心里起了疑问，这名字似乎未曾听说过，是谁呢？也许是慕名前来造访的无名晚辈吧，这种人钱谦益接待得不少，如今反正闲居无事，

有个人聊聊也好，于是他让家人有请来客。

待钱谦益慢条斯理地踱进客厅，来客已站在屋里翘首欣赏墙上的字画了，听到脚步声，来客连忙转过身来，朝钱谦益深深一揖，恭恭敬敬地称礼道："晚生见过钱老先生，冒昧造访还望见谅！"钱谦益打量着来客，见他一身兰缎儒衫，青巾束发，一副典型的富家书生打扮，举止虽有板有眼，身材却异常的娇小，似乎缺少一种男子的阳刚之气。再瞧面貌，明眸生辉，

钱谦益

鼻挺嘴秀，皮肤白嫩，清秀有余而刚健不足。看着看着，钱谦益猛觉得有几分面熟，可搜索枯肠，始终想不起是在哪里见过。

来客看着钱谦益若有所思的神态，不禁露出一丝狡黠的笑意，似乎猜中了主人在想什么，她也不去打断，只是轻悠悠地吟出一首诗：

草衣家住断桥东，好句清如湖上风；

近日西泠夸柳隐，桃花得气美人中。

"真没想到啊！柳姑娘光临寒舍，有失远迎，得罪！得罪！"钱谦益热情地请所谓的"柳姑娘"落了座，又忙着命侍婢上茶奉酒，说是要为柳姑娘驱寒消疲。

其实，柳如是与钱谦益的交情，早在两年前就开始了。那是崇祯十一年（1638 年）初冬，供职京师的江左才士钱谦益，本已高居礼部侍郎之职，眼看又要提升，却因贿赂上司之事被揭露，不但受了廷杖之责，而且免去了官职，被迫返回原籍常熟。那时他已 57 岁高龄，猝遭巨变，心境黯淡悲凉，一路逶迤南归。途经杭州时，顺便前往西湖上荡舟闲游，排遣愁怀，疲倦时便落脚在杭州名妓草衣道人家中。当时恰逢柳如是也客居杭州，是草衣道人门上的常客，那天正巧将一首游湖时即兴作的小诗搁在了草衣道人的客厅里。钱谦益无意中发现了那帧诗笺，拿过来轻声诵读：

垂杨小宛绣帘东，莺花残枝蝶趁风；

最是西泠寒食路，桃花得气美人中。

好清丽别致的诗句，诗词大家钱谦益不由得击节称赞，善解人意的

草衣道人看在眼中，心领神会，凑过来道："明日何不请来柳姑娘一同游湖？"钱谦益自然求之不得。

第二天，一只画舫果然载着三个人悠悠荡荡于西子湖上。一见到柳如是，钱谦益立即生出一份怜爱之情。这姑娘长得娇小玲珑，一双黑白分明的大眼睛嵌在俊秀的脸蛋上，显得分外动人。这般小巧的可人儿，腹内竟藏着锦绣诗情，着实令人感叹。柳如是是个性格开朗的姑娘，虽是与鼎鼎有名的钱谦益初次相见，却毫无拘束之态，谈诗论景，随心所欲。那活泼可爱的神情，使钱谦益暂时忘却了心中的郁悒，感觉自己也变得年轻起来，一时兴起，竟一口气吟了16首绝句，以表示对伊人的倾慕之情。刚才柳如是吟的就是其中的一首。

西湖一别，钱谦益万万没想到这姑娘还会女扮男装跑到常熟来看他。一番寒暄问候之后，钱谦益留柳如是在"半野堂"住上一段时间，柳如是欣然应允，似乎她就是抱着这个打算来的。于是，寂静的"半野堂"中荡漾起一老一少一对忘年之交的笑声，他们一同踏雪赏梅、寒舟垂钓，相处得竟是那么和谐。为了感谢柳如是的相慰之情，钱谦益命人在附近的红豆山庄中为柳如是特筑一楼，他亲临现场督工，仅以十天时间，一座精美典雅的小楼就建成了。钱谦益根据《金刚经》中"如是我闻"之句，将小楼命名为"我闻室"，以暗合柳如是的名字。

钱谦益的一片深情，让柳如是感动不已，她是一个历尽坎坷的女子，成名后虽然也有千人万人捧着，可无非都是逢场作戏，又有几人能付出真情呢？钱谦益虽是花甲老人，可那份浓浓情意比一般的少年公子要纯真得多，也许是同样尝过生命的苦涩，才有这种深切的相知相感吧！

几场春雪过后，春风又绿江南岸。桃红柳绿中，钱谦益带着柳如是徜徉于山水间，湖上泛舟，月下赏山，诗酒做伴，日子过得像神仙一般。这其间，柳如是几次露出以身相许的心意，而钱谦益每次都在一阵激动之后，悄悄避开这个话题。钱谦益颇有他的一些顾虑：一是两人年龄悬殊太大，柳如是今年24岁，整整比自己小了36岁；二是自己身为罪臣，前途无望，岂不耽搁了人家姑娘的前程！如此想来，他迟迟不肯接纳她，心中却又一刻也舍不得她。

柳如是则有她的想法：她15岁沦落风尘，阅人可谓丰富。多才多情的公子为数不少，可有几个能情有独钟？几个能真正关心体贴女人？16 岁时她曾委身于松江举人陈子龙，陈公子也算才情横溢，热心教她诗词音律，使她获益不小，可偏偏又性情不合，终于闹得各奔东西，好让她心伤欲碎。如今遇到的钱谦益，才华自不用说，28 岁就考成了探花郎，诗词享誉一方，虽说年纪大些，可有情有趣，对她又是这般关照，与他在一起，她觉得生活是那么安稳恬静、有滋有味，年纪相悬又算得了什么呢？

面对柳如是的一片痴情，钱谦益无法再犹豫退缩，终于在这年夏天，正式将柳如是娶进了家门。他俩的婚礼办得别出心裁，租了一只宽大华丽的芙蓉舫，在舫中摆下丰盛的酒宴，请来十几个好友，一同荡舟于松江波涛之中。舫上还有乐伎班子，在热闹悠扬的箫鼓声中，高冠博带的钱谦益与凤冠霞帔的柳如是拜了天地，又在朋友们的喝彩声中，回到酒席边，喝下了交杯酒。

婚后，他们老夫少妻相携出游名山秀水，杭州、苏州、扬州、南京、黄山，处处留下他们相偎相依的身影。一番游历之后，他们都特别钟情于杭州西湖的明丽风光，于是在西湖畔修筑了一座五楹二层的"绛云楼"，雕梁画栋，极其富丽堂皇。夫妻俩安居其中，日日欣赏西湖上的朝霞夕雨。春花秋月，时光如诗一般地静静流过。

甲申之变，崇祯帝自缢于煤山，江南旧臣谋划着拥立新君。马士英推崇福王朱由崧，钱谦益则拥护潞王朱常淓，最后福王得势做了弘光皇帝。钱谦益害怕新朝廷与自己过不去，就赶忙巴结当权的马士英，竟也获了个礼部尚书之职，虽是空衔，却让他觉得安稳而风光。

可是不久清军攻破了南都，弘光朝廷为时一年的生命宣告结束，中国成了满族的天下。钱谦益作为旧朝遗臣，又是一方名士，必定会引起新政权的注意，不奉新朝便忠旧主，他面临着命运的选择。柳如是目睹了清兵破城、扫荡江南的种种惨相，内心悲愤不已，如今既然已是清朝的天下，她劝钱谦益以死全节，表示忠贞之心。钱谦益思索再三，终于点头同意了柳如是的建议，两人说好同投西湖自尽。

一个初夏的夜晚，钱谦益与柳如是两人驾了一叶小舟，飘进了西湖。朦胧的月光冷冷地照着他们，柳如是一脸悲切而圣洁的表情，而钱谦益却露出几分不安。船上摆着几样菜肴和一壶酒，柳如是斟好酒，端一杯给丈夫，自己举起一杯，缓缓说道："妾身得以与钱君相识相知，此生已足矣，今夜又得与君同死，死而无憾！"钱谦益受她的感染，也升出一股豪壮的气概，举杯道："不求同生，但求同死，柳卿真是老夫的红颜知己啊！"两人幽幽地饮完一壶酒，月儿也已偏西，柳如是率先站起身来，拉着钱谦益的手，平静地说："我们去吧！"钱谦益从酒意中猛地惊醒过来，忙伸手到船外搅了搅水，抬头对柳如是说："今夜水太凉，我们不如改日再来吧？""水冷有何妨！""老夫体弱，不堪寒凉。"柳如是知道他是难舍此生，心有悔意，此时她也满怀悲凉，无心劝他什么，只有紧紧偎在他怀中，一直坐到天亮。

钱谦益推说水凉不肯再去投湖自尽，柳如是只好退让两步，说："隐居世外，不事清廷，也算对得起故朝了。"钱谦益唯唯表示赞同。几天后，钱谦益从外面回来，柳如是发现他竟剃掉了额发，把脑后的头发梳成了辫子，这不是降清之举吗？柳如是气愤得说不出话来，钱谦益却抽着光光的脑门，解嘲道："这不也很舒服吗？"柳如是气得冲回了卧室。其实，钱谦益不但剃了发，还答应了清廷入京为官。他已经想通了，管他哪朝哪代，我目的自为官，实实在在还没有过足官瘾呢！

柳如是百般劝说无济于事，钱谦益仍然踌躇满志地收拾行装，一心入京图谋前程。临行前夕，正逢中秋佳节，柳如是与钱谦益泛舟西湖之上，一个是悲伤缠绵，一个是满怀喜悦，这一夜，两人与往常不一样，都闷闷地饮酒，很少说话。柳如是看着眼前熟悉的湖光月色，吟了一首诗给钱谦益：

> 素瑟清樽迥不愁，柂楼云雾似妆楼；
>
> 夫君本志期安桨，贱妾宁辞学归舟。
>
> 烛下乌笼看拂枕，凤前鹦鹉唤梳头；
>
> 可怜明月三五夜，度曲吹箫向碧流。

她想用柔情和宁静甜蜜的生活图景挽留住丈夫，可钱谦益已动功名之心，一下子哪里收得回来。

钱谦益到京城后混得并不理想，他一心想着宰相的高位，最终还只是得了个礼部侍郎的闲职，不免有些心灰意冷。而远在西湖畔独居的柳如是接二连三地写来书信，一面倾诉相思之苦，一面劝他急流勇退，回去与她同享纵情山水之间的隐居生活。慢慢地，钱谦益动了心，想到："功名富贵，贵在知足，年逾花甲，夫复何求！"终于下定了决心，于是向朝廷托病辞官，很快便获得了应允，脱下官袍，再度回乡。

西湖边，钱谦益与柳如是又开始了那种田园牧歌式的生活。顺治五年，柳如是生下了一个女儿，老年得千金，钱谦益喜不胜收，更加醉心于平淡而欢乐的小家庭生活。树欲静而风不止，就在这一年，一件飞来的横祸又落在了钱谦益的头上。他的门生黄毓琪因写诗讽刺清廷而受责，事情竟连蔓带枝地牵连到钱谦益身上，他被总督衙门捕入了大牢。丈夫的性命危在旦夕，产后卧病在床的柳如是挣扎着起来，冒死上书总督府，要求代夫受刑。总督府感其诚心苦意，又查证钱谦益确无乱上之举，便将他放了出来。经历了40天牢狱之苦的钱谦益有惊无险地度过了劫难，更加看破了尘世，对柳如是也更加敬重了。

宁静的生活又过了十余年，钱谦益83岁那年病殁于杭州。钱谦益去世时，柳如是还不到50岁，从此，厄运便降临到她身上。乡里族人聚众欲夺其房产，柳氏为了保护钱家产业，呕血立下遗嘱，然后解下腰间孝带悬梁自尽，情形极为悲惨。一代风流奇女，香消玉殒，而此时距钱谦益去世仅两个月。柳如是死后，不但未能与钱谦益合葬，反而被逐出钱家坟地，柳如是的墓在虞山脚下，那是一座孤坟，墓前石碑只一米多一点，上面刻有：河东君（柳如是曾自号河东君）。百步之外，钱谦益与原配夫人合葬一墓。

## 颇为有名的青楼风流客

若说起文人与青楼女子之间的纠葛，便不能不提柳永了。柳永，字耆卿，初名三变，祖籍福建崇安，大约生活于987年至1053年之间。他是北宋前期著名的词作家。妓女在阶级社会，是有权有势者剥削、玩弄、损害的对象，封建统治者根本不把她们当作人来看待。然而，柳永的词，却写出了对她们的深切同情、真挚的感情、美好的祝福。他置身于妓女、乐工中间，同她们建立了深厚的友谊。时人记载：柳永还是个年轻举人时，即常与妓女交游，为她们写歌词，"教坊乐工每得新腔，必求为词，始行于世，于是声传一时"。他甚至为此作出了牺牲。在进士应试之前，他曾写过一首《鹤冲天》：

柳永画像

黄金榜上，偶失龙头望。明代暂遗贤，如何向？未遂风云便，争不恣狂荡？何须论得丧，才子词人，自是白衣卿相。

烟花巷陌，依约丹青屏障。幸有意中人，堪寻访。且恁偎红倚翠，风流事，平生畅。青春都一饷，忍把浮名，换了浅斟低唱。

这首词不胫而走，传到了宋仁宗的耳朵里，以致在柳永考进士临发榜时，特地把他的名字勾掉，说："且去浅斟低唱，何要浮名？"后又有人向仁宗推荐柳永，希望朝廷任用他，仁宗说："得非填词柳三变乎？……且去填词！"柳永由是不得志，日与儇子纵游娼馆酒楼间，无复俭约。自称云：奉圣旨填词柳三变。虽然仕途断送，他与妓女、乐工间的友谊却更深厚了。他写妓女的离愁别绪，留下了堪称千古绝唱的《雨霖铃》：

寒蝉凄切，对长亭晚，骤雨初歇。都门帐饮无绪，留恋处舟催发。执手相看泪眼，竟无语凝噎。念去去千里烟波，暮霭沉沉楚天阔。

多情自古伤离别，更那堪冷落清秋节！今宵酒醒何处？杨柳岸晓风残月。此去经年，应是良辰好景虚设。便纵有千种风情，更与何人说！

而在《蝶恋花》（即《凤栖梧》）中，更写出了他对妓女的一往情深，无怨无悔："似把疏狂图一醉，对酒当歌，强乐还无味。衣带渐宽终不悔，为伊消得人憔悴。"正因为柳永把妓女视为知己，倾心相交，因而赢得了妓女的尊敬、爱戴。相传柳永"死之日，家无余财，群妓合金葬之"；"每寿日上冢，谓之吊柳七"。甚至每遇清明节，妓女、词

第三编 叹一声情为何物

人携带酒食，饮于柳永墓旁，称为"吊柳会"。后来的话本还据此传有名篇《众名妓春风吊柳七》，影响深远。柳永把自己大半生的真情实感献给了妓女，妓女们把他当作亲人对待、怀念，他们的友谊是永恒的。歌舞场上的辛酸和旅途的风雨成就了柳永的不朽和宋词的辉煌，也奠定了他独树一帜的悲壮人生。从某种程度上来说，这是柳永的大幸，更是中国文学的大幸。

说罢柳永，便要提一提宋朝另一位大词人苏轼与歌女琴操的故事了。琴操是苏轼做杭州知府时所认识的妓女中的才女。她的轶事甚多，包括与苏轼交往的种种趣闻。

苏轼的好友秦少游（1049—1100年）有首著名的词《满庭芳》：

山抹微云，天粘衰草，画角声断谯门。暂停征棹，聊共引离尊。多少蓬莱旧事，空回首，烟霭纷纷。斜阳外，寒鸦万点，流水绕孤村。销魂，当此际，香囊暗解，罗带轻分，谩赢得青楼，薄幸名存。此去何时见也？襟袖上，空惹啼痕。伤情处，高城望断，灯火已黄昏。

这首词用的是门字韵，是写给他所眷恋的某歌妓的，情意悱恻而寄托深远，是宋词中的杰作。有一天，西湖边上有人闲唱这首《满庭芳》，偶然唱错了一个韵，把"画角声断谯门"误唱成"画角声断斜阳"。刚好琴操听到了，说：你唱错了，是"谯门"，不是"斜阳"。此人戏曰："你能改韵吗？"琴操当即将这首词改成阳字韵，成了面貌一新的词：

山抹微云，天连衰草，画角声断斜阳。暂停征辔，聊共饮离觞。多少蓬莱旧侣，频回首烟霭茫茫。孤村里，寒烟万点，流水绕红墙。魂伤当此际，轻分罗带，暗解香囊，谩赢得青楼，薄幸名狂。此去何时见也？襟袖上空有余香。伤心处，长城望断，灯火已昏黄。

经琴操这一改，换了不少文字，但仍能保持原词的意境、风格，丝毫无损原词的艺术成就，若非大手笔，岂能为也！苏轼读了琴操的改词后，非常欣赏。后来，苏轼在湖畔与琴操开玩笑说："我做长老，尔试来问。"琴操说："何谓湖中景？"苏轼答道："秋水共长天一色，落霞与孤鹜齐飞。"琴操又问："何谓景中人？"苏轼道："裙拖六幅潇湘水，鬓挽巫山一段云。"再问："何谓人中意？"答曰："惜他杨学士，憨杀鲍参军。"琴操又说："如此究竟如何？"苏轼答道："门前冷落车马稀，老大嫁作商人妇。"琴操"大悟，即削发为尼"。这也许是苏轼惜琴操之才，指给她一条早脱苦海、能得善终的路。

　　而另一位词人唐仲友与歌姬严蕊之间虽不如苏轼这样洒脱和智慧，亦在历史上留下了另一重风格的故事。严蕊（1163年前后在世），字幼芳，南宋时天台（今属浙江，当时为台州属县）军营里的一名妓女。宋人周密的《癸辛杂识》称她"善琴弈、歌舞、丝竹、书画，色艺冠一时。间作诗词，有新语，颇通古今"，可见是一位沦落风尘的才女。由于她的才名远播，又善于交际，四面八方的士人，有不远千里而登门求见的。台州（今浙江临海县）的地方长官唐与正，字仲友，以字行，很欣赏她的才华，有一次饮酒时，要严蕊赋红白桃花，严蕊很快就吟成《如梦令》一首：

　　道是梨花不是，道是杏花不是。白白与红红，别是东风情味。曾记，曾记，人在武陵微醉。

　　唐仲友赞扬此词写得好，赏给她两匹细绢。七月七日是乞巧节，民间相传，这天晚上牛郎织女将在天河渡鹊桥相会。唐仲友在府中设宴应景。来宾中有位谢元卿，为人豪放，久闻严蕊的大名，请她即席赋词，以自己的姓为韵。正在饮酒间，严蕊已填成《鹊桥仙》一首：

　　碧梧初出，桂花才吐，池上水花微谢。穿针人在合欢楼，正月露，玉盘高泻。蛛忙鹊懒，耕慵织倦，空做古今佳话！人间刚道隔年期，指天上，方才隔夜！

　　谢元卿对此词赞不绝口，留严蕊同居了半年，倾囊相赠。道学家朱熹和唐仲友本来有私仇，恰好巡察到台州，想打击唐仲友，便罗织罪名，诬蔑严蕊和唐仲友有不正当关系，把严蕊投进监牢一个多月，严刑逼供。严蕊虽然一再被拷打，但没说一句不利于唐仲友的话。后又将她移籍绍兴，继续关在狱中审讯，严蕊始终未改口。狱吏花言巧语地诱导她说："你何苦不早点认罪，也不过是杖罪，何况已经断罪，不会再加刑，何必受这样大的苦？"严蕊答道："我被人看成是下贱的妓女，即使是与唐太守有不干不净的关系，按刑律也不至于判死罪。但是非真伪，岂可妄言，我就是死也决不诬告！"她的话说得这样坚决，于是再一次被毒打。两个月内，一再被杖打，人已经奄奄一息。但她的坚贞不屈的精神，

第三编　叹一声情为何物

感动了很多人，名声更大了。不久，朱熹调离，岳霖继任。岳霖很同情她，叫她写词申诉，严蕊不假思索地口占《卜算子》一首，要求脱离妓女的苦海，自由地生活。词意虽委婉，但意志坚定。全词是：

> 不是爱风尘，似被前缘误。
>
> 花落花开自有时，总赖东君主。
>
> 去也终须去，住也如何住！
>
> 若得山花插满头，莫问奴归处。

岳霖看后，当即下令释放从良，后来严蕊嫁人，得其善终。明末凌濛初编的《二刻拍案惊奇》卷12《硬勘案大儒争闲气，甘守刑侠女著芳名》，写的就是严蕊的故事，称颂她是"真正讲得道学的"，是一位铁骨铮铮的侠女。

而明朝时候，北京妓女高三的侠义精神，比起严蕊有过之而无不及。高三自幼美姿容，昌平侯杨俊一见倾心，遂成相好。后来杨俊捍卫北部边疆数年，远离高三，高三闭门谢客，等待杨俊归来。天顺元年（1457年），英宗复辟，杨俊为奸臣石亨（？—1460年）所忌，上疏诬称英宗被瓦剌围困陷土木堡时，杨俊坐视不救，朝廷命斩杨俊于市。临刑之日，杨俊的众多亲朋故旧没有一个人到场，只有高三穿着素服，哀痛欲绝，并大呼"天乎，奸臣不死而忠臣死乎！"候刑毕，高三亲自用舌将杨俊的血污舔干净，用丝线将他的头与颈缝好，买棺葬之，自己随后上吊而死。她以悲壮的行动，表明了青楼女子也有知情义者，为了不忘与杨俊的恩爱，她甘愿献出一切。

明末清初，亦有如此故事在历史舞台上慷慨上演。冒襄（字辟疆）与陈圆圆都是明清易代之际带有传奇色彩的人物。冒襄与董小宛的生死恋情、陈圆圆与吴三桂的悲欢离合，三百多年来常常被人们提起。其实，冒襄在与董小宛结缡之前，也曾与陈圆圆一见钟情，并私订终身。

崇祯十四年（1641年）的初春时节，冒襄由家乡如皋动身，去湖南拜见在宝庆府做官的父亲冒起宗，与他同船的有到广东惠来赴知县任的如皋籍进士许直。途经苏州，停船暂歇。有一天，许直赴宴归来，眉飞色舞地对冒襄说："这里有位陈圆圆，很会演戏，不可不见。"冒襄便请他带路，坐小舟前往拜访，经过几次折腾，才好不容易见到时龄

17岁的陈圆圆。后来，冒襄描述这次初见面的情景说：

> 其人淡而韵，盈盈冉冉，衣椒茧时背，顾湘裙，真如孤莺之在烟雾。是日演弋腔《红梅》，以燕俗之剧，咿呀啁啾之调，乃出之陈姬身口，如云出岫，如珠在盘，令人欲仙欲死。

冒襄和陈圆圆彼此都一见钟情，言谈之间，不觉已是四更时分。无奈风雨骤至，陈圆圆急着要回家，冒襄拉着她的衣角，相约金秋时节再会。

转眼间已是桂子飘香万里时，冒襄奉母从湖南回来，舟抵苏州，他急切地打听陈圆圆近况。想不到有消息说，她已被虐焰熏天的大恶棍绑架走了！冒襄非常失望。所幸没过几天，有位好友告诉他，被绑架的是假陈圆圆，真的已经躲入深巷，并由他带路，前往会面。陈圆圆看到冒襄，不啻喜从天降，感慨万千地告诉他，她每天躲在房里不敢露面，寂寞凄凉，非常想和冒襄做彻夜长谈，向他倾吐自己的满腹心事。但冒襄却惦念老母在舟，运河很不太平，宦官争夺河道，飞扬跋扈，他很不放心地连夜返回舟中。

第二天，陈圆圆便赶到船上，拜见冒襄的老母亲，并坚邀冒襄再去她家。冒襄踏月往见，陈圆圆深情地表示，决心嫁给冒襄为妾，终身与他为伴。开始，冒襄还顾虑重重，以老父正陷于农民起义军包围、处境险恶为辞，但两人毕竟情投意合，终于订下婚约，冒襄当场写了一首八绝句赠给陈圆圆。但迎娶之日则需在父亲冒起宗能由襄阳兵备道调职至安全地区之后。因襄阳是农民军经常活动的地方，守土大吏随时都可能因失守封疆而被治重罪，冒家此时正千方百计打点活动为冒起宗调差，在没办成此大事前，冒襄没有心思，也不敢纳陈圆圆为妾。

斗转星移，到了次年二月，终于传来消息，冒起宗已有希望调离襄阳了。冒襄这时正在常州，得信后便立即赶往苏州，想尽快告诉陈圆圆这一喜讯。但遗憾的是，十天前，陈圆圆已被崇祯皇帝宠妃的父亲田弘遇抢走了。后来，她又被送给吴三桂，开始了渺渺茫茫，却牵动着整个国家政局的动荡一生。对此，冒襄只有跌足长叹。直到他的晚年，他也没有忘记与陈圆圆短促并以悲剧告终的恋情。他在回忆录《影梅庵忆语》中，写了与陈圆圆相恋的前前后后，只是慑于吴三桂的权势和其他一些政治因素的考虑，他没有写出陈圆圆的名字，而以陈姬代之，真可谓"伤心人别有怀抱"了。

到了清朝，连皇帝也置身于风流客的队伍当中了。同治帝的级别在风流客中算是最高的了，但他却是最倒霉的风流客。这位年轻皇帝在迎娶后妃的问题上和皇太后慈禧产生了严重分歧，两人展开了针锋相对的斗争。斗争的结果是他得到了自己喜欢的女人，但同时必须得搭配一个他不喜欢的女人。于是这位小皇帝开始了苦难的夫妻生活：和喜欢的女人同床，慈禧不同意；和自己不喜欢的女人同床，自己又不愿意。帝后之间的政治斗争被引入到了床上。最后，这位守着五个后妃的皇帝陷入了极度的性苦闷中，他只好微服私访，出宫召妓嫖娼。但他养尊处优惯了，没有召妓嫖娼的经验，一进八大胡同就染上了梅毒，结果不治身亡，死时才 19 岁。同治帝死后，关于他的死因成为人们津津乐道的话题。这位倒霉的风流客因为召妓嫖娼，使自己成为史学界长期争论的人物。

这样的故事一直持续到民国初年，那时有个人名叫蔡锷，这位好男儿原本没有这个爱好，召妓嫖娼纯属被逼出来的。因袁世凯背叛共和阴谋称帝，却很不放心蔡锷这位具有革命思想的滇军将领，于是把他招到北京的将军府，加以监视。蔡锷急于重返云南招集部属讨伐袁世凯，却苦于袁世凯派人盯得太紧，只好设下瞒天过海之计。于是，一位叫小凤仙的风尘妓女就成了他的掩体。他每天带着小凤仙游山玩水，一副安于享乐不问政治的样子，使得袁世凯放松了对他的警惕。在小凤仙的配合下，蔡锷利用一次在妓院饮酒的机会，悄悄地溜走。从此龙归大海，虎归深山。蔡锷回到云南后立即重举反袁的义旗，在他的带领下，各地义军蜂起，齐声讨袁，袁世凯只做了 83 天的皇帝，就一命呜呼了。

# 第十一章　情欲涡里的化外之人

从本质上看，宗教是禁欲主义的，那么一般说来，僧（和尚）、尼（尼姑）、冠（道士）等人一般都要舍弃情欲，否则就是玷污佛门，有辱教规。可是，性是每一个正常人的自然需要，是很难彻底消除的，这些人常常处于性压抑的矛盾与痛苦之中。过去有僧人咏猫叫春的诗："春叫猫儿猫叫春，听它越叫越精神；老僧亦有猫儿意，不敢人前叫一声"，可谓十分典型地反映出其性压抑的心理。

在古今中外的一些文艺作品中，常常涉及到描绘和尚、尼姑、教徒、神父这方面矛盾的内容，例如至今还保存在嘉峪关城楼内戏台上的明代壁画《老僧窥女》，就反映出这种情况。一个老和尚经常从徒弟手持的铜镜中偷看对楼的少妇，有个小和尚也要偷看，却被老和尚按着头制止了。而对楼的那个少妇由于长期被老和尚窥视，竟生了一个怪胎。生怪胎固然是神话，而和尚动春心却不是个别的。

这方面的记述与描绘在明朝以前已有很多。再以壁画而言，在敦煌莫高窟第 257 窟南后部中层，有一幅名为《小沙弥守戒自杀因缘》的北魏壁画，内容是：有一长者，笃信佛教，送其子到一高僧门下为沙弥。有一居士，每日供养寺庙高僧。有一天，居士外出赴宴，留其女在家看守门户，忘了给寺庙僧人送食物。高僧派小沙弥到居士家取食，少女一见沙弥，心生爱慕之情，求与沙弥婚配。可是沙弥守戒志坚，不舍佛法，当即反锁门户，自杀殉戒。少女破门而入，见沙弥身亡，悲呼哀泣。居士回家后问明原因，呈报国王，依法缴纳罚金赎过。国王为了表彰沙弥守戒的高行，以香木火化其尸，起塔供养。

这个小沙弥似乎是坚守佛戒的典型，但是，如果他不为少女所动，坚决拒绝、掉头离去就可以了，何必自杀呢？自杀，正是难熬的欲火和难违的佛规在内心剧烈斗争而又无法解脱所产生的后果。同时，国王对这个自杀的沙弥如此大肆表彰，正说明了僧徒守戒之不易，如果普遍不为女色所动，那么突出地表彰也无必要了。如此，便知自古以来，即便是在佛门清净之地，恐怕也常有"乐"事横生。

## 免得僧推月下门

大凡上过学的人都知道"推敲"一词，语文老师在作文课上总会唠叨——写文章要反复推敲。其来源于唐朝诗人贾岛在创作《题李凝幽居》一诗过程中的故事：

闲居少邻并，草径入荒园。

鸟宿池边树，僧推月下门。

过桥分野色，移石动云根。

暂去还来此，幽期不负言。

据《苕溪渔隐丛话》，贾岛写好此诗后，对其中"僧推月下门"一句感到不满意，欲将"推"易为"敲"——"僧敲月下门"。贾岛骑驴行路时仍在想着，一边念叨，一边比划，到底是"僧推月下门"形象，还是"僧敲月下门"有感觉？不知不觉间，驴子闯进了时任京城行政长官的韩愈的出行队伍中间。扰乱京官出行，这可是一起不大不小的事件。韩愈在了解情况后，不仅未责怪贾岛，还帮贾岛一块思考分析。韩愈认为"僧敲月下门"更好，敲门声在月光下响起别有韵味。两人还由此结下了很深的"布衣之交"——"推敲"一词也诞生了。

或许有人会惊讶于贾岛的才情，"月下僧人敲门"，一般人怎么也不会想起意境如此幽深的佳句啊。这固然因为贾岛本身非常有才，但与贾岛的出身和生活环境更有关系。据《唐诗纪事》，贾岛早年曾出家当和尚，法号"无本"。如果贾岛没有当过和尚，他能联想起僧人的夜生活情景吗？至于贾岛为什么后来又还俗了，也与韩愈有关。元和六年（811年）春，贾岛从长安到洛阳拜见韩愈，韩对贾的诗文十分赏识，便劝他还俗，参加科举，考试入仕。但贾岛屡考不中，举进士不第，仅做了参军一类的低层小官，这是后话。

贾岛

　　"僧人月下敲门"，其实是一件很风流的事情，本是和尚出轨的隐语，诗外反映的是过去一些不守戒规的和尚与尼姑之间私会的"潜规则"，或许这就是贾和尚的"经验之谈"也未可知。

　　男人出家为"僧"，俗名"和尚"；女人出家为"尼"，俗称"尼姑"。但一个人只要出家，不论是和尚，还是尼姑，都是要断红尘，绝六欲。特别是男女间性事，必须杜绝，做到性冷淡。为此，过去寺庙里的山门在太阳一落下后，便要关闭，谢绝香客，与世隔绝。但是，"食色，性也"，一个人出家，红尘可断，性欲难灭。若是年老者还好办，有正常性欲的壮男寡女则难了。于是，总不免有尼姑"思凡"，和尚偷食禁果。难忍寂寞之下，暗度陈仓，弄出《西厢记》中张生、崔莺莺月下私会那类故事来。

　　而在贾岛生活的唐代，社会上对性的要求十分宽松，可谓比今天还要"性开放"些。和尚与香客、尼姑与施主、和尚与尼姑之间的风流韵事不断，不论是"僧推月下门"，还是"僧敲月下门"，在当时都不算是新闻。唐高宗李治与皇后武则天的关系，便是在武则天出家后建立的。据《唐会要》，"太宗（李世民）崩，武则天随嫔御之例出家，为尼感业寺"。身为已故皇帝的妃子，当了尼姑后是不可能再还俗的，武则天为什么可能？因为她与李治结合，从此事中可知那时寺庵内的"乱象"。

但是出家人不得有性需求是硬性规定。那么如果有，怎么办？比较安全的办法是尼姑找和尚，和尚约尼姑，一般不会与俗人往来，以维护宗教自身形象和内部秩序。和尚庙附近必有尼姑庵的说法，可能就是这么来的。南宋周密著《癸辛杂识》中记录了这样一件事：当年杭州附近有一座名叫"明因寺"的尼姑庵，这庵里便发生了和尚与尼姑通奸的事情。如果有大和尚来庵里了，晚上必会叫出年轻的尼姑陪睡。为了应付越来越多的和尚，越来越频繁的"来访"，庵里想出了一个法子，专门弄了一间"贵宾房"，名曰"尼站"。尼站内安排不少尼姑进去，接待这些有地位、有需要的和尚。

因而在过去，有的尼姑庵实际就是一处打着"佛门净地"旗号的妓院，庵内的尼姑就是削去青丝的暗娼。在这种情况下，和尚于月色之夜推开或敲开尼姑的房门，更是件自然的事情。为何会有这种"尼姑庵"出现？一是庵主为了"创收"，保持"香火"；二是有的嫖客有特殊的性心理，在腻烦了青楼女子后，对尼姑别有情思，尼姑经不住这种男人三番五次的勾引，而失身为妓。

自从贾岛将和尚风流现象入诗后，"僧敲月下门"这句过去出家人出轨隐语，便为更多的"俗人"知晓，不少文人出身的主政官员，甚至将之写进僧尼因性还俗的判词中。在清代，画家郑板桥在山东潍县做县令期间，曾发生了一件僧尼私通案件：当地崇仁寺和大悲庵门对门，崇仁寺内的一名和尚与大悲庵内的一名尼姑对门相望，日久生情，导致私下通奸。僧尼的保密工作可能没有做好，这事让附近邻居发现了，邻居知道僧尼心虚，便欲敲诈他们。但僧尼不买账，于是邻居将此风流事告了官。僧尼被传唤到了县衙，郑板桥见他们年龄差不多大小，是天生的一对，不忍心"煮鹤焚琴"，拆散他们，于是责令他们还俗，结为夫妻，还提笔写下了这样的另类判词：

　　一半葫芦一半瓢，合来一处好成桃。

　　从今入定风规寂，此后敲门月影遥。

鸟性悦时空即色，莲花落处静偏娇。

是谁勾却风流案？记取当堂郑板桥。

在历史上，确实有不少僧、尼、冠在不同程度地享受性的欢乐，甚至纵欲，毕竟人的情欲是很难被清规戒律所压抑以至于消灭的。因为人的素质不同，其后续的反应也自然不一样了。既然对皈依佛门、道门的目的和动机不同，那么对情欲的态度也自然会有所不同。有些人为僧或为尼、为冠是为了诚挚的信仰，他们遵守教规一般就比较自觉。但多数人是为各种境遇所迫或饱经世态炎凉而进入寺观寻求归宿的，例如有人是寄身寺观寻口饭吃；有些妓女年老色衰以后出家；宫人、宫妓入道也占了不小的比例，她们年老出宫后无依无靠，大多以寺观为最后安身之地，如唐代长安政平坊安国观中的女道士大多是上阳宫人。诗人曾有"萧萧白发出宫门，羽服星冠道意存"，"君看白首诵经者，半是宫中歌舞人"之叹。敦煌莫高窟唐 445 窟壁画《弥勒经变》中所描绘的王室伎妃剃度图，就反映了早期妓女出家为尼的历史真实。画上有一大群伎妃被圈在帐中等待剃度，有二伎正在剃发，另有二伎已经剃完正跪在地上向佛礼拜。

至于是否有人怀着特殊目的而入教门的就很难说了，有些贵族妇女正是为了寻求一块自由、开放的土地而入道的。唐玄宗的胞妹玉真公主和同时出家的金仙公主就是这样，她们当了女道士后不失公主的一切荣华富贵，朝廷照例供给她们资财，然而生活却比做公主更自由，更不受约束。也正因为女道士生活更自由一些，所以公主们多半不入佛寺而入道观。

在相当长的一个历史时期内，不少女道士似乎是风流人物的代名词。那位入道的玉真公主在唐玄宗时代是有名的"交际花"，她常常出入宫廷，和哥哥唐玄宗以及达官贵族们一起游玩，唐诗中有当时近臣们专写与玉真公主同游的唱和之作。当时的女冠、女尼们常四处游历名山大川，李白曾送他的朋友女道士褚三清出游南岳，赋诗赠别说："吴江女道士，头戴莲花巾……足下远游履，凌波生素尘。"看来这些女道士是很自由浪漫的。女道士有时在道观中公开讲经，惹得一些纨绔子弟前来争相观看："华山女儿家奉道……洗妆试面著冠帔，白咽红颊长眉青，遂来升座讲真经……观中人满坐观外，后至无地无由听。豪家少年岂知道，来绕百迎脚不停……仙梯难攀俗缘垂，浪凭青鸟通丁宁。"韩愈的这首诗把女道士的容貌风姿以及招蜂引蝶的情况描述得非常生动。

这些女道士的交游很广，行迹放诞风流，她们广交达官名士，与他们诗词酬酢，吟风弄月，弹琴对弈，同席共饮，联袂出游，谈笑戏谑，可谓无所不至。当时有名的才女道士鱼玄机、李季兰等都可谓是"社交明星"。"风流之士，争修饰以求狎，或载酒诣之者，必鸣琴赋诗，间以谑浪"，李季兰在开元寺与诸文士聚会，席上她巧妙地借"山气日夕佳"的诗句来讥诮刘长卿的疝气病，惹得举座大笑。女道士竟和男子开这种玩笑，其自由、开放可见一斑。在这些男女交往活动中，她们当然不会那么清心寡欲，而是无拘无束地追求着爱情。鱼玄机和温庭筠、李郢等名士都有爱情关系；李季兰与文士阎伯均、朱放等相恋至深；女道士宋华阳三姐妹与李商隐也有缠绵之情。这样的风流韵事在历史上、尤其是在唐代为数不少。

以上这些情况，从今日的宗教观点来看，实在是玷污教门，违反教规。但是从性学的观点来看，以上某些情况是人性自然地流露，是作为对性压抑的反动而出现的性放纵。而且，这和当时的社会风气是分不开的，当时社会上普遍流行耽溺于美和感官的享受，一般人的宗教信仰丝毫没有顾虑死后世界的不安，而只有追求现世的物欲。他们把追求物欲、情欲的满足和炽热的宗教热忱结合在一起，这往往是后人很难理解的。

和尚与尼姑之间的风流事在俗世中未免显得过于荒唐，除去风雅之客参与其中，民间俗人也时常打趣这两家佛门子弟的孽缘。时人曾编过这样一个故事：一日天降暴雨，一和尚与一尼姑同在山中的土地庙中躲雨，两人生了火后便各自安歇。睡到一半时尼姑突然醒来，发现和尚正拉着她的手，一脸红光，嘴角含笑。顿时大怒，想将手抽回，无奈力气太小，欲叫醒他，又怕他狗急跳墙，只能任其牵着，谁知这一牵便是一夜。次日雨停，尼姑羞愤之余捡起地上的木炭在墙上写道：

> 和尚装睡想瞒天，竟把贫尼手来牵。
>
> 路遇僧人需躲避，秃驴不是好东西。
>
> 混球一个！

写完拂袖而去。和尚见尼姑离开，便走到墙边，一看傻了，这还了得，若被路人看去岂不坏了名声？于是写诗辩白：

> 老衲昨日累久，梦遇故人挽留。
>
> 误牵道姑之手，调戏之意没有。
>
> 阿弥陀佛。

此种荒诞趣闻，野史中不知有多少记载。就这样直到民国初年，僧尼之间亦藕断丝连不曾断过。安徽寿县县城的箭道巷内有座尼姑庵，庵里有一个小尼姑，法号"觉云"。觉云年方二十，人长得漂亮。正值妙龄的觉云，难忍青灯之苦，于是不顾清规戒律，向县衙递交了还俗申请。当时的县长也是文人出身，讲究民主，反对封建，对觉云的行为深表同情，于是在还俗申请作了这样的答复：

> 小尼姑，名觉云，
>
> 喜红尘，厌佛门。
>
> 脱袈裟，着锣裙，
>
> 准、准、准！
>
> 准尼姑，寻夫君，
>
> 免得僧敲月下门。

# 文雅诗客亦风流

大唐盛世本来就诗才辈出，因而不仅须眉称雄，也有不少女诗人脱颖而出，前面提到的鱼玄机就是其中留传佳作甚多的一位。这位美丽多情的才女，也曾得到多情公子的爱怜，谁料世事沧桑，命运又把她塑造成一个放荡纵情的女道士，最终为争风吃醋杀死了自己的侍婢，自己也走向了刑场，空留下无限的叹息。

鱼玄机，原名幼薇，字慧兰，唐武宗会昌二年生于长安城郊一位落拓士人之家。鱼父饱读诗书，却一生功名未成，只好把满腔心血都倾注到独生女儿鱼幼薇身上，对她刻意调教。小幼薇在父亲的栽培下，5岁便能背诵数百首著名诗章，7岁开始学习作诗，十一二岁时，她的习作就已在长安文人中传诵开来，成为人人称道的诗童。

鱼幼薇的才华引起了当时名满京华的大诗人温庭筠的关注，于是在暮春的一个午后，专程慕名寻访鱼幼薇。温庭筠在平康里附近的一所破旧的小院中找到了鱼家。平康里位于长安的东南角，是当时娼妓云集之地，因这时鱼父已经谢世，鱼家母女只能住在这里，靠着给附近青楼娼家做些针线和浆洗的活儿来勉强维持生活。就在低矮阴暗的鱼家院落中，温庭筠见到了这位女诗童，鱼幼薇虽然还不满 13 岁，但生得活泼灵秀，纤眉大眼，肌肤白嫩，俨然

鱼玄机

一派小美人风韵。温庭筠深感这小姑娘生活的环境与她的天资是多么不相称，不由得油然而生怜爱之情。

温庭筠委婉地说明了自己的来意，并请小幼薇即兴赋诗一首，想试探一下她的才情，看是否名过其实。小幼薇显得十分落落大方，毫无拘促为难的模样，她请客人入座后，站在一旁，扑闪着大眼睛静待这位久闻大名的大诗人出题。温庭筠想起来时路上柳絮飞舞，拂人面颊之景，于是写下了"江边柳"三字为题。鱼幼薇以手托腮，略作沉思，一会儿，便在一张花笺上飞快地写下一首诗，双手捧给温庭筠评阅，诗是这样写的：

翠色连荒岸，烟姿入远楼。影铺秋水面，花落钓人头。

根老藏鱼窟，枝低系客舟。萧萧风雨夜，惊梦复添愁。

温庭筠反复吟读着诗句，觉得不论是遣词用语，平仄音韵，还是意境诗情，都属难得一见的上乘之作。这样的诗瞬间出自一个小姑娘之手，不能不让这位才华卓绝的大诗人叹服。从此，温庭筠经常出入鱼家，为小幼薇指点诗作，似乎成为了她的老师，不仅不收学费，反而不时地帮衬着鱼家，他与幼薇的关系，既像师生，又似父女、朋友。不久之后，温庭筠离开长安，远去襄阳任刺史徐简的幕僚。秋凉叶落时节，鱼幼薇

思念远方的故人，写下一首五言律诗《遥寄飞卿》：

　　　　阶砌乱蛩鸣，庭柯烟雾清。月中邻乐响，楼上远山明。

　　　　珍簟凉风著，瑶琴寄恨生。嵇君懒书礼，底物慰秋情。

　　飞卿是温庭筠的字，他才情非凡，面貌却奇丑，时人因此称之"温钟馗"。也许是年龄相差悬殊，也许是自惭形秽，温庭筠虽然对鱼幼薇十分怜爱，但一直把感情控制在师生或朋友的界限内，不敢再向前跨越一步。而情窦初开的鱼幼薇，早已把一颗春心暗系在老师身上，温庭筠离开后，她第一次借诗句遮遮掩掩吐露了她寂寞相思的心声。不见雁传回音，转眼秋去冬来，梧桐叶落，冬夜萧索，鱼幼薇又写出《冬夜寄温飞卿》：

　　　　苦思搜诗灯下吟，不眠长夜怕寒衾。满庭木叶愁风起，透幌纱窗惜月沈。

　　　　疏散未闲终遂愿，盛衰空见本来心。幽栖莫定梧桐处，暮雀啾啾空绕林。

　　少女的幽怨如泣如诉，心明如镜的温庭筠哪能不解她的心思？倘若他报以柔情万种的诗句，鱼幼薇也许就成了温夫人；但他思前想后，仍抱定以前的原则，不敢跨出那神圣的一步。

　　唐懿宗咸通元年，温庭筠回到了长安，想趁新皇初立之际在仕途上找到新的发展。两年多不见，鱼幼薇已是亭亭玉立、明艳照人的及笄少女了，他们依旧以师生关系来往。一日无事，师生两人相偕到城南风光秀丽的崇贞观中游览，正碰到一群新科进士争相在观壁上题诗留名，他们春风满面，意气风发，令一旁的鱼幼薇羡慕不已。待他们题完后，鱼幼薇也满怀感慨地悄悄题下一首七绝：

　　　　云峰满月放春晴，历历银钩指下生。自恨罗衣掩诗句，举头空羡榜中名。

　　这首诗前两句气势雄浑，势吞山河，抒发了她满怀的雄才大志；后两句笔锋一转，却恨自己生为女儿身，空有满腹才情，却无法与须眉男子一争长短，只有无奈空羡！几天之后，初到长安的贵公子李亿游览崇贞观时，无意中读到了鱼幼薇留下的诗，心中大为仰慕，只想一睹这位题诗奇女子的风采。可惜李亿这次来京是为了出任因祖荫而荣获的左补阙官职，忙于官场应酬，一时无暇去打听鱼幼薇的情况，只是在心中记住了这个名字。

就任后，李亿这位来自江陵的名门之后，开始拜访京城的亲朋故旧，温庭筠在襄阳刺史幕中，曾与李亿有一段文字交往，因而李亿也来到了温庭筠家中。在温家的书桌上，一幅字迹娟秀的诗笺令李亿眼睛一亮，这是一首抒情六言诗：

红桃处处春色，碧柳家家明月。邻楼新妆待夜，闺中独坐含情。

芙蓉花下鱼戏，蟋蝀天边雀声。人世悲欢一梦，如何得作双成。

诗句清丽明快，诗中人儿幽情缠绵，使得李亿为之怦然心动。待他问明诗作者，原来就是那个题诗崇贞观的奇女子鱼幼薇，李亿心中更加激动。

温庭筠把李亿微妙的神态看在眼里，暗中已猜中他的心思。他想：李亿年方二十二，已官至左补阙，可谓前途无量；而他人又生得端正健壮，性情温和，与鱼幼薇还真是天设地造的一对。于是，好心的温庭筠出于对鱼幼薇前途的考虑，为他们从中撮合。李亿与鱼幼薇当然是一见钟情，在长安繁花似锦的阳春三月，一乘花轿把盛妆艳饰的鱼幼薇迎进了李亿为她在林亭置下的一栋精细别墅中。林亭位于长安城西十余里，依山傍水，这里林木茂密，鸟语花香，是长安富家人喜爱的一个别墅区。在这里，李亿与鱼幼薇度过了一段令人心醉的美好时光。

不过，在江陵，李亿还有一个原配夫人裴氏，见丈夫去京多时仍不来接自己，于是三天两头地来信催促。无可奈何的情况下，李亿只好亲自东下接眷。李亿有妻，鱼幼薇早已知道，接她来京也是情理中事，鱼幼薇通情达理地送别了李郎，并牵肠挂肚地写了一首《江陵愁望寄子安》，诗云：

枫叶千枝复万枝，江桥掩映暮帆迟。忆君心似西江水，日夜东流无歇时。

子安是李亿的字，那时从长安至江陵，往返一趟大约需两个月时间，而李亿此次又是出仕后首次回家，必然有一番会亲宴客、上坟祭祖的活动，又耽搁了几个月。鱼幼薇独守空房，从红枫秋月，一直等到春花渐落，才见良人携妻来到长安。尽管一路上李亿赔尽了小心，劝导妻子裴氏接受他的偏房鱼幼薇，可这位出身名门、心高气傲的裴氏始终不肯点头。

一进林亭别墅的大门，裴氏就怒不可遏地喝令随身侍女，把出来迎接的鱼幼薇按在地上，用藤条毒打了一顿。鱼幼薇不敢反抗、也不敢怨怒，她只希望在夫人出了一口气之后，便能接受她成为一家人，为了和心上人在一起，受点皮肉之苦又算得了什么呢？然而裴氏的怒气并不是一发就消，第二天、第三天仍是闹得鸡飞狗跳，硬逼着李亿把鱼幼薇赶出家门不可。李亿实在拗不过裴氏，只好写下一纸休书，将鱼幼薇扫地出门。两人的婚姻仅仅维持了三个月。

其实，深爱着鱼幼薇的李亿又怎忍心弃她不管呢，他表面上与她一刀两断，暗地里却派人在曲江一带找到一处僻静的道观——咸宜观，出资予以修葺，又捐出了一笔数目可观的香油钱，然后把鱼幼薇悄悄送进观中，并对鱼幼薇发誓道："暂时隐忍一下，必有重逢之日！"咸宜观观主一清是个年迈的道姑，她为鱼幼薇取了"玄机"的道号，从此鱼幼薇成了鱼玄机。一个风华绝代、才情似锦的姑娘岂甘孤伴青灯做一世道姑，长夜无眠，鱼玄机在云房中思念着昔日的丈夫李亿，泪水和墨写下了一首《寄子安》：

醉别千卮不浣愁，离肠百结解无由。蕙兰销歇归春圃，杨柳东西伴客舟。

聚散已悲云不定，思情须学水长流。有花时节知难遇，未肯厌厌醉玉楼。

自入道观后，鱼幼薇把满腔愁情寄托在诗文上，寄托在夫君的到来上。而李亿把鱼幼薇寄养在咸宜观，本意也是要寻机前来幽会的，却无奈妻子裴氏管束极严，裴家的势力又遍布京华，李亿不敢轻举妄动，所以从不曾到咸宜观看望过鱼玄机。鱼玄机朝思暮想，了无李郎音讯，只有把痴情寄付诗中，又写了一首《寄李子安》：

饮冰食蘖志无功，晋水壶关在梦中。秦镜欲分愁堕鹊，舜琴将弄怨飞鸿。

井边桐叶鸣秋雨，窗下银灯暗晓风。书信茫茫何处问，持竿尽日碧江空。

诗每写成，都无法捎给李郎，鱼玄机只有把诗笺抛入曲江中，任凭幽情随水空流。唐朝道教盛行，著名的道观多成了游览胜地和交际场所，许多才色稍佳的女道士便成了交际花。然而，咸宜观因一清道姑品性严谨，恪守规矩，所以一直保持着一分清净的局面。观中客人寥寥，鱼玄机只能在此守着寂静，与道友为伴。

三年时光默默流走了，一清道姑年老力绝，溘然长逝；另一位与鱼玄机年龄相仿、朝夕为伴的彩羽道姑，竟跟着一位来观修补壁画的画师私奔了。咸宜观中，就剩下鱼玄机孤零零的一人。就在这时，她又听长安来客说起，她日夜盼望的李郎，早已携带娇妻出京，远赴扬州任官去了。这一消息对鱼玄机无疑是一个沉重的打击，她觉得自己被人抛弃，空将一腔情意付之东流。这一连串的打击，使鱼玄机痛不欲生，一改过去洁身自爱的态度，索性放纵起来，让自己亮丽的才情和美貌，不至随青烟而消散。于是，在冷冷清清的咸宜观中，她深夜秉烛，写下了一首后来传诵千古的《赠邻女》诗：

羞日遮罗袖，愁春懒起妆。易求无价宝，难得有心郎。

枕上潜垂泪，花间暗断肠。自能窥宋玉，何必恨王昌。

这首诗不啻是她人生的分水岭，在此之前，她是一个秀外慧中，痴情万缕的贤淑才女；从此之后，她看破了人间真情，只为享乐纵情泄欲，变成了一个放荡冶艳的女人。鱼玄机在咸宜观中陆续收养了几个贫家幼女，作为她的弟子和侍女，她开始过一种悠游闲荡的生活，在观外贴出了一个"鱼玄机诗文候教"的红纸告示，这无疑是一面艳帜，不到几天工夫，消息就传遍了长安。自认有几分才情的文人雅士、风流公子，纷纷前往咸宜观拜访鱼玄机，谈诗论文，聊天调笑，以至昏天黑地，鱼玄机的艳名也就越传越广。

咸宜观中，鱼玄机陪客人品茶论道，煮酒谈心；兴致所至，游山玩水，好不开心；遇有英俊可意者，就留宿观中，男女偷欢。她用一首《道怀诗》表现了她当时的生活景况：

闲散身无事，风光独自游。断云江上月，解缆海中舟。琴弄萧梁寺，诗吟庾亮楼。丛篁堪作伴，片石好为俦。燕雀徒为贵，金银志不求。满怀春酒绿，对月夜窗幽。绕砌澄清沼，抽簪映细流。卧床书册遍，半醉起梳头。

鱼玄机当时十分青睐一个叫左名扬的落第书生，她之所以钟情于左名扬，只因为他那一派贵公子风范和堂堂的容貌仪表，都酷似昔日的丈夫李亿。虽然她曾经愤恨过李郎的薄幸，但是内心中却始终忘不了他，在左名扬踏进咸宜观的那一瞬间，她不由一怔。迷离中仿佛以为是李郎回到了她的身边。于是，她对左名扬倾注了满腔的柔情，完全以一种小妻子的神态对待左名扬，时常留宿左名扬在她的云房中，共享云雨之情。

　　除左名扬外，与鱼玄机来往密切的还有一位经营丝绸生意的富商李近仁。起初鱼玄机根本不把这个脑满肠肥的商人放在眼里，但李近仁却别有心计，不但常常在鱼玄机面前竭力展示自己温文儒雅，还向咸宜观捐送了大量的钱帛，却又不表现出对鱼玄机有所希求的模样。鱼玄机慢慢地被他的大度恢宏打动，觉得他完全不是那种满身铜臭味的商人，于是也就心甘情愿地以身相报了。

　　李近仁时常远赴苏杭采办货物，经久不见人影，但他一返京就必定到观中探望鱼玄机，给她带来许多绸缎织绣之类的礼物。而且，咸宜观中的开销用度基本上都包在李近仁身上，但他又丝毫不限制鱼玄机的交游。因而鱼玄机在委身李近仁的同时，又可自由地与各种人物交往，这中间也包括她的老师温庭筠，但温庭筠与她一直保持着一种纯粹的友情。当时有一位叫裴澄的官人对鱼玄机十分爱慕，一心想成为她的座上娇客，可鱼玄机见他与李亿的裴氏夫人同姓同族，心存顾虑，对他敬而远之。

　　有一天，咸宜观中来了三位锦衣华冠的贵胄公子，同时还携有歌姬和乐师。贵胄公子在鱼玄机眼里已司空见惯，倒是那位身材魁梧，相貌清秀，举止谦逊，神情略带几分腼腆的乐师深深地吸引了她的目光。在有意无意中，鱼玄机对乐师略施情韵，使这位叫陈韪的乐师受宠若惊，虽然碍着主人家的面不敢多言，但已抛过无数感激与仰慕的眼风。陈韪含情脉脉的眼神，更加撩动了鱼玄机的情火，只感觉自己整个人都似燃烧起来。当那群人离去后，夜里鱼玄机仍无法平静下来，在床上辗转一夜未合眼。第二天茶饭无心，好不容易熬到上灯时分，终于在情思迷离中，摊开彩笺，写下一首露骨的情诗：

　　恨寄朱弦上，含情意不任。早知云雨会，未起蕙兰心。灼灼桃兼李，无妨国士寻。苍苍松与桂，仍羡世人钦。月色庭阶净，歌声竹院深。门前红叶地，不扫待知音。

写完后，鱼玄机正在思量如何让陈韪看见情诗，陈韪却在第三天清晨又来到了咸宜观。原来他回去后也对美艳含情的鱼玄机念念不忘，找准了闲暇时间，又急急地来会佳人了。鱼玄机一见自然喜出望外，把他引进云房，故意让他看见桌上的情诗。陈韪见诗，洞察了伊人的心思，自己更加心神荡漾。于是关门掩帘，只听得云房内传出阵阵亲昵的笑语。从此陈韪便成了咸宜观中最受欢迎的客人，只要有时间，就来幽会鱼玄机。

艳丽的日子不觉又是两三年，鱼玄机的贴身侍婢绿翘已经18岁了，竟也出落得肌肤细腻，身姿丰腴。受鱼玄机的影响，绿翘也颇为善弄风情，双眼含媚。这年春天的一日，鱼玄机受邻院所邀去参加一个春游聚会，临出门前嘱咐绿翘说："不要出去，如有客人来，可告诉我的去向。"酒宴诗唱，一直乐到暮色四合时，鱼玄机才回到咸宜观。绿翘迎出来禀报道："陈乐师午后来访，我告诉他你去的地方，他'嗯'了一声，就走了。"鱼玄机心想：自己经常外出，陈韪总是耐心地等她归来，今天怎么会急急地走了呢？再看绿翘，只见她双鬟微偏，面带潮红，双眸流露着春意，举止似乎也有些不自然，于是明白了一切。

入夜，点灯闭院，鱼玄机把绿翘唤到房中，强令她脱光衣服，跪在地上，厉声问道："今日做了何等不轨之事，从实招来！"绿翘吓得缩在地上，颤抖着回答："自从跟随师父，随时检点行迹，不曾有违命之事。"鱼玄机逼近绿翘，仔细检视全身，发现她胸前乳上有指甲划痕，于是拿起藤条没命地向她拍打。绿翘矢口否认自己有解佩荐枕之欢，被逼至极，她对鱼玄机反唇相讥，历数她的风流韵事。鱼玄机暴跳如雷，见一个一贯驯服自己的婢女竟敢说自己的不是，跳起来，一把抓住绿翘的脖子，把她的头朝地上猛撞。等她力疲松手时，才发觉绿翘已经断气身亡。

鱼玄机一看出了人命，顿时慌了手脚。然而她毕竟是见过大风大浪的人，当即定下神来，趁着夜深人静，在房后院中的紫藤花下挖了坑，把绿翘的尸体埋了进去。过了几天，陈韪来访，问起："为何不见了绿翘？"鱼玄机回答说："弄春潮逃走了。"陈韪不敢多问，也就不了了之。

转眼到了夏天，有两位新客来访。酒酣耳热之际，一客人下腹胀极，忙到紫藤花下小便，见有一大群苍蝇聚集在花下浮土上；驱赶开后又复聚过来。土上无一脏物，为何引来蝇聚，客人心中生疑，回家后告诉了当衙役的哥哥，于是官衙中派了人来咸宜观勘查，挖开紫藤花下的浮土，见到了一具女尸，竟然肌肤未腐，宛如生时，寺中其他小道认出女尸是绿翘。

鱼玄机被带到公堂，抬头看座上，审问她的竟是旧日追求她而遭拒绝的裴澄。为免皮肉之苦，她主动一五一十地交代了杀人经过，因罪行恶劣，被处以斩刑。这年她才 26 岁，历尽波折变幻的一生就这样匆匆结束了。

除了鱼玄机，唐代颇负盛名的女诗人还有两位，可称为唐代女诗人中的"三朵金花"。她们是薛涛和李季兰，这三人都被收入到专门收录唐五代诗人事迹的《唐才子传》一书中。而这李季兰与鱼玄机一样，也同样是位风流女道士。

李季兰（713-784 年），原名李冶，浙江吴兴人。吴兴自古就是个人杰地灵的地方，曾诞生过大名鼎鼎的"吴中四士"（贺知章、张旭、张若虚和包融）。这四位名士当中，除了包融的名气稍逊色点之外，其他三位可都是中国文化史上响当当的大腕人物，其中张旭的草书更是唐代一绝。但吴兴不仅出才子，也出才女。李季兰便是吴兴所出的才女。

李季兰作诗与成名的年龄很早——年仅 6 岁。那是唐玄宗开元初年，有一天，父亲抱着五六岁大的李冶在庭院中休憩，看到女儿可爱的模样，父亲忽然来了兴致，想考一考女儿的天赋，便随手指着一株蔷薇，逗弄道："能用这株蔷薇作首诗吗？"

李冶看到满园的蔷薇花开得纵横交错，一阵风吹过，花香袭人。

李季兰

225

自己也沉醉在蔷薇花浓郁的花香中，想象自己就是其中的某朵蔷薇花。略过片刻，只见李冶粉嫩的脸上一片童趣，脆生生地答道："经时未架却，心绪乱纵横。"李冶的意思是说，这蔷薇花，架子虽没有搭好，但是已经开得到处都是了。李父一听大惊失色，这"惊"有两层意思：一惊的是女儿小小年纪竟有如此文采。这两句咏蔷薇的诗确实是眼前景致，生动形象；二惊的是，一句"架却"，谐音"嫁却"，这话明里是咏蔷薇花，暗地里说的则是待嫁女子心头乱。

李父既惊叹女儿的诗才，又为女儿提前萌发的春情暗自担心。惊叹之余，他不由一声长叹："罢了，此女聪慧异常，长大后只怕是个不检点的妇人。"

李父思前想后，在经过数个不眠之夜后，终于想出一个自认为高明的主意，就是将小女儿送到道观出家，希望借助青灯黄卷收收女儿的性子，并且让她对男欢女爱之事断了念想。

就这样，小李冶被送入玉真观出家，改名为李季兰。道观草木深，一岁一枯荣，当了女道士的李季兰最初不过是每日做诗弹琴，倒也清静自在。转眼间，李秀兰已经 16 岁了，已到了情窦初开的年龄。唐代的道观多是风月的舞台，观里的青灯古卷并没有寂灭李秀兰的情念；相反，清冷的修行生活让她少女的心更加炽热。

据《唐才子传》描绘，李季兰的形象是："美姿容，神情萧散。专心翰墨，善弹琴，尤工格律。"可以想象：一个身着清雅道袍、发束黄缎道冠的妙龄少女，容颜美丽，举止飘逸萧散。面对这样的图景，世间可有男子能掩抑心中情丝？再说这玉真观虽地处偏远，但景色优美，因而也不时有一些文人雅士前来观光游览。文人中不免有些风流多情之辈，见到观中风姿绰约又眉目含情的李季兰，偶尔会暗中挑逗。对此，李季兰并不嗔怒，反而流露出"回眸虽欲语，阿母在旁边"的神情。

16 岁的李季兰渐渐春心萌动了，一首七律泄露了她的诗意情怀：

朝云暮雨两相随，去雁来人有返期；

玉枕只知常下泪，银灯空照不眠时。

仰看明月翻含意，俯盼流波欲寄词；

却忆初闻凤楼曲，教人寂寞复相思。

俗话说，"三岁看小，七岁看老"，李父的担心还真变成了现实。后世一些人因此对李季兰多有贬斥，视其为"半娼"。

其实在社会开明的盛唐，李氏皇朝多有胡人血统，公主改嫁之事屡见不鲜，唐玄宗纳儿妇为己妇都被时人所宽容，所以，李季兰的所作所为，充其量在当时也就是"前卫"罢了。李季兰从6岁起就"恨嫁"了，而到了16岁才正式开始与人相恋。在古代，这个年龄根本不算早恋。在她这一生中，与之感情生活密切相关的男子有三个，当然，这并不是说，她一生之中遇到的让她动心的男子仅仅是这三个，只是真正能够走进她的心灵并留下记忆的只有这三个。他们分别是高僧皎然、官员阎士和与名士朱放。

初遇情爱的时候，女道士李季兰约20岁，男僧人皎然则为35岁左右。皎然，俗姓谢，字清昼，出身于历史上著名"王谢家族"中的谢家，是个门第相当高的贵族子弟，为东晋名将谢玄的后人。唐代大诗人刘禹锡有诗说"旧时王谢堂前燕，飞入寻常百姓家"。但到了谢清昼这一代，往日的富贵鼎盛，已成为家族遥远的追忆了。

皎然早年也曾有强烈的功名意识，他也曾几次到首都长安参加科举考试，然而屡试不第，几次都名落孙山。此后皎然对科举之事心灰意冷，索性一咬牙出家当了和尚。这皎然虽是个和尚，却不是个一般的和尚，他不光写得一手好诗，理论研究也很在行。他的论诗专著《诗式》就是讨论怎样写好诗的一本书，是唐代诗歌理论的重要著作，在当时的文艺沙龙里相当抢手。皎然本人也常被邀请参加各种文学活动，受欢迎的程度很高。唐代是诗歌的国度，诗人不少，但诗歌理论家不多，所以这更突出了皎然的不寻常。

诗人兼学者的皎然和尚有不少文人朋友，他常常参加这些朋友举办的各类文学沙龙，皎然和尚就在这时候与李季兰道士相识。李季兰是个多情的人，与皎然相识未久，即生了一片相思痴情，并且还不像一般的小姑娘，扭扭捏捏的，爱上又不好意思说出来，而是该出手时就出手——主动写情书表白心迹。这封情书就是一首诗，名为《结素鱼贻友人》：

尺素如残雪，结为双鲤鱼。

欲知心里事，看取腹中书。

在这首诗中，大胆而又痴情的李季兰，将"心中事"假"腹中书"向皎然和盘托出，并以鲤鱼之"双"暗示皎然，希望自己能与皎然像鲤鱼一样成双成对。它热切又不失温婉，足见李季兰的才情与深情。然而，即便李季兰如此用心，皎然或许是不喜欢她的这种大胆出格的示爱方式，不为所动。但他毕竟是贵族子弟，回绝李季兰的方式也十分绅士，既不伤对方的自尊，又表明了自己的态度。他很快写了一首叫《答李季兰》的答诗，全诗如下：

天女来相试，将花欲染衣。

禅心竟不起，还捧旧花归。

针对李季兰的这种痴情，皎然在这首诗的后两句中作了明确回答："禅心竟不起，还捧旧花归。"意思是说：女施主无需在我身上花费这些心思，我乃出家之人，跳出三界外，不在五行中，并不贪恋世间女色。皎然的态度甚为干净利落，毫无拖泥带水之痕，亦无暧昧之意。李季兰的初恋以失败而告终，她亦因此消沉过一段时日。然而不久之后，她就投入到另一场双方都倾情投入的恋爱当中。

这一次的男主角是皎然的好朋友阎士和。阎士和，字伯均，是诗人李嘉佑的内弟，在家族排行二十六，人称"阎二十六"，是个典型的公子哥儿。

李季兰天生便是情种，当爱情来临的时候，方寸大乱，魂不守舍。而阎士和呢，名士风流！二人一拍即合，如胶似漆，整日耳鬓厮磨你侬我侬。不久，二人就到了谈婚论嫁的地步。但到此时，李季兰的身份却成了两人之间几乎不可逾越的鸿沟。阎士和毕竟是官宦子弟，虽说不是什么名门贵胄，但成天和一女道士混在一起已经影响了他与家族的声誉，如果再肆意妄为，将李季兰娶回家，就更加说不过去了。而此时的皎然亦出面相劝，他言辞恳切，陈述利害，劝阎士和放弃李季兰，阎士和很快便开始动摇。虽然当时的阎士和并没有与李季兰陈说心中所想与最终的抉择，但冰雪聪明的李季兰岂能感觉不到爱人的心意。在那首《送阎二十六赴剡县》中，李季兰就已经表露出对两人关系的担心：

流水阊门外，孤舟日复西。

离情遍芳草，无处不萋萋。

妾梦经吴苑，君行到剡溪。

归来重相访，莫学阮郎迷！

青青河畔草，绵绵思远道，诗中以绿遍天涯、无处不生的芳草喻离情，写得情意缠绵，凄惶动人。值得琢磨的是，诗的最后两句，大意是劝诫阎郎，你莫学东汉的阮肇，到天台山采药时遇到仙女结为夫妇，便不思归家了。李季兰担心情郎移情别恋是完全有理由的。毕竟此时的她完全没有婚姻的保障，甚至连爱的权利也被女道士的身份剥夺了，要留住情郎的心，谈何容易。

阎士和此去是否移情别恋，日后有没有"归来重相访"，现已无考，但李季兰有很长一段时间处于痛苦的相思之中，却是有诗为证的："情来对镜懒梳头，暮雨萧萧庭树秋。莫怪阑干垂玉箸，只缘惆怅对银钩。"（《得阎伯均书》）至于阎士和来书的内容，李季兰虽然诗中只字未提，但从诗人捧书垂泪、满怀惆怅的情态推测，绝不会是告知归期，也不见得有多少知心话语，倒是言不由衷、敷衍搪塞的可能性极大。

这段情事众说纷纭。有人说阎士和是个有抱负的青年，因不愿沉溺于情色而及时抽身；也有人指责说，这个阎公子是花花公子，只是骗财骗色而已。不管怎么说，阎士和的离去，对李季兰是个不小的打击，一段恋情就这么不明不白地夭折了。期间，李季兰写下一首缠绵悱恻的失恋诗作，名叫《相思怨》：

人道海水深，不抵相思半。

海水尚有涯，相思渺无畔。

携琴上高楼，楼虚月华满。

弹着相思曲，弦肠一时断。

在历经两次情伤之后，李秀兰又遇上了生命中最后一个打开了自己心扉的男人。这个人叫朱放，是位名士兼隐士。只是二人尚未体味什么相爱的甜美与温馨，朱放便接上谕去江西为官，二人挥泪而别，李季兰写下了缠绵悱恻的《寄朱放》一诗：

望水试登山，山高湖又阔。

相思无晓夕，相望经年月。

郁郁山木荣，绵绵野花发。

别后无限情，相逢一时说。

随着朱放的远离，李季兰这一段感情也渐行渐远了，这从朱放的《别李季兰》一诗可看出些苗头："古岸新花开一枝，岸傍花下有分离。莫将罗袖拂花落，便是行人肠断时。"细加玩味开头的两句，似乎朱放已将两人不可能结为伉俪的结果暗寓其中。或许，不论是阎士和还是朱放，这些男人们都有一个共同的想法：与李季兰这样的"文学女道士"谈一下文学，交流一下感情还可以，要想娶回家当老婆，那是万万不能的！一次次的希望，换来一次次的失望。李季兰心如止水，不再贪恋什么，终于悟出了男女之情的实质：

至近至远东西，至深至浅清溪。

至高至明日月，至亲至疏夫妻。

这四句诗平白如话，但意味深长，把男女关系一语道破，成为脍炙人口的传世名篇。这不仅需有曾经沧海的人生体验，更需要有勇气和洞见，同时还带着把一切都看淡的宁和。清朝时，有一个叫黄周星的遗老文人曾在这首诗的末句下批注："六字出自男子之口，则为薄幸无情；出自妇人之口，则为防微虑患。大抵从老成历练中来，可为惕然戒惧。"黄老先生是说，这"至亲至疏夫妻"一句如果是男人说出来的，肯定是个无情无义的陈世美；而出自女人之口，则肯定是经过多次生活体验，并且有过秦香莲式的遭遇。这是切中之语，区别只是李季兰虽然没有秦香莲明媒正娶的身份，而被抛弃的命运则是相同的。

从此，李季兰热衷于只恋爱不结婚。她没有像其他才女一样热衷于找个如意郎君，她只是把有限的生命投入到无限的爱情事业中去。就在李季兰接二连三遭受失恋打击的时候，又有一个才华横溢的男子拜访了她，这人就是著名的"茶圣"陆羽。陆羽的到来恰好弥补了李季兰的失落情绪，二人经常煮雪烹茶，对坐清谈。陆羽是个细心热情的人，在李季兰重病之时，一直在她身边照料，令李季兰感动不已。李季兰与陆羽的感情保持了数十年，未曾间断，但二人碍于身份，不能婚嫁，只能互为知己。若说李季兰一生都为感情所欺，也不尽然。至少，她还有陆羽这样一个情深义重的蓝颜知己。她曾对陆羽的前来问病喜极而泣，有诗如下：

昔去繁霜月，今来苦雾时。

相逢仍卧病，欲语泪先垂。

强劝陶家酒，还吟谢客诗。

偶然成一醉，此外更何之。

泪水里浸着浅浅的笑意，饱含着一个女诗人的感动。人在病中最脆弱最无助，陆羽的这次到来，无疑让李季兰感到非常的温暖。

李季兰性情开朗豪放，反应敏捷，喜欢与人戏谑谈笑，言辞谈吐颇有名士风，唐代著名诗人刘长卿称她为"女中诗豪"。李季兰的有些诗写得清气满怀，萧然有林下之风，带有浓郁的名士气息，如下面这首《寄校书七兄》：

无事乌程县，蹉跎岁月余。

不知芸阁吏，寂寞竟何如？

远水浮仙棹，寒星伴使车。

因过大雷岸，莫忘八行书。

"七兄"为何许人不详，从李季兰诗中可知此人当时正在自乌程赴任所的途中，因此叮嘱他在行旅之时不要忘记给她来一封信，告知途中情况，免得她挂念。李季兰的这首五律，写得很幽清淡宁，有人评论有盛唐大诗人孟浩然的风格。尤其是最后两句"因过大雷岸，莫忘八行书"，曾被赞为"五言之佳境"。确实，不知道这个典故的读者，可以望文生义，知道典故的读者，对这一联之所以为好，体会就更深一层了。南北朝时刘宋王朝的著名诗人鲍照，旅行经过大雷岸（在今安徽省望江县），把沿途所见山水风景写了一封信给他的妹妹鲍令晖。这是一篇著名的散文，收在《文选》中，题作"登大雷岸与妹书"。李季兰这里以鲍令晖自况，借大雷岸作书一事，寄兄妹相思之情，用典既精切又自然。

李季兰情场失意，文场得意，她的诗名越传越广。由她引发的诗友集会活动的规模也是越来越大，人员越来越多。最后，李季兰的文名居然传到朝廷里了，连当时的玄宗皇帝都起了好奇心，下诏传李季兰入宫。这是天大的荣誉，此时的李季兰已经四十多岁了。古时人的保养之术与今人不可同日而语，而人的平均寿命又短，四十几岁时已然身心俱衰。当这样的李季兰听到这么一道口谕的时候，确实是五味俱陈。她对着镜子仔细端详自己：额头上已经刻上了几条横竖分明的抬头纹，满头青丝中不时渗出醒目的白头发，她早已不是从前那个恨嫁的女童，也不再是那个情感充沛的少女，如今老妪似的身躯，怕也盛不下多少诗意了吧。

其实，唐玄宗要召见她，并非是要看她的容貌如何，而是欣赏她的诗才。毕竟皇帝"后宫佳丽三千人"，各种类型的美女应有尽有，自然不会去打一个半大老太太的主意，但这口谕已足以勾起李季兰对已失去的青春、随流年而飘逝的容颜的怀念。怀有"美人迟暮"之感的李季兰又悲又喜，在这种心态之下，她写下了《恩命追入，留别广陵故人》一诗：

> 无才多病分龙钟，不料虚名达九重。
>
> 仰愧弹冠上华发，多惭拂镜理衰容。
>
> 驰心北阙随芳草，极目南山望归峰。
>
> 桂树不能留野客，沙鸥出浦漫相逢。

李秀兰进京后，玄宗一看，掩饰不住失望，但还是抚慰了一句："原来是个俊老太太（俊妪）呵。"李季兰被留在皇宫中住了一个多月。此段经历，史书只一笔带过，具体都做了些什么，也不得而知。最后，玄宗赏赐了一笔优厚的路费，准备让她回乡养老。史书称"优赐甚厚，遣归故山"。唐代的诗人，受到皇帝"优赐"待遇的只有两个人，一个是诗仙李白，另一个就是李季兰了。这男女"二李"，可说是站在唐代风流浪尖上的人物。

这时候李季兰的名声已响彻长安，经常被长安城里城外的道观寺庙邀请去参加一些文人墨客的集会，非常受欢迎。于是李季兰也便干脆乐不思蜀，不再回江南了，在长安城中长住了下来。谁知，这一住却给她带来一个凄凉的人生结局。

李季兰的晚年正处于在唐德宗时代，那时已是接近晚唐了。晚唐时代的社会政治有两大特征：一是宦官专权，二是藩镇割据。尤其后者在唐代后期呈尾大不掉之势。所谓"藩镇"，就是拥有兵权的地方将领，他们拥兵自重，在军事、财政、人事方面不受中央控制。藩镇产生的原因是唐朝在安史之乱后添了许多节度使，而节度使管辖的地区就被称为"藩镇"。唐政府本以为可以通过藩镇来平定一些叛乱，不料藩镇后来成了导致唐朝混乱乃至灭亡的根源。

建中四年十月，德宗因为长期拖欠泾原将士的军饷，引起兵变，被迫仓皇逃往奉天（今陕西乾县）。这时曾任泾原节度使的朱泚正闲居长安，被部下拥立为皇帝，改国号秦，这就是历史上著名的"泾师之乱"。德宗逃跑后，朱泚占领宫廷，胁迫重臣，自称大秦皇帝。朱泚是有名的沽名钓誉之徒，他上台后做的第一件事就是找"枪手"写文章歌颂自己的功德。就这样，滞留在长安的李季兰成为他的首选对象。

此时的李季兰已是迟暮之年，和众多文人一样，身无长物，又无力逃亡，只好留在长安。悲哀的是，她的盛名，竟让她无法在乱世中隐居自保。也许，是出于叛将的逼迫；也许，是出于对朝廷的极度失望。总之，李季兰写了歌颂朱泚功德的诗，并且与朱泚来往得还相当密切。在乱世之中如此轻率是极不明智的行为，李季兰的名声再大，也不过是一个普通的道姑。她只能随着时代的洪流起伏漂泊，却丝毫没有力气去改变它的流向。与任何一个政治人物的纠缠都是陷入一个旋涡，一旦风雨骤起，她便只能跟随先前的涡流，再无离开的自由。

在费尽气力之后，德宗皇帝终于解放了长安。他大肆诛杀叛将余党，而李季兰的行为，无疑等同于叛国。盛怒之下的德宗，将李季兰召入宫中，大声斥责道："你既然是个诗人，怎就不知道严巨川的诗？'手持礼器空垂泪，心忆明君不敢言'啊！你就做不到吗？"严巨川其人的资料没有留传下来，但可以肯定的是，他也是一位诗人；朱泚乱起时，也陷身贼中。唐代人赵元一著有《奉天录》一书，这是本专门记载德宗避难奉天时期的第一手资料。体例是按日叙事，多记功臣勋业及逆臣言行，以示惩劝。这本书的卷二收录了严巨川这首诗的全文：

> 烟尘忽起犯中原，自古临危道贵存。
>
> 手持礼器空垂泪，心忆明君不敢言。
>
> 落日胡笳吟上苑，通宵虏将醉西园。
>
> 传烽万里无师至，累代何人受汉恩。

李季兰无言以对。德宗掉过头去，命令："扑杀。"就是乱棍打死。英武的德宗，当初叛军来时，是一位优秀的长跑将军；现在竟然对一个年老体弱的女子施以如此酷刑，实在有失君道。算来李季兰当时已是个七十多岁的老太太了，行刑的人可能根本不知道，这个枯瘦的小老太太当年在江南是那样的光彩照人，倾倒众生。李季兰一缕香魂就此消散，只有保存在全唐诗中的 16 首诗篇，依稀可见女诗人昔日的才情风流。

## 帝王家中风韵事

说罢了民间的女道士，便不得不提一提那些风流的僧侣了。既然做了和尚，理论上就必须与女色绝缘。然而，据不少史料记载，古代女子，尤其美貌少妇却偏偏喜欢与佛门弟子幽会偷情，以满足自己难耐的情欲。目前，史料上记载着的有关佛家风韵事的便是历史上家喻户晓、无人不知的风韵犹存的半老徐娘徐昭佩和她的情人智远道人的故事。据《南史·后妃列传下》记载，南朝梁元帝萧绎娶徐昭佩为妃，但二人关系不大融洽。这主要是因为元帝只有一只眼睛，相貌不雅。每次元帝临幸徐妃，徐妃"必为半面妆以俟"，意即妆容只化半面，仍留一半作素颜，她的理由是梁元帝一只眼睛只能看一半。于是元帝总是被激得"大怒而出"。从此成年累月不入徐妃寝宫。徐昭佩深感宫闱寂寞，芳华虚度。

然而徐昭佩毕竟是个活生生的女人，也有七情六欲，她耐不得深宫的寂寞凄凉，便与荆州瑶光寺中的智远僧人暗度陈仓，时常偷情私通。不久徐妃又看上了朝中大臣暨季江。这暨季江风姿超然、玉树临风，徐妃便派心腹侍婢，悄悄引他溜入后宫，密与交欢。暨季江不无感叹地说："柏直狗虽老犹能猎，萧溧阳马虽老犹骏，徐娘虽老犹尚多情。"于是"徐娘半老"便成为了历史上最为经典的成语之一。堂堂一国之君，难道真得连个和尚都不如。梁元帝终于忍无可忍，逼徐妃投井自杀，然后把尸体交还给徐家，"谓之出妻"。事后，梁元帝还杀尽包括智远和尚在内的所有与徐妃私通的人，并且亲自写了一篇《荡妇秋思赋》述其淫行，以泄其愤。

当然，喜欢与和尚偷情的远不止梁元帝的徐妃，古代皇后、公主喜欢与和尚私通的更是不乏其例。据《北齐书·后宫》记载：北齐武成帝高湛继承帝位后，逼奸嫂嫂李祖娥，皇后胡氏不耐宫闱寂寞，同高湛的亲信随从和士开勾搭成奸。和士开被杀后，成为太后的胡氏寂寞难耐，以拜佛为名，经常出入寺院，终于又勾搭上了一个名叫昙献的和尚。昙献年轻貌美，精力充沛，深受胡氏喜爱，两人经常在禅房私会。而后，胡太后把国库里的金银珠宝多搬入寺院，又将高湛的龙床也搬入禅房。宫中上下人人皆知，只有皇帝高湛蒙在鼓里。一次，太子高纬入宫向母后请安，发现母后身边站着两名新来的女尼，生得眉清目秀。当夜，命人悄悄宣召这两名女尼，逼其侍寝，可是两名女尼抵死不从。高纬大怒，命宫人强行脱下两人的衣服，才发现两名女尼原来是男扮女装的少年和尚！这两人都是昙献手下的小和尚，生得十分漂亮，被胡太后看中，将他们乔妆打扮成女尼带回宫中。高纬又惊又怒，第二天就下令将昙献和两名小和尚斩首示众。

既然是细数皇室与佛门中人的风流韵事，就不能不说一代女皇武则天。前文说过，和尚薛怀义是她的第一个男宠。薛怀义，原名冯小宝，本是同官县街头卖膏药的小贩，后来因为在街头帮人打架误伤人命，为躲避官府的缉拿，潜逃到洛阳，在白马寺出家当了和尚。唐太宗驾崩后，武则天作为太宗的遗妃，被送到感业寺出家为尼。白马寺和感业寺只有一墙之隔，一来二去两人就认识了，冯小宝怜香惜玉，时常帮武则天打水，或者常打些山鸡野味送给武则天。由于两人都是半路出家，抵挡不了世俗的诱惑。武则天便经常借打水之名，与冯小宝私下见面，幽会也成了常有之事。直到高宗去世后，武则天在后宫广纳男宠，而她那位落难时的知己冯小宝则成为了她的第一个男宠。武则天赐他薛姓，还让他与太平公主的丈夫、驸马薛绍联宗，让薛绍称他为叔父，大大抬高了薛怀义的地位。唐高宗死后，武则天就让薛怀义自由出入后宫，以便随时召幸寻欢作乐。而武则天在登帝位之后，立刻让薛怀义当上了洛阳名刹白马寺的主持。

正所谓伴君如伴虎，薛怀义的悲剧恰恰是从他的巅峰时刻开始的。侍寝日久，薛怀义希望能给武后的治政添砖加瓦。武后知其心意，便于688年命他督建明堂。薛怀义果真不负武后所望，把督工之事干得有板有眼，因功被擢为正三品左武卫大将军，封梁国公。随后又担任大总管，统率军队，远征突厥，多少显示出了一些才智。人的忘乎所以恰恰出现在有了些微功劳的时候。薛怀义很快变得不知天高地厚，有些骄横跋扈，甚至对御史、宰相都有些不敬。久而久之，他的这种行为也引起了武后的不满。武则天开始慢慢疏远他。也正是在这时候，御医沈南璆走进了武则天的私生活，成为武则天的新男宠。

当薛怀义知道武则天和御医沈南璆的事情之后，尝试着挽回武则天对自己的情意。695年的正月十五（上元佳节），薛怀义精心设计了一出上元晚会，可武则天根本不领情。气急败坏之下，正月十六日，薛怀义一把火烧毁了明堂。对于武则天而言，明堂是她得天命的标志，是她号令天下的场所，是大周王朝的象征。明堂顶上一凤压九龙的造型，更是她自身的写照。相对于这些而言，和薛怀义之间微不足道的私情算得了什么呢！但是，薛怀义天真地把这两者混为一谈了，为了引起皇帝的注意，他不惜烧掉她心中最神圣的东西。薛怀义最终的下场很惨，被乱棍打死后，尸体送到白马寺，烧成灰烬，和在泥里建造佛塔。薛怀义的被杀，一说是被武攸宁率人暗杀，一说是被太平公主暗杀，但无论是谁干的，都可能是秉承了武则天的旨意。

大唐王朝的女皇喜欢和尚，大唐的公主也十分喜欢与和尚偷情，这样的公主最著名的有两位：一位是高阳公主，一位是太平公主。

高阳公主是唐太宗李世民的第十七女。还在她15岁的时候，李世民就精心挑选了宰相房玄龄的次子、高大雄壮的房遗爱做她的驸马，可是房遗爱却一点也不合高阳公主的胃口。公主喜欢的是温文儒雅的书生，洞房花烛夜之后，房遗爱就再也没有上过公主的风床了。高阳公主喜欢打猎，在一次出猎的途中，遇见了文雅俊秀的会昌寺和尚辩机。这辩机自小就好学发奋，才华横溢，15岁出家为僧，师从道岳法师。贞观十九年正月，玄奘大师求经归来，奉旨在弘福寺主持翻译取来的经文，辩机以渊博的佛学、飞扬的文采、出众的仪容，被玄奘法师选中，参与撰写青史巨著《大唐西域记》。高阳公主与辩机私通的这年，辩机只有26岁。为了安慰房遗爱，高阳公主特别送给他两名年轻漂亮的侍女。房遗爱得此两名侍女，竟然在高阳公主与辩机上床时，为他们把门望风。

金枝玉叶竟如此风流，也不是没有原因的。高阳出身高贵，是最受宠爱的公主，她从小在思想和行为上少受礼教约束，这才有如此自由的思想，萌发偷情的愿望，甚至于敢把自己的爱交给一个和尚；也同样因为出身高贵，她没有寻常女子的种种义务，不需生养，不用洗手做羹汤，这才有偷情的时间和精力。而辩机的情，也不是人人都能偷得的。身为当时最有才华的男子之一，辩机不但容貌清秀，气质脱俗，而且因为是不入尘世的和尚，更是不同于一般的纨绔子弟。

尽管有着无数缜密的考量与准备，纸里终究还是包不住火。高阳与辩机事发的原因，实乃阴沟里翻船——原来当时的官府抓住了一个贼，发现其赃物里有皇宫用品———一个金镶玉的枕头，为高阳公主所有。贼供出此物从辩机处偷得。顺藤摸瓜，真相很快大白。这一个枕头不但让皇室颜面扫尽，还损了辩机的命，断了高阳的情。

高阳对辩机情意深切，因辩机被杀对唐太宗心生怨艾。贞观二十三年（649年）唐太宗去世，她一滴眼泪都没有流。在没有了父亲的管束后，高阳公主更加肆无忌惮，无法无天，包养了更多的情人。也许因为辩机是个和尚，又是初恋，所以她对这一类人总是情有独钟，那些方外人士在她情人中占了相当大的比重。

另一位太平公主则是武则天的女儿。据《旧唐书》记载："有胡僧惠范，家富于财宝，善事权贵，公主与之私，奏为圣善寺主，加三品，封公，殖货流于江剑。"在公主与他有私情后，这个惠范和尚不仅加官晋爵，还搜罗了万贯家财。同为与公主偷情，惠范与辩机的结局竟如此不同，不能不令人苦笑叹息。


## 不爱少年爱僧侣


到五代时，和尚更是得到女人们的青睐。据宋代文人张邦畿的《侍儿小名录拾遗》中记载：五代时有一僧，号至聪禅师，在祝融峰修行十年，自以为戒性具足，无听诱掖也。他没想到，一日下山，于道旁见一美人，号红莲，一瞬而动，遂与合欢。红莲见是一得道高僧，便来者不拒。至明，僧起沐浴，与红莲俱化。后人有诗曰："有道高僧号至聪，十年不下祝融峰，腰间所积菩提水，泻向红莲一叶中。"

无论偷腥儿的主是谁，但凡是走这道的，便难免发生撞车的事件。

《宋稗类抄》卷4记载了这样一个故事：五代的一位名叫张席的和尚去逛妓院，遇到微服出游的李后主，二人虽然谈笑投机，但毕竟还是要讲个先来后到，所以和尚先"拥妓入屏帏"，李后主不无遗憾地写道："浅斟低唱，偎红倚绿，大师鸳鸯寺至，传持风流教法。"

到了宋代，连青楼妓女都喜欢与和尚偷情，当然这和尚一定要是有钱的和尚。据明朝文人余永麟的《北窗琐语》记载："宋灵景寺僧了然，不遵戒行，常宿娼家李秀奴，后衣钵一空，为秀奴所绝，僧迷恋不已，乘醉直入，击秀奴毙之。"这即是说，宋代灵隐寺有一位和尚名叫了然，常去嫖妓女李秀奴，往来日久，积蓄花光，衣钵荡尽，于是李秀奴便不念旧情，拒绝了他。了然恼羞成怒，竟失手将李秀奴打死，酿成血案。当时，正在做杭州通判的苏东坡审理这桩血案。他意外发现和尚了然身上刺有这样两句情诗："但愿同生极乐国，免教今世苦相思。"苏东坡不禁大怒："这个秃奴，修行忒煞，灵山顶上空持戒，一从迷恋玉楼人，鹑衣百结浑无奈。毒手伤人，花容粉碎，空空色色今何在，臂间刺道苦相思，这回还了相思债。"苏东坡当即斩了这个花和尚。

宋代最典型的女人偷和尚的案例，当数《水浒传》中的梁山好汉杨雄的媳妇潘巧云了。这潘巧云偷情的和尚叫作裴如海。自幼二人青梅竹马，长大后潘巧云不忘旧情，便背着丈夫杨雄与裴如海私通。后来杨雄爱管闲事的结拜兄弟石秀杀了和尚裴如海，才使这段不伦之恋戛然而止。元明以后，出现了许多专门辑录女子与和尚偷情的史料，如明詹詹外史《情史类略》，更有本题"南陵风魔解元唐伯虎选辑"的《僧尼孽海》。当时无论当朝公主、官宦妻妾，还是良家妇女、平民闺秀，许多女人都喜欢与和尚淫乐。

在元代杂剧和明清小说中，尼姑思春，和尚偷情更是随处可见。被文人演绎得最多的恐怕当属柳翠与月明和尚的偷情故事。元代戏剧家王实甫据此作《度柳翠》杂剧、李寿卿据此作《月明三度临歧柳》杂剧。王实甫之剧已佚，李寿卿之作收入《元曲选》中，存本作《月明和尚度柳翠》，它主要写南海观音大士净瓶中柳枝上偶染微尘，罚往人世，托生为杭州美女柳翠，返本还元。月明在路上劝柳翠出家未成，便在她梦中出现，并设恶境使其省悟。月明在显孝寺说法，柳翠问禅后彻悟，在东厢坐化，复归南海。明朝文人徐渭的《玉禅师翠乡一梦》更是将这一故事发挥得淋漓尽致：高僧玉通修行多年而正果难成，因拒绝庭参府尹柳宣教，被柳宣教所遣美女红莲引诱，把持不住自己，片刻之间破了色戒，然后气急而死。后来他投胎柳家为女，名柳翠，长大后沦落为娼，败坏门风，最后在其师兄月明的点化下顿悟成佛。

清朝时，女人与和尚偷情之事也屡有发生，防不胜防。为了防止女人与和尚偷情，清朝官员竟然因噎废食，严禁女人进入寺庙烧香拜佛。据近代学者李慈铭《越缦堂国事日记》记载："光绪十一年，御史张燎因京师白云观，每年正月举行烧香拜会，'男女杂沓，并有闲房屈曲，静坐暗室，托为神仙，怪诞不经，请旨严禁'。"湖南巡抚卞宝第干脆颁布一则《示禁烧香》令："烧香结会，男女杂处，最为风俗人心之大害。"禁止妇女以烧香为名进庙入观。

在明清时，专写或者涉及和尚尼姑的淫乱行为的小说为数不少，有名的是《灯草和尚传》、《风流和尚》、《呼春稗史》、《梧桐影》、《禅真逸史》等。即便是佛经，也有关于和尚偷情的记载，如宋释普济《五灯会元》卷6："昔有婆子供养一庵主，经二十年，常令一二八女子送饭给侍。一日，令女子抱定，曰：'正恁么时如何？'主曰：'枯木倚寒岩，三冬无暖气。'女子举似婆，婆曰：'我二十年只供养得个俗汉！'遂遣出，烧却庵。"修行了二十年，一见妙龄女子便把持不住，真是枉费了婆子一番苦心，难怪她要一把火烧了庙。

和尚为什么要偷情？《水浒传》的《杨雄醉骂潘巧云，石秀智杀裴如海》一回中，施耐庵一段分析最为精妙："看官听说：原来但凡世上的人情，惟和尚色情最紧。为何说这等话？且如俗人出家人，都是一般父精母血所生。缘何见得和尚家色情最紧？说这句话，这上三卷书中所说潘、驴、邓、小、闲，唯有和尚家第一闲。一日三食，吃了檀越施主的好斋好供。住了那高堂大殿僧房，又无俗事所烦，房里好床好铺睡着，无得寻思，只是想着此一件事。假如譬喻说，一个财主家，虽然十相俱足，一日有多少闲事恼心，夜间又被钱物挂念。到三更二更才睡，总有娇妻美妾同床共枕，那得情趣。又有那一等小百姓们，一日假辛辛苦苦挣，早辰巴不到晚。起的是五更，睡的是半夜。到晚来，未上床，先去摸一摸米瓮，看到底没颗米。明日又无钱。总然妻子有些颜色，也无些什么意兴。因此上输与这和尚们一心闲静，专一理会这等勾当。那时古人评论到此去处，说这和尚们真个利害。因此苏东坡学士道：'不秃不毒，不毒不秃。转秃转毒，转毒转秃。'和尚们还有四句言语，道是：'一个字便是僧；两个字是和尚；三个字鬼乐官；四字色中饿鬼。'"

明凌蒙初在《初刻拍案惊奇·夺风情少妇捐躯》一文中，也谈到了这个问题："你道这家僧家受用了十方施主的东西，不忧吃，不忧穿，收拾了干净房室，精致被窝，眠在床里没事得做，只想得是这件事体。虽然有个把行童解馋，俗语道'吃杀馒头当不得饭'，亦且这些妇女们，偏要在寺里来烧香拜佛，时常在他们眼前，晃来晃去。看见了美貌的，叫他静夜里怎么不想？所以千方百计弄出那奸淫事体来。"

人有七情六欲，既然和尚也是人，自然也就不一定真正做到无欲无求。敦煌本《历代法宝记》记云："则天咨问诸大德：'和上等有欲否？'神秀、玄约、老安、玄赜等皆言无欲。则天问诜禅师：'和上有欲否？'诜禅师答：'有欲。'则天又问：'何得有欲？'诜答曰：'生则有欲，不生则无欲。'则天言下悟。"南宋济宗禅师宗杲，更说出"饮酒食肉，不碍菩提；行盗行淫，无妨般若"的话。既然高僧都承认有欲，就更别说孽根未净、定力不足的小和尚了，或者根本就是披着僧衣的假和尚了。鲁迅笔下的阿Q认为自己有权摸小尼姑的脸蛋，其理由便是"和尚摸得，我为什么摸不得"。反过来说，女人为什么要偷和尚？也许《水浒传》中好汉杨雄的老婆潘巧云临死时对杨雄说的一句话足以说明问题："跟我师兄一晚，胜于跟你十年。"至于和尚为什么会具有如此的魅力，也只能仁者见仁智者见智了。

# 第四编

## 命不由己却由天

### ——自然崇拜下的疯狂

# 第十二章　迷信的魅力

西门豹,战国时期魏国人(故里在今山西省运城市盐湖区安邑一带),生卒年不详。魏文侯时(公元前446—公元前396年在位)任邺令,是著名的政治家、军事家、水利家,曾立下赫赫战功。关于此人曾有一个十分有趣的故事,名曰《西门豹治邺》,大抵是讲了西门豹在邺城任职时巧施计谋,趁着河祭的时候将装神弄鬼的巫婆和她的徒弟们扔进了河中,自此断了此地活祭的陋习,又领着邺城百姓开挖运河,最终造福一方的故事。

在这个故事中,祭河伯属于活人祭祀的一种。活人祭祀是用来祭祀神灵或其他神物的,人们通常用杀死人类的方法来乞求超自然力量和权力,正如邺城百姓为"河伯"娶媳妇来恳求河伯保佑地方风调雨顺一样。这种习俗常常出现在古代文化中,并且在多个文化领域中发扬,除去中国外,亦有如因杀人仪式而恶名昭彰的玛雅文化和阿兹特克文化——一些人将这两种文明视为这种恐怖习俗的本源。人们认为受害人的死亡仪式是为了取悦神灵、安抚灵魂。受害人的选取范围从囚犯到婴孩到纯洁的处女,他们遭受着悲惨的命运——焚烧、斩首、活埋,等等。

如今,活人祭祀在全球范围内已经近于绝迹。但在历史得以进步的今天，这些时而残忍、时而庄严的古时祭典仍然为今人所好奇。而今就让我们穿越故纸堆，去探寻那些发生在无限崇拜自然的时代里、荒诞不经却又显得神秘而繁复的故事。

## 天上的星星有话说

中国古代有一门很神奇的学术门类，叫作占星。这种学术历来为封建帝王所重视，因为当时的人相信"天人合一"，他们相信天上星辰的变化其实也预示着人世间的兴亡更替。所以，从汉代开始，当时的政权机关已经专门设立了独立且直接对皇帝本人负责的观察天象的机构，大家所熟知的张衡就是这个机构中很有名的一位官员。经过数千年的发展，中国古代的天文观测者已经形成了一套具有浓郁中国特色，但同时又与西方的天文学存在很多共通之处的星象理论，在《开元占经》和《灵台秘苑》中就记录着这些理论。其记述十分有趣，颇具东方风味。

首先要说的便是"四象三垣"。但在说之前，不能不先提一提东宫苍龙、西宫白虎、南宫朱雀和北宫玄武。可能很多人都听说过所谓的"左青龙，右白虎"，但这句话的出处很多人就不知道了。其实它正来源于中国古代的星宿理论。中国古人认为，天上有二十八星宿拱卫在天庭的四周，东、西、南、北各有七宿，分别是东方角、亢、氐、房、心、尾、箕七宿，其形如龙，曰左青龙。南方井、鬼、柳、星、张、翼、轸七宿，其形如鹑鸟，曰前朱雀。西方奎、娄、胃、昴、毕、觜、参七宿，其形如虎，曰右白虎。北方斗、牛、女、虚、危、室、壁七宿，其形如龟蛇，曰后玄武。这二十八星宿共同组成了四只神兽，护卫着天庭的尊严与安全。可以说，这二十八星宿就是天上的二十八护法。他们从四个方向共同守卫着天庭的中枢：三垣——紫微垣、太微垣、天市垣的安危。

所谓的垣就是城墙的意思，紫微垣就是天上的紫禁城，这里居住的是人间皇帝所对应的紫微星。通俗点说，它的凡身正是老百姓常说的"真命天子"。在中国古代的传说中，每逢人间乱世，紫微星便下凡解救众生，他的身边往往有二十八个人鼎力相助，而这二十八人正是天上的二十八星宿。与紫微垣一起的还有太微垣——对应人间的行政机构,天市垣——对应人间的街市。它们坐落于紫微垣的周边,形成了所谓的三垣。此三垣与前面提到的二十八星宿所组成的四只神兽,并称"四象三垣"。而紫微垣的正中,也就是整个天空的中央,就是极星。紫微垣的垣由两条城墙组成,而构成这两条城墙则是天上15颗恒星。两条城墙自然的形成两个城门,其中的一个城门正对着北斗七星的勺柄,而北斗七星象征王权,他的勺柄正是主宰人世间的权力之柄。

绝大多数的中国人估计都听说过"金、木、水、火、土"五行学说,也知道《易经》。毕竟,这两样东西可以说是中国古代文明的灵魂。《易经》本来包括《连山易》、《归藏易》、《周易》三易,可惜前两易早已失传,仅剩下《周易》。仅仅一个《周易》就被古人赞誉道:"不知易,不可以为医;不知易,不可以为兵。"就是说:古人认为,一个人如果没有研究过"易"就不能行医当郎中,也不可带兵打仗。这说明古人已将《易经》上升到了哲学的高度,提升到了"宇宙观"、"世界观"、"方法论"的范畴,并以此为基础逐渐产生了内容广博,但又良莠不齐的中华文化体系。而众所周知,《易经》起源于《河图》和《洛书》。其实,无论是五行还是《河图》和《洛书》,实际上都源自中国古代的星象学。所以,追本溯源,中华文化的根基就是中国的星象理论。那么,中国的星象理论是怎么延伸出五行学说及《河图》、《洛书》的呢?

上文中曾提及"四象",即由二十八星宿分别构成的东宫苍龙、西宫白虎、南宫朱雀、北宫玄武。其实,中国的古人在遥望星空的时候就发现,每到冬季,在星空的北方,也就是北宫的位置,会出现一颗并不属于玄武七星宿的亮星。由于每次这颗亮星都出现在天寒地冻、滴水成冰的北方,因此古人认为这是一颗主"水运"的星体,古人称之为辰星,也就是我们现在所说的"水星"。而冬季过去,春季来临,在星空的东方,也就是东宫的位置,会出现另一颗并不属于苍龙七星宿的亮星。古人发现,这颗星体一出现在东方,世上就会万物复苏,草木茁壮成长,因此认为这是一颗主"木运"的星体,古人称之为岁星,也就是我们现在所称的"木星"。当夏季来临,在南宫位置,又有一颗亮星出现,它同样并不属于朱雀七宿,每当此星出现,地上往往热气腾腾,似炎炎烈火烧炎一般,因此古人认为此星主"火运",称之为荧惑星,现在称之为"火星"。而夏秋分界之际,在天空的中央,同样会出现一颗亮星,古人认为这是大地气候变更之兆,因此称之为镇星,现在称之为"土星"。秋季来临,万物肃杀,在西方又出现一颗亮星,这个时候往往犯罪之人被秋决处死,各部落、国家为争夺粮食也会掀起战争,因此古人认为这是主"刀金"的星体,称之为太白星,也就是我们现在所说的"金星"了。金、木、水、火、土交替出现,每颗出现 72 天,更替一次 360 天,正是几乎一年的周期。因此,古人认为这世上万物本质都是由这五颗星所主宰,因此出现了对这五颗星及其所主物质的崇拜,五行学说由此形成。五星的变化一直作为中国古代占星术的重要内容,其中有一说法即一旦出现"五星联珠"的自然现象,即金星、木星、水星、火星、土星同时出现,中国将出现"大治"。1995 年,中日专家在新疆塔克拉玛干沙漠一座距今约 2000 年的墓中出土了一份国宝级的汉代织锦,虽历经千年仍光艳夺目,锦上织有"五星出东方利中国"的文字,它实际上就是这种说法的一种产物。

五星与四象相结合,变成了东宫苍龙属木,西宫白虎属金,南宫朱雀属火,北宫玄武属水,古人以左为上,尊东为左,因此又称左(东)青龙、右(西)白虎、前(南)朱雀、后(北)玄武。而土星位处星空中央,正对紫微垣中的"五帝座"(由五颗星主成,形成一个"十"字形),因此将土星座于中央。伏羲据此以实(地)空(天)点画成《河图》。对应曰:天一生水(在后),地二生炎(在前)、天三生木(在左)、地四生金(在右),天五生土(中央)。至于《洛书》,看似与《河图》有很大不同,实际上不过是空点不变,实点逆时针转移至一侧而已。所以,《洛书》、《河图》实际上就是中国古代的一种星图。

其实,站在一个现代人的角度看,古人这样把星空分为若干

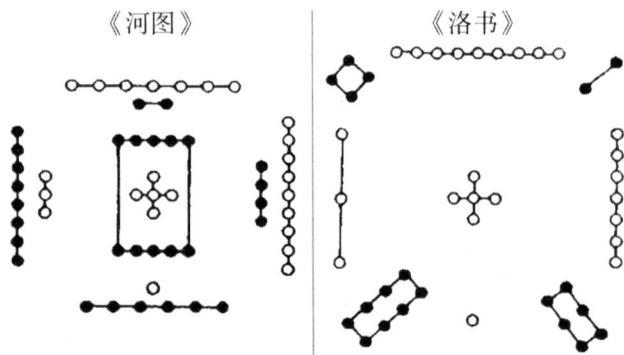

《河图》　　　　　　　　　《洛书》

个区域，然后根据这些区域的位置变化来预测人事变化趋势是十分可笑的。现代天文学已经发现，这些肉眼可见的星星，位于十分遥远的位置，一般最少在 100 光年远以上，但实际上绝大部分星体可以说有上万上亿光年远。我们只将它先确定在 100 光年以外，这个 100 是对人的一般寿命来设的。世人的寿命一般在 100 年以下，因而用星座变化来预测一定的人事，就显得不足为信了。因为当地球上的人用肉眼看到那么遥远的星光的时候，那是那些星星 100 多年前的位置，现在的它们已不知道跑到哪儿去了，人们看到的只是它们在 100 多年前留在天空的残留光影罢了。

在中国古代的占星术中，还有根据星光的明暗及颜色变化来预测人事的，这也同样缺乏科学根据。因为星光的明暗及颜色变化是大气层及云层的变化给人的眼睛造成的视觉障碍，在远离地面的大气层中，大气及云层对星光的作用非常巨大，人在地面上看好像一片清空并无遮拦，但极高处的大气层中总有云层，而人根本看不到。云层对星光造成明暗变化的影响，而星光本身却并没有发生这样的变化，就算有也将是一个缓慢而漫长的过程，跟人事这样的短暂过程根本无法联系上。

古人还以流星预测人事，这就更加没有科学根据了。说天上一颗星，地上一个人；天上的星落下，对应一个人死亡。基本常识是肉眼看到的天上星星虽然很多，但可以看见的天上的星星并不会成为流星，因为它们都是恒星甚至星系，它们并不会落下。更不用说有些流星不用望远镜根本看不到，因为它们在高空中还没有到达人的视野时就燃尽了。

## 源远流长的风水文化

古时最引人关注的"迷信"，除了观天象的占星术，便是在各种动土事宜中频繁出现的"风水"了。古人很迷信，认为祖坟的风水能惠及子孙，让子孙大富大贵。因此，古人为了给祖坟找一块风水宝地颇费了好多的脑筋。清末文人袁枚《子不语》上就介绍过一个叫严介溪的人，找了好长时间才找到一块风水宝地，打开以后发现了一个墓碑，原来这块地本来就是严介溪的祖坟，墓碑上就是他祖宗的名号，他等于把自家的墓给挖了，闹了一场风水笑话。

还有一个例子，是关于朱元璋葬父的。朱元璋父亲去世以后，他根本就没有钱去安葬父亲，他和他的二哥抬着尸体，半路走到一个庙前，突然来了一场大雨，兄弟俩就把尸体放下到庙里躲雨了。结果雨后出来再看，父亲的尸体没有了，在原地起了一个坟头，这就是所谓的"天葬"。比朱元璋葬父更神奇的是他曾祖父的葬地。朱元璋的曾祖父逃荒到了盱眙这个地方，有一天，朱元璋的曾祖父在外边晒太阳，刚好有一个风水先生经过，他一看就指着说，你这个地方是一块风水宝地，将来子孙会大富大贵的。跟着风水先生的徒弟有点不相信，风水先生就讲这个地方能使枯树发芽，边说边折了一根枯枝插到这个地方。七天以后，枯枝还真的长出了绿芽。朱元璋曾祖父死后就葬在了这里，朱元璋后来也真的当了皇帝。所以他的后辈子孙对于祖坟的风水特别看重，像盱眙的祖陵、凤阳的皇陵都是派重兵看守的，任何人不得在附近挖山开山，甚至连割草都是不允许的。

而在李自成领导的农民起义爆发以后，崇祯皇帝朱由检派人去挖李自成的祖坟，想通过破坏李自成家的风水的方式来打击李自成的军事行动。李家祖坟就葬在离县城 200 里的李氏庄的乱山之中，那是一个人迹罕至、荒草丛生的地方，16 座坟环列安葬，正中间那座就是闯王李自成的祖坟。李自成祖坟被这伙人挖开后，果然出现了奇异的现象——祖坟被打开以后，出土了几担的蝼蚁，里面还发现一个尸骨，就是李自成祖父的尸体，骷髅骨头呈青黑色，上面长了好多的黄毛，据说这是有帝王气的尸相。更奇怪的是，他脑骨的后面有凹槽，这就是俗话讲的脑有反骨。不仅如此，凹槽里面还有一条小蛇，小蛇有三四寸长，盘踞在反骨里面。这条蛇有脚会飞，当时棺木一被打开后就飞了起来，张开嘴吞吸六七次日光，随即就落了下来。葬书上一般都把这种小蛇称作地龙。民间有这么一个说法：如果墓穴里面出现了地龙，这是一个好的现象，证明这个地方是风水宝地。宋朝有一个道静和尚写了一本玄秘的葬书，叫《入地眼》，里面就说"开冢见龟蛇生气物，则不可改"。意思就是说如果打开墓穴以后，发现里面有蛇、龟这些生物的话，就不宜改。如果强行改葬，那可能导致风水坏了，人丁不旺，家里财富也会受损。

但是，来盗李自成祖坟的人，目的就是为了把他的帝王气给削掉，所以这伙盗墓者在打开李自成的祖坟后，把他祖父的骷髅头斩下来，包裹起来献给皇帝。并把那条小蛇风干后一起带到北京，给朝廷看。这事儿传到了李自成的耳朵里面，他自然火冒三丈，挖祖坟是很歹毒的事情，也是很令墓主伤心的事情。所以李自成当时除了同明军在战场上真刀真枪地干，还打起了一场风水战。李自成当年打到安徽凤阳的时候，把朱元璋父母、兄弟的陵冢，一把火都烧毁了。后来李自成打到北京以后，还准备挖掘明十三陵，但因为战事吃紧，才放弃。也有传说，当士兵动手开始挖明十三陵的时候，就像当年黄巢盗武则天的乾陵一样，出现了异常的天象，士兵才不得不停止掘陵。

事实上，民间对于这些有着浓厚命定色彩的故事总是十分热衷的。例如在后汉时期，曾有一位孝子姓孙名钟，住在杭州府富阳县南面三十公里处的一个名叫"杨平山"的地方，他家里很穷，从小就失去了父亲，但他对母亲非常孝敬，在当地有"孝子"之称，他母子俩相依为命，靠种西瓜谋生。

有一天，突然有三个相貌异常的少年，来到他的西瓜摊前向他讨瓜吃，他从这三个少年风尘仆仆的脸上，看到了一丝倦意，并感到有些突然。不过，心地善良的孙钟虽有些奇怪，但还是给了他们每人一块西瓜，三个人毫不客气地吃了起来，吃完以后渴意未解，并再向孙钟讨要，孙钟并没有犹豫，就再给每人一块，他们吃完后说："小兄弟心地真好，我等没有钱付你，但受到你的如此好意的馈赠，真是无以为报。我们是司命之神，因为你孝顺母亲的德行，感动了上天，所以派我们三位到此考验你的孝行，没想到你不仅孝顺母亲，而且心存善念，所以我们要指点你。"孙钟听后正感惊异，其中一位少年指着山下的一个树丛说："这座山的风水很好，山环水抱，真龙结地，案山秀挺，你把父骨迁于此处，不久当出天子。"另一位接着说："你马上向山下走百步，再回头看我们，然后你所站的脚下就是可以下葬的吉穴了。"孙钟将信将疑，在三人的催促下，朝山下走去，孙钟约走了七十步左右，就回头看那三人，三个少年齐叹："你回头太早了，葬下只能封王。"然后三个少年就化为三只白鹤飞入云中，这时孙钟大吃一惊，朝天就拜，口中念道"谢谢上苍与神仙的指点"，于是记下了这块地，择良日迁父骨于此地，不久，他就带母离家经商去了。几年后，孙钟经商发了大财，并娶妻生子。一日回到家乡祀坟，看见坟头时有五色光彩的云气，直冲天空，他知道这是阴宅的福荫与龙力的吉气在为孙家祷福，于是更行善事。后来孙钟的儿子孙坚果真做了吴王，并封孙钟为"武皇帝"，孙坚的儿子孙权、孙子孙亮也都做了吴王。

无独有偶，唐代亦有一个很著名的风水师，名叫舒绰，他精通五行术数，在当时誉倾海内外，名震朝野。当时的吏部侍郎杨恭仁想把父母之坟改葬到长安京师附近，便于祀拜与管理，便请了当时闻名海内的五六个相地高师，舒绰自然也被邀请。这些人都是当时有名的风水大师，杨侍郎无以辨别谁为真正的高手，于是就付银两给每一位地师，让其各自为其父母寻地，一月后回府聚会并汇报。于是各位大师便分头行动，一月期满回到府中，大家都献上佳穴，各抒己见，争执不下，于是大家一同登山观穴，五六处各有利弊，大师们理法并施，谈天说地，无人服众，杨侍郎也无法定夺孰是孰非，回到家中正在苦闷，忽听师爷说道："大人何不如此这般。"听言后，杨侍郎心中暗喜，便叫来几位亲戚，连夜赶往地师们所指之佳穴，开穴一尺许深并取土一包，并把地理地貌统统记录在小本之上，连同小本一起密封起来，运回家中。杨侍郎做好记号后，把记录小本藏起来，并在后花园的地下也取出一包土混在其中，然后叫来几位风水大师，让他们根据斗中之土，把所取土之处的地理形势和地形地貌解说出来，并说明此地是否佳穴，以便与原记录作比较。

在几小时的分析中，其他几位大师均不得要领，只有舒绰一人认为几包取回之土中，有三处可以为佳穴，最精妙的是他所描述的地形与小本上所记录的实际情况全部吻合。舒绰还对后花园所取之土作了一首较滑稽的诗："黑中见青有雾云，气贯二孔草丛生，此土葬下先人骨，一嗅到底伤后人，此土润湿养花根。"其他几位风水师见舒绰有如此神术，无不惊叹，自愧不如，带上杨侍郎的酬金，不声不响地走了。待别的风水师走后，舒绰对杨侍郎说道："我选定的那块墓穴，在开井五尺深以下会有谷物，若你能得到一斗谷物，便是富地了，能保你一家世代富贵官至公侯。"杨侍郎对舒绰的风水技术已是十分折服，听完此话后，当即与舒绰一道前往京师，来到舒绰所寻的穴地，令人往下继续开穴，当挖至七尺深时，发现一个小孔，再轻轻挖开，发现里面有近二尺方正大的穴洞，穴洞里面有七八斗外形很似谷类之物。杨侍郎目睹此景佩服得五体投地，于是迁葬了父母之骨于此穴之中，后来果然世代富贵，并出了杨家将忠烈之后。此事传开后，朝野上下都把舒绰视为神圣，相请之人络绎不绝，一时间洛阳纸贵，寻龙布穴之风风靡一时。

那么，古人如此重视的风水究竟是什么呢？风水是中国独特的一种传统文化景观，主要指古人在规划、设计、营造建筑空间时，通过对各种环境因素进行综合分析，从而选择出对人类生产生活有利的局部小环境。由于受到生产条件等方面的限制，风水理论在其发展过程中不可避免地带有某些迷信色彩，但究其根本，风水的最终目标是追求理想的生存环境，对现实生活具有一定的借鉴作用。

风水，又称堪舆、阴阳、地理、相地、形法、青囊、青乌等，其主要理论以阴阳平衡为根本前提，以"藏风得水"为条件，以"生气论"为核心思想，来寻找一个或小或大的环境，以营宅建居，抑或治理建都。一般认为，"风水"一词来源于晋代郭璞所作的《葬书》："葬者，乘生气也……经曰，气乘风则散，界水则止。古人聚之使不散，行之使有止，故谓之风水。"而"风水"一词中的风和水，原本是《周易》八卦之中的巽卦和坎卦的象征物。《周易·说卦》："天地定位，山泽通气，雷风相薄，水火不相射，八卦相错……雷以动之，风以散之，日以恒之，艮以止之，兑以说之，乾以君之，坤以藏之……帝出乎震，齐乎巽，相见乎离，致役乎坤，说言乎兑，战乎乾，劳乎坎，成言乎艮……巽为风，坎为水。"《周易》认为，世界的本原是分阴分阳的，也是阴阳互补的，阴阳彼此组合可以形成乾、坤、艮、兑、巽、震、坎、离八卦，分别对应天、地、山、泽、风、雷、水、火。它所说的风与水就是指自然界的风和水而言。古人由于客观条件的限制，只能依靠主观想象去看待客观世界的"风"和"水"，以求适应自然，由此推演出了一套风水理论。

风水作为一种传统文化，它的形成与发展经历了很长一段历史。风水最初是一种很朴实的相地术，主要考察哪些地方适合人类生产、生活。

后来发展成为了一种具有实用价值的相地术，主要研究房子应该在什么地方建造，门窗的位置等等。

早期人类对居住环境的选择是出于一种本能，是为了生存而选择能够提供水、食物的地方生活。到了距今六千至八千年的新石器时代，人类已经知道房屋的门要朝南开，房屋要建造在河流两旁的阶地或高出周围平地的山冈、沙地和台地上。同时，也开始了对墓地的选择，私人的埋葬方向也有讲究。这个时期还出现了聚落规划思想和城市萌芽，出现了田园地方观念和东方苍龙、西方白虎的观念。比如 6000 年前的陕西西安半坡人，他们把村落设置在河边的台地上，还挖掘了一条围绕居住区的长 300 余米、宽 6—8 米、深 5—6 米的壕沟来防止野兽和外族入侵。

商代的甲骨文中已有卜辞的记载，人们的选择从属于卜问的结果，带有浓厚的迷信色彩。到了周代，"卜宅"发展成了"相宅"。"卜宅"是盲目的，而"相宅"是主动的。周代的多次迁都和营建新邑，如古公迁岐山、成王营洛邑等，每次都要先相地，但起决定作用的还是占卜。

到了春秋战国时期，各种体系的思想空前繁荣，出现了"百家争鸣"的局面。由于天下未定，诸侯各国为了富国强兵而向自然索利，加速了自然科学的发展。同时，他们又渴望推测国家的兴衰和时运，促进了占卜术的发展。其中阴阳观念、五行学说、气论思想等影响较大。墓葬制度此时也出现了自然主义与神秘主义的结合，出现了"负阴抱阳"的思想。如太原市的一座春秋时期的古墓，后枕西山，面向汾水，就是"负阴抱阳"的具体体现。各种学术思潮为日后风水学说的形成奠定了思想基础。

汉初两代，"道"的思想流传四方，顺应天时、解说天道的阴阳、五行思想迅速发展。阴阳是我国早期自然哲学中一对最基本的范畴。阴阳观念的起源是人们对自然界长期观察的结果。到了秦汉时期，阴阳学说几乎成为了解释世界万物的普遍原理。例如《淮南子·天文训》中说道："天地之袭精者为阴阳，阴阳之专精者为四时，四时之散精者为万物；积阳之热气久者生火，火气之精者为日；积阴之寒气久者为水，水气之精者为月。"阴阳学说对风水理论的形成起了方法论的作用。

我们常把阴阳五行混为一谈，其实五行说与阴阳说是两种不同的学说。阴阳说早于五行说。有人认为原始的阴阳说产生于夏代以前，而原始的五行说产生于夏代之初。这是因为五行中的"金"，古代指铜，只有等青铜技术出现后才会有五行说。另一种观点认为五行说起源于殷代的五方或五祀，因为当时已有了四方的观念，人们已认识到自己处于四方的中间，于是商代便称自己为"中商"，就是五方。五行是指金、木、水、火、土五种物质，用它们来概括世间万物的本原，用它们的相生相克来解释世间万物的衍生。

五行的相生相克如下：

五行相生：木生火，火生土，土生金，金生水，水生木。

五行相克：木克土，土克水，水克火，火克金，金克木。

汉代的董仲舒提出了"罢黜百家，独尊儒术"的思想，又把儒家的思想与五行观念融合在一起。在天命观的基础上，他提出了"天人感应"说。他认为"天人之际，合而为一"，天与人是通过数与类联系起来的，事物之间存在相互感应，天与人之间也存在着相互感应。他把天、地、人、阴、阳、木、火、土、金、水并称为十大天数，用它们构建出天人合一的宇宙框架，成为认识世界、规范行为的最权威的思想准则，为风水由经验、直觉升华为理论奠定了哲学基础。

董仲舒对五行说做了进一步的解释，将五行与方位、四时的划分对应起来："木居左，金居右，火居前，水居后，土居中央……是故木居东方而主春气，火居南方而主夏气，金居西方而主秋气，水居北方而主冬气。是故木主生而金主杀，火主暑而水主寒，使人必以其序，官人必以其能，天之数也。"后来人们又将方位、颜色和四象（又称四兽）相结合，便有了风水中一贯遵循的"左青龙，右白虎，前朱雀，后玄武，中央后土"的模式。

八卦由阴阳派生而来，人们用自然界中八种事物做八卦的物象，分别是：天（乾）、地（坤）、雷（震）、火（离）、风（巽）、泽（兑）、水（坎）、山（艮）。在风水中，八卦主要用于表示方位。相传伏羲作有先天八卦，西周文王作有后天八卦。汉代开始用八干、四维、十二支来表示二十四方位。人们把宅命与住宅是否吉利联系起来，使原本朴素的风水思想带上了玄秘的色彩。秦汉时期诞生了风水最早的两种理论形式：堪舆和形法。形法是建立在"形气相随"的理论上，着重总结事物本身外与内、局部与整体的对应规律，在营建中主要用于对地形的具体选择和方位确定。堪舆是建立在"天人感应"的基础上。研究天道天象，四时秩序，为人事活动提供指导，在营建中主要用于选择日辰与方位，并为建筑、城市形象提供模拟的图式。主要著作有《堪舆金匮》和《宫宅地形》，但现在均已失传。前者属于五行类，后者属于形法类。风水成形于魏晋南北朝时期，晋代的郭璞被认为是风水的鼻祖。他所作的《葬书》被认为是最早出现风水观念的著作。作为风水理论核心的生气说在此时形成了一套体系。

"气"是中国古代一个重要的哲学概念，其原始意义是烟气、蒸汽、云气、雾气、风气、寒暖之气、呼吸之气等气态物质。哲学意义上的"气"最早由西周的伯阳父用来解释地震的起源。最早的气论思想是用阴阳之气来描述天地的秩序。春秋时期，出现了"六气五行"说。战国时期，气论思想得到了很大发展，诸多论著如《管子》、《老子》、《易传》、《庄子》等都从不同角度不同程度地探讨了"气"的概念及其作为世界万物的组成。古人常常结合阴阳思想来论"气"，所以我们所说的"气"通常是指阴阳二气。"盖太极判分两仪，宇宙间事事物物无一不在阴阳之中，斯无一不在生气中也。浮而上者阳之清，天气之所轻灵也。降而下者阴之浊，地气之所重质也。向使天地二气不能相交，则阴阳无靖和之情，万物则不能生育。语所谓孤阴不生，独阳不长是也……阴阳相和，气机由此胎息亡谓与。"这里明确指出，"气"是构成万物的本原。汉代老庄思想的盛行大大促进了气论思想的普及。东汉的王充提出了元气自然论和无神论，对当时流行的神学迷信提出了反驳。到了魏晋南北朝时期，生气说成为了一套系统的理论，包括大地生育论、地脉说、大地生气说。此时的风水已经具备了明确的思想体系，《葬书》是风水发展的一个里程碑，它系统地叙述了阴宅风水选择的原则和方法，对后世风水的发展起了重要作用。

等到明清时期，有关风水的理论著述大大增多了，各分支体系的理论也更为发达。这时候的风水书籍走向了公开化、正规化。此时，风水开始得到皇室的青睐，不论是官方还是民间都编纂和积累了很多风水方面的书籍。如官方组织编纂的《永乐大典》、《四库全书》、《古今图书集成》等大型丛书，收录了几乎所有流传下来的风水著作。同时，民间也收集和编纂了大量的风水著作，并且冠以"全书"、"大全"、"大成"之名，如《阳宅大全》、《阳宅集成》、《阳宅十书》、《地理大成》、《山法全书》、《平阳全书》、《阳宅大成》、《地理大全》等等。这个时期的学者主要工作是对已有的著作作进一步的阐释，因此许多著述都被冠以"校补"、"笺注"、"辟谬"之名。

实际上，风水术是一门异类的地质学，凡经过长期研究与实践的人，并对古风水经典著作进行研究的人，均能从穴场的地理位置，推断出穴场里面的土色与土质，并能推断出里面的东西，如有圆石、蛇、鱼、龟、骨等，如果是得真传并经过深入实践的高手，是能够从土质的结构，推断出此地的实际山水情况，也就是像舒绰等风水大师推断一样的精准。其实，土色之所以分为黑、黄、红、白、青、紫等，是因为：受水浸湿之土，必黑而湿泥；受风吹之土，必青黑而散乱；受砂脚冲克之土，必干枯而带石子；受水止而润泽之土，必红中见黄；受堂气之归纳之土，必聚五色；受山抱而气藏之土，必紫中见青白等等。而地形也有左抱而右散之地，左右均抱之所，冲左不冲右，冲右不冲左，左右均受冲，水近与水远，水大与水小等分别。土色会受到这些地形的影响，发生细微的变化，土中之物也会有所不同。风水术中的地质学流传几千年，我们应该用现代的眼光去看待它，用现代的知识结构去分析它，那么，它就会去掉荒谬的成分，为我们谋福了。

## 巫蛊秘术

巫蛊为一种操纵毒虫，并以诅咒害人的巫术，也叫蛊、蛊术。属于黑巫术的一种，盛行于部落形态的传统社会之中。在学术上，巫蛊也称作蛊毒巫术。施用巫蛊又叫下蛊、放蛊、蛊惑。后来蛊惑引申为迷惑人心，粤语中再引申成狡猾的意思，整蛊在粤语中也有戏弄的意思。

巫师用一种特殊毒虫左右人的一切，服务于某种特定的目的；巫师以毒虫迫使人顺从其意志，任凭操控。除了毒虫之外，亦可操纵蛇、蛙、鸟、狗、猫等动物。它与道士的召鬼法类似，只是使用的对象不同。放蛊的目的在于加害自己的仇敌，或用于报复他人，使役动物的灵魂为其服务，盗取他人财富作为己用，但蛊也可用于医学及其他领域。

文字学上的蛊有多种含义，主要的一种含义作"腹中虫"解，从虫，从皿。皿是盛饭的饭盒、饭碗或其他盛食物和饮料的用具；繁体的虫字象征好几只虫。"腹中虫"就是人的肚子里侵入了很多虫，也就是中了"虫食的毒"——一种自外入内的毒。众多的虫侵入人的肠胃发生了蠹蚀的作用就叫作蛊，又叫中蛊。干宝在《搜神记》中描绘到："荥阳郡（今河南省）有一家姓廖，累世为蛊，以此致富。后取新妇，不以此语之。遇家人咸出，唯此妇守舍，忽见屋中有大缸。妇试发之。见有大蛇，妇乃作汤，灌杀之。及家人归，妇具白其事，举家惊惋。未几。其家疾疫，死亡略尽。"

蛊是许多虫搅在一起造成的。《本草纲目》说：造蛊的人捉一百只虫，放入一个器皿中。这一百只虫大的吃小的，最后活在器皿中的一只大虫就叫作蛊。也有说法表明，谷子储藏在仓库里太久，表皮谷壳会变成一种飞虫，古人也把这种飞虫叫作蛊。《左传·昭公元年》说："谷久积，则变为飞蛊，名曰蛊。"人造的蛊本来是一种专门治毒疮的药，后来才被人利用来害人。

有毒的蛊多在中国大陆南方各省养成，种类很多，有蜥蜴蛊、马蝗蛊、金蚕蛊、草蛊和挑生蛊等。放蛊的人趁他人不注意的时候，把蛊放入食物，吃了以后，就会染上蛊毒，染了蛊毒的人会染患一种慢性的病痛。以现代观点说，这是一种人为的，由许多原虫的毒引发出来的怪病。而并不知晓其中深意的古人，又往往将这种秘术与神秘的鬼神之道联系起来，历史上因巫蛊而造成的悲剧有许多，其中最著名的，当属汉朝时武帝的巫蛊之祸。

汉武帝征和元年（公元前92年），长安汉宫接连发生震惊当时的木偶巫蛊案件。此事的缘由还要从当朝宰相公孙贺说起，在祸乱发生前，他还颇得武帝信任，他的儿子公孙敬声也在朝做太仆，父子二人权倾一时。可惜公孙敬声的私生活不检点，私自挪用了军费1900多万钱，因而被关进长安诏狱。当时有一件要案的主犯朱安世在逃，武帝下令必须逮捕到案。公孙贺爱子情切，向武帝保证由他将朱安世逮捕到案，但要求释放他的儿子公孙敬声。他的要求得到了武帝的许可，却触怒了朱安世。朱安世归案后，反向汉武帝陈诉公孙敬声和武帝的女儿阳石公主通奸，以及公孙敬声在庙里诅咒武帝早死，并在武帝经常经过的驰道上埋木偶为巫蛊，以促武帝早死的事。这些事情都是莫须有的，但当时武帝正值晚年，每天都在忧惧死亡，他信以为真，将丞相公孙贺父子和阳石公主都杀了。

当时京城巫蛊术十分盛行，人们制作木头人，在上面刻上冤家的姓名，然后再放到地下或者放在房子里，日夜诅咒。据他们说，这样诅咒下去，就可以让对方遭殃，自己得福。这种巫蛊术，也传进了皇宫。那些怨恨皇帝、皇后和其他人的美人、宫女，也纷纷埋藏木头人，偷偷地诅咒起来。在纠治公孙贺案时，武帝已染病。"时上疾，避暑甘泉宫"，长安"独皇后、太子在"。但是，武帝却不信任他们，而把纠治公孙贺案的责任，全权委托给了新任丞相刘屈氂和御史章赣。具体察办此案的则是一个政治背景复杂可疑的宠臣江充。

江充是赵国邯郸人，本是市井无赖。年轻时他将貌美的妹妹嫁给赵太子刘丹而成为赵王的座上客。后又与赵太子发生龃龉，即入长安诣阙举报太子丹有种种不法事。武帝劾治刘姓诸王及家属极严，根据江充的举报，赵太子获罪死狱中。武帝赞许江充，任命他以谒者的官职出使匈奴。出使前武帝曾问他出使时做何计划，他说一切随机应变。江充在匈奴中活动了近一年，归后得到重用，武帝委任他为无定所的检察官——直指绣衣使者，负责京师治安，"督三辅盗贼，禁察逾制"。

在任上，江充严厉劾察亲王贵戚及其子弟，敢于碰硬，因此深得武帝赏识。"上以充忠直，奉法不阿，所言中意。"例如，江充曾将在驰道中奔驰的武帝之姑馆陶长公主的车骑"尽劾没入官"。又曾惩办在御用驰

江充

道中疾驰的太子家使，太子亲自出面说情，江充也不给面子。江充在朝担任治安和警卫安全工作，很得武帝信任。有一天中午，武帝正躺在床上睡觉，忽然梦见几千个手持棍棒的木头人朝他打来，把他给吓醒了。他以为有人在诅咒他，立即派江充去追查。

而在公孙贺案结束后，江充目睹染病的武帝已然呈垂暮之色，知上皇已年老，怕他死后太子继皇位报复自己，在丞相刘屈氂的支持下，他决定借公孙贺一案陷害太子和卫皇后。江充为人心狠手辣，找了不少心腹，到处发掘木头人，并且还用烧红了的铁器钳人、烙人，强迫人们招供。不管是谁，只要被江充扣上"诅咒皇帝"的罪名，就不能活命。仅仅几日之内，被诛杀的人便已有数万之多。

在丞相公孙贺一家，还有卫皇后的女儿阳石公主、诸邑公主都被汉武帝斩杀之后，江充就更加放心大胆地干起来。他让巫师对汉武帝说："皇宫里有人诅咒皇上，蛊气很重，若不把那些木头人挖出来，皇上的病就好不了。"于是，汉武帝就委派江充带着一大批人到皇宫里发掘木头人。他们先从跟汉武帝疏远的后宫开始，一直搜查到卫皇后和太子刘据的住室，但屋里屋外都掘遍了也没找到一块木头。为了陷害太子刘据，江充趁别人不注意，把事先准备好的木头人拿出来，大肆宣扬说："在太子宫里挖掘出来的木头人最多，还发现了太子书写的帛书，上面写着诅咒皇上的话。我们应该马上奏明皇上，办他的死罪。"

眼看冤案就要罗织到自己和母亲卫皇后身上，太子情急，乃征求左右幕僚的意见。太子少傅石德劝刘据诛杀江充。他说："先前的公孙贺父子、两位公主及卫伉家人都已受陷害被杀。现在胡巫又来陷害太子，已挖到了木偶。皇上不会知道这是胡巫所设置，会认为我们真在诅咒他，我们无法自白洗清。我们与其坐而等死，不如动手杀掉江充和胡巫。难道太子忘掉前朝秦始皇的太子扶苏受冤屈而死的事情了吗？"

此时江充逼太子甚急，太子在情急下同意石德所言。七月壬午，太子派人假冒使者收捕江充等人。江充助手按道侯韩说怀疑使者身份，不肯受诏，被来人杀死。太子派人禀告皇后，又分发武器给侍卫，搜查全城涉嫌巫蛊之人，并向百官宣布江充谋反。太子随即杀死江充，处死上林苑中的巫蛊术士。但是百密一疏，让苏文侥幸脱逃，苏文向武帝控诉太子起兵谋反，武帝开始并不相信："太子必惧，又忿充等，故有此变。"派使者召太子，但使者不敢到太子那里，回报武帝说："太子反已成，欲斩臣，臣逃归。"

父子终于失去了最后的沟通机会。被苏文等人连续欺骗两次后终于上当的武帝大怒，下令丞相刘屈氂率兵平乱。事到临头，刘据只好打开武库，把京城里的囚犯武装起来，抵抗前来镇压"造反"的军队。并想调集胡人军团与北军，结果胡人军团被汉武帝调集镇压太子叛乱，北军监护使者任安受了太子的印后闭门不出。太子还向城里的文武百官宣布："皇上在甘泉宫养病，有奸臣起来作乱。"这样一来，弄得城里的官民也不知道究竟是谁在造反，就更加混乱起来。双方在城里混战了四五天，死伤无数，大街上到处都是尸体和血污。最终，太子因势孤力弱而兵败，带着他的两个儿子逃离长安，跑到湖县（今河南灵宝西）的一个老百姓家里躲藏起来。皇后自杀，太子的宾客多数亦被捕杀。

此时武帝暴怒，然而臣下却惧而不言，壶关三老茂上书说："太子进则不能面见皇上，退则被乱臣的陷害困扰，独自蒙冤，无处申诉，忍不住愤恨的心情，起而杀死江充，却又害怕皇上降罪，被迫逃亡。太子作为陛下的儿子，盗用父亲的军队，不过是为了救难，使自己免遭别人的陷害罢了，并非有什么险恶的用心，而在武帝震怒之时，智慧之人不敢进言，善辩之士难以张口，而此时上书，便是希望皇帝能够接太子回来，不要让他在外继续逃亡。"

这道上书言辞恳切，也合情理，武帝阅后醒悟，有悔意，但并未赦免太子。不久，新安（今河南渑池东）县令李寿知道了太子的下落，就带领人马来捉拿他。刘据无处逃跑，只好在门上拴了一条绳子，上吊死了。他的两个儿子和那一家的主人，也被李寿手下的张富昌等人杀死。

后来，汉武帝派人调查，才知道卫皇后和太子刘据从来没有埋过木头人，这一切都是江充搞的鬼。在这场祸乱中，他死了一个太子和两个孙子，又悲伤又后悔。于是，他就下令灭了江充的宗族，宦官苏文被活活烧死，其他参与此事的大臣也都被处死。最后，汉武帝越想越难过，就派人在湖县修建了一座宫殿，叫作"思子宫"；又造了一座高台，叫作"归来望思之台"，借以寄托他对太子刘据和那两个孙子的思念。

上述之事是假借巫蛊之名发起祸乱，而在民间，还真的发生过放蛊害人的事件。

明英宗正统间（1436—1449年），江苏省吴江县的商人周礼从小在外经商，有一年在广西遇见了一位中年陈姓寡妇，经媒人说合后，周礼答应入赘陈家为赘夫，自此他就在当地落了籍，不久生下一个儿子。光阴荏苒，一晃就是二十多年，他的儿子也有16岁了。人到中年以后，想起年轻时候的事，也会有落叶归根的念头，他的妻子劝止不住，只好由他去，并叫儿子跟他父亲一同回吴江老家瞧瞧。陈氏放了一个蛊给周礼，暗中告知儿子说："你爸爸肯回来，就为他解蛊。"周礼父子回到吴江故乡，不到一年，周礼的蛊发作，每天要饮水一桶，肚子涨得像水桶那么大，儿子对周礼说："父亲，我们还是回广西吧！""我也想念你的母亲，但是生了这个怪病，走不动啊！""爸，你这个病我会治。""你又不是医生，你怎么会治病？"儿子照着母亲教他的方法，将他父亲的蛊病治好了，周礼的肚子里吐出了一条活的鲫鱼，这条鲫鱼就是他妻子放给他的蛊。

清道光年间（1821—1850年），在江西省兴国县也发生过一件诉蛊的刑案。一户新迁入境的客家人赵如瞻，被村民曾起周等5人控诉放蛊害人，这件案子的经过是这样的：

赵如瞻从福建长汀迁到江西兴国县，独资开了一家油店，雇工人曾起周等5人榨油，除发给工资外，并供给他们午餐。曾起周等5人到油店后吃完第一次午餐后，就觉得肚子很痛，立刻回家请了一个医生治疗。医生以为他们生的是普通的腹痛，开方服药，但他们的肚子依然痛得死去活来，身体也一天一天的消瘦下来。另有3位过路人经过赵家油店，向他家店伙买桃子吃，他们3人吃下后肚子也痛起来了。曾起周和赵家店里的佣工吴老六有金钱往来，吴老六一天到曾家向他讨回借的钱，曾起周向吴老六说："你把我的病治好，我就把借你的钱还给你；如果我的病治不好，甚至死了，你的钱就没人还了。""你的病只有杨老六会医。杨老六是老板（指赵如瞻）从长汀带来的，他有一种解药可治好你的病。"吴老六为了讨回借款，向曾起周说出了秘密，曾就拜托吴老六转请杨老六给药治病，并给他一笔钱，杨老六只得偷偷地将解药交给吴老六。曾起周 5 人服了解药，没过多久就将赵家下的蛊毒从大便里解了出来，解下的蛊长有半寸，白色，蛊的口像针一样，颜色是青的。

曾起周的病稍有转机就迫不及待地向兴国县正堂控告赵如瞻放蛊害人，这件事情才公开出来。真相大白以后，吴老六、杨老六二人说出赵如瞻养的蛊，共有瓜蛊、蛇蛊和虫蛊等 3 种。瓜蛊就是瓜虫，形状像瓜，大小如一枚枣子。蛇蛊的形状像蛇。虫蛊比蛇小，数量很多。曾起周等 8 人中的蛊毒是赵家养的虫蛊，是从水里采来的一种草"鸡脊柴"造成的。

由于巫蛊施放容易，造成的危害巨大，对社会安定造成了威胁，历代律法对此都有严苛的限制。汉代的法律对于巫蛊的查禁规定就非常严格，如：放蛊人及教令者，弃市；坐妻为巫蛊，族；后坐巫蛊，族。后魏也有巫蛊律，《古弼传》中载："有怨谤之言，其家人告巫蛊，俱伏法。"《隋书》规定"厌蛊"为"不道"，《隋书·郑议传》曰："其婢奏郑议厌蛊左道，与母别居，为司所劾，由是除名。"隋炀帝时，有人密告卫昭王杨集咒诅，宪司希旨成其狱，奏杨集恶道，坐当死，天子下公卿议其事，杨素等曰："杨集密怀左道，厌蛊君亲，公然咒诅，请论为律。"（《卫昭王杨爽传》）炀帝念他是至亲，把他免为庶人，没有取他的性命。

# 阴阳术士的智慧

测字也称"相字"，是一种迷信占卜法。在古代，由于认识能力及知识水平的限制，人们不能正确认识汉字及其起源、发展及功能，从而给文字蒙上了一层神秘的色彩，出现了文字崇拜。当时的人们认为文字具有某种神秘的力量，或者蕴含着命运的枢机，或者预示着神鬼的意志，所以，人们通过拆解字形以预测吉凶和决定宜忌趋避。在现今社会，人们已经普遍不再相信这些玄而又玄的方术，只是认定它们并非出自所谓的天道、命运，而是那些笃信五行的术士们对人情世事的一种把握，是他们的另类智慧的体现。因为毕竟命运掌握在人自己的手中，不存在预知与超自然的改运。因而，这些阴阳术士们留下并广为人知的便只是他们的传奇故事。

相传在明末，崇祯皇帝刚刚登基不久，眼看大明天下已是日薄西山，朝不保夕，于是忧心如焚，寝食难安。一天他微服出行，在街市上察访。只见一个去处，围着一大堆人，原来是一位号称"活神仙"的先生正在拆字算命，崇祯帝圣心一动，也想来拆个字，预卜一下国运。那先生一看，大庭广众之间，耳目众多，有些违碍的话如何说得，于是带他到落脚的小客栈里，随后低声谈话。崇祯帝写了一个朋友的"友"字叫他来拆。先生看了一看，皱皱眉头说："客官你可不要见怪。这个'友'字很不好啊，它乃是'反'字的出头。您看，现在李闯王已攻进洛阳，杀了当今皇上的叔叔，这不是意味着造反者已经出头了吗？"

崇祯帝听后十分不悦，但还是强作镇静，当下说道："这不怪你，原来是我自己搞错了。实际上我想拆的字不是这个'友'字，而是这个'有'字，因为音同字不同，所以搞错了，你不妨再替我拆拆看，吉凶到底如何？"那先生想了一想，眉头皱得更加紧了，对他说："哎呀！更为不妙啊！把这个'有'字拆开来看时，它是由'ナ'和'月'拼起来的，这不明明是'大明'的天下已经去掉一半了吗？"崇祯帝是个很迷信的人，这下子可真把他吓坏了。原来他想讨个吉利的口彩，不料天不从人愿，反使他的心头蒙上了一层阴影。但是他还不肯认输，说道："先生莫见怪，我今天有点心不在焉，连续讲错了两次，实际上，我想要你测的是这个'酉'字，你再替我讲一讲吧。"拆字先生听了，神色紧张地向他附耳低语："哎呀！不得了啊！'酉'字是把'尊'字去掉首尾而成的。'至尊'（对皇帝的称呼）都说不定会去头去脚呢！你可不能随便乱说啊，否则是有灭门之祸的。"崇祯帝一听，面孔顿时发白。回到宫里，立刻下令捉拿这位拆字先生，不料此人早已逃之夭夭了。

这虽是一则笑谈，却也不得不让人感叹中华文字的独特魅力。古时候的测字术大都是用这样的拆字法，通过对字的拆分来向咨询者点明未来的种种选择。

同样是明朝，天下初定之时，朱元璋从民间选拔 10 名僧人，准备分给诸位藩王讲经荐福，对于这些本心并不清静的僧人而言，选择跟随哪位王爷就成了一件重要的事情，在藩王们到来前，僧人们纷纷议论，哪个更有钱，哪个更有权，哪个地方水好土佳。只有一个叫道衍的和尚岿然不动，似乎并不在意这些，但实际上，他的内心比谁都激动，因为他一直以来都在等待着这个时机。不一会儿，藩王们进来了，僧人们立刻安静下来，他们知道决定自己命运的时刻到来了。

朱棣不言不语走进，他并没有注意到人群之中的道衍，就在他行将经过的时候，这个沉默的和尚突然开口了："燕王殿下，贫僧愿意跟随您。"朱棣一愣，问道："为什么要跟随我？"道衍平静地说："贫僧有大礼相送。"朱棣听罢只是一笑，"贫僧愿意送一白帽子给大王！"朱棣闻听此言，勃然变色，他虽然读书有限，但王上加白是什么字他还是清楚的，他快步走到道衍面前，低声怒斥道："你到底是什么人，不要命了么？"此时的道衍却是笑而不言，似乎没有听到这句话，闭目打起坐来。果然，过了一会，一个低沉的声音在他的耳边响起："跟我来吧。"

道衍和尚是明初一个传奇人物，出生在苏州的医生家庭，名曰姚广孝。14岁出家为僧，道衍乃是他的法号。在他身上，儒、道、佛三家融为一体，善于吟诗作文，与明初文坛盟主宋濂、高启交往密切；同时又向灵应宫道士席应真求教，学习道家阴阳术数之学。游历嵩山古刹时，相士袁珙看到他，大为惊讶：什么地方来的怪异和尚，一对三角眼，身形好像病虎，性情必定嗜好杀人！道衍听了不但不恼怒，反而大喜。

明太祖朱元璋早年当过和尚，对佛教有着特殊的感情，要礼部考试精通儒学的和尚，为儿子选择随侍僧人。道衍应试后的归途中，赋诗怀古，抒发抱负。同行的和尚批评道：这那里像出家人应该讲的话！道衍笑而不答。洪武十五年（1382年），朱元璋挑选道衍作为燕王朱棣的随从，一同前往北平。道衍和尚兼任大庆寿寺的主持，实际上大部分时间都在燕王府，成为朱棣的智囊，策划与鼓动朱棣发动军事政变，就是他干的主要勾当。

野史记载，某一个冬天，朱棣在燕王府设宴款待道衍，酒酣耳热之际，两人玩起了"对对子"游戏。朱棣出上联："天寒地冻，水无一点不成冰"；道衍应声对出下联："国乱民愁，王不出头谁作主"。表面上看都是文字游戏——"水"字加上一点，就是"冰"字（古时作"氷"），"王"字出头就是"主"字，但却是话里有话。上联明明是在谈天气，下联却在谈政治，"王不出头谁作主"，一语双关：燕王你不出头谁来做人主呢？既是鼓动夺权，又是拍马奉承。

燕王朱棣当然明白，把"王"变成"皇"，绝不是儿戏，有点儿犹豫。洪武二十三年（1390年），他把相士袁珙迎到北平，为他看相，预卜未来的吉凶。朱棣为了测试袁珙的本领，特地装扮成卫士模样，混杂在九个相貌和自己相似的卫士中，在酒馆和袁珙见面。袁珙一下就认出了朱棣，跪在他面前说：殿下何必如此作践自己！一行人回到王府，袁珙面对朱棣，仔细端详面容，俯仰左右，再拜稽首而说："龙形而凤姿，天广地阔，日丽中天，重瞳龙髯，二肘若肉印之状，龙行虎步，声如钟，实乃苍生真主，太平天子也。年交四十，髯须长过于脐，即登宝位时。"用明白无误的语言告诉他，四十岁可以登上皇帝宝座，当上太平天子。

建文四年（1402年）六月十七日，朱棣果然如愿以偿地当上了皇帝，想起了当年袁珙的预言竟然如此灵验，把他从宁波家乡请到南京，授予太常寺丞的官职，赏赐冠服鞍马、文绮钞锭。陆容《菽园杂记》根据道衍和尚姚广孝为袁珙写的墓志铭，记录了这一情节，评论道："观此，则知太宗（朱棣）之有大志久矣，（袁）珙之相，特决之耳。"看起来袁珙似乎神乎其神，其实是和道衍和尚一唱一和，一个说"王不出头谁作主"，一个说"太平天子"，都在鼓动朱棣夺权，而朱棣早已有此"大志"了，袁珙不过敦促他早做决断而已。

无独有偶，除了这些在权力的旋涡中起伏不定的谋士，民间也多有此类高人。宋人何薳《春渚纪闻》卷2说道，宣和年间，四川人谢石"以相字言人祸福，求相者但随意书一字，即就其字离析而言，无不奇中者"，当时名震京师，宋徽宗写了一个"朝"字令身边的人去找谢石测字。谢石一看，就对此人说："这个字不是你写的吧？这个字，我不敢说，说得不好要倒霉的。"那人很惊讶，但还是对谢说："只要有真凭实据，尽管说来，不必害怕。"谢石把手按在额头上说："'朝'字拆开，就是十月十日。不是这一天出生的天人，还有谁会写这个字！"而宋徽宗正是十月十日的生日。

而洪迈的《夷坚志补》卷 19 说的是另外一种版本：宋徽宗写了一个"问"字让宫中的人去找谢石测字，谢石在"问"字旁批了几句话，密封好，吩咐那人到家后才能拆封。宋徽宗拆开一看，上面写着："左为君，右为君，圣人万岁。"于是就封了谢一个官。有个道士听说后，也写了一个"问"字找谢石去测。谢石说："门虽大，只有一口。"道士愕然。原来他所住的道观，只有他一个道士。但道士仍不服气，另写一"器"字，请别人再去测。谢石说："人口空多，皆在户外。"道士这才大为叹服。

细细追溯人们对占卜未来的热情，则可以上溯到上古时期。在殷商以前的原始氏族社会，由于生产力水平特别低下落后，生产资料和生活资料极端简陋和贫乏，每个氏族成员只有在原始的氏族集团中方能生存。任何人都生活在同一水平线下，根本不存在超越氏族群体生活水平线之上的贵贱贫富现象。限于当时文明进化的程度，自然界在人们眼里具有无限的威力和神秘不可征服的力量。人类如同动物一样无可奈何地服从自然界的威力。自然界中的风雨雷电、地震洪水、疾病猛兽随时可以吞噬人类的生命。

中华民族的先民们对命运比较自觉的思考，还是在社会生产力有了极大发展，出现了超越氏族群体生活水平线之上的贵族，即历史迈进奴隶社会以后的事。在这以前，"命"在人们的心中并非指个人的贫富贵贱，而是专指自然界对人类的制约。在他们看来，自己的死生及人间的万物完全由那个神秘莫测的"天帝"来主宰，因此"天帝"是至高无上的。

商人的祖先是顺从天命，吞了鸟蛋而生的。周人的祖先是踩了"天帝"的足迹而孕育的。虽然这是荒诞的传说，但这个传说却蕴藏着我国先民们一个共同的精神信仰，即他们的始祖都是"天帝"的子民。不仅氏族的起源是"天帝"的意志，就连人类社会的典章制度也是由"天帝"所决定的，上至天子的人事安排、下到百官的职位设置，都要靠这位至高无上的"天帝"来安排，它主宰人的死生寿夭和吉凶祸福。其实，这位至高无上的"天帝"，指的是人间的天子。这种"天帝命定论"的观念，实为统治阶级神权政治的思想反映。夏商周时代政治上实行的是以严格的嫡长子世袭、庶子分封的宗法制为基础的分封制。经济上实行的是国家公有的井田制。为巩固这种制度，他们又实行严格的等级制度。人的贫富贵贱等等都是"天帝"的意志决定的，是终身不变、千古永恒的。只要敬天尊命、不逾法度便吉祥和顺；而逆天命无法度便是咎由自取。

人类对命运的大胆探索及阴阳五行学说的确立是在春秋时期。中国历史上，春秋开始直至汉朝的建立，是一个大动荡、大分化的历史时期，国家的经济制度和政治制度都发生了根本的改变。井田制的破坏，直接动摇了政治上以血缘关系为基础的宗法制的分封制。特别是农奴的解放，一般平民崛起为地主，连商人也凭手中的权力参与国家的政事；分封的诸侯为了扩张自己的势力互相争霸，大力搜罗宗法血缘关系以外的人才，甚至是奴隶出身的人，如贫穷到为人赶牛的宁戚凭才能被齐桓公拜为上卿，穷困潦倒的百里奚凭智谋被秦国拜相等，开了老百姓也能当大官的风气。进入战国，"游说则范雎、蔡泽、苏秦、张仪等，徒步而为相；征战则孙膑、白起、乐毅、廉颇等，白身而为将。"（赵翼《二十二史札》卷2）。至于在社会变动中，有的贵族从社会上层降落到社会下层更是常事。这些政治、人事制度的激烈变化，尤其是个人命运的大起大落以及时人对天象运动规律的初步把握，使人们发现"天象"和人事不一定具有必然的联系，不由得产生这样的疑问：既然人的穷富贵贱是"天命"都规定好的，亘古不变的，那么和天子关系最亲近的国君的人头何以落地？而平民百姓又何以能出将入相？这无疑是给长期以来在人们心目中至高无上的"天命论"当头一棒，必然引起时人对"天命论"的信仰危机，于是，有些人不再相信冥冥中的上帝，他们撇开血缘决定命运的观念，开始从人的自身寻求个人命运的普遍规律，这就是测字类占卜术从此在民间受欢迎的最基本思想基础。

# 第十三章　陪葬与殉葬——死后世界亦喧嚣

殉葬是一种古老的习俗。早在原始社会，人们便习惯于把随身使用的工具、武器以及生前喜爱的日用品和死者埋葬在一起，因而衍生出后来的种种殉葬制度。

## 残忍的活人殉葬

中国古代帝王陵墓制度里，最残忍的就是殉葬。殉葬又称陪葬，是指以器物、牲畜甚至活人陪同死者葬入墓穴，以保证死者亡魂的冥福。以活人陪葬，是古代丧葬常有的习俗。有的是死者的妻妾、侍仆被随同埋葬，也有用俑、财物、器具等随葬。龙山文化时期（约五千年以前）就出现人殉，商朝男女贵族墓葬有大量的人殉，但没有夫妻合葬、妻妇殉夫的现象。

活人殉葬在殷、周君王死后就很盛行，他们死后把生前享用的一切，包括美妻艳妾都送到坟墓中去。考古工作者从已经发掘的古墓中发现，殷墟侯家庄商王大墓中有 164 具殉葬者的骸骨，商王妃妇好墓有 16 人殉葬，曾侯乙墓有 21 具殉葬者的尸骸，全部为年轻女子。

早在奴隶社会，奴隶作为会说话的工具，常常被杀死或活埋以用来殉葬，好让他们在阴间继续为主人效力。当时用奴隶殉葬已成为一种制度。进入阶级社会以后，妇女沦为贵族男子的玩物与附庸，在殉葬者中，妇女占有相当大的比例。商代卜辞中就有专门杀殉女奴的记载。当然，殉葬者的身份并非全部是奴隶，也有墓主的妻妾和家臣。

春秋战国时期，史籍关于人殉的记载很多。那时的君王死后，殉葬者不但有美女，还有幸臣仆从。这代表已殉君王到了地下，仍旧做君王。秦武公死时，"初以人殉死，从者 66 人"（《史记·秦本纪》）。秦穆公死后，"从死者 177 人"（《史记·秦本纪》），其中有三位良臣跟着殉葬。秦穆公死前就想让群臣和他一道赴黄泉，一次与群臣饮酒，他趁大家喝得昏头涨脑时说："咱们君臣，生时同乐，死后也要同哀呀。"奄息、仲行、针虎三个大臣不知是死心塌地地忠于穆公，还是因酒精作怪，乱说大话，竟当场表态，愿随他共死。这一表态不打紧，穆公死后，他们也就跟随他进了陵墓。

《西京杂记》卷 6 记载，盗墓者掘开晋幽公的陵墓，见其内有百余具殉葬者，横相枕藉，尸体未腐，除一男子之外，全部是女子，这些殉葬者或坐或卧，甚至还有站立者，衣服肤色不异活人。《史记·晋世家》记载："幽公淫妇人，夜窃出邑中，盗杀幽公。"也就是说晋幽公是在出宫与女人鬼混而被盗贼杀掉的。幽公属于非正常死亡，但他的陵墓中仍有这么多殉葬者，其他正常死亡的国君，陵墓中的殉葬者数量相信会更多。

吴王阖闾引诱百姓为其女儿殉葬的手段，更加残酷血腥，令人发指。《吴越春秋》记载，阖闾的女儿因对父亲有怨气而自杀，阖闾非常悲痛，在阊门外为女儿大造坟墓，"凿地为池，积土为山"，又制作雕刻精美的石椁，并用金鼎、银樽、珠玉等珍宝作为随葬品。到了为女儿送葬那一天，阖闾令人一路舞着白鹤，吸引成千上万的市民跟随观看。到了墓地，阖闾"使男女与鹤俱入门，因塞之"，也就是下令将跟随观看的男女全部赶进地宫，然后塞上墓门。这些观鹤的百姓就这样被埋进坟墓，成了阖闾之女的殉葬者。而阖闾这一做法，比后来的始皇帝嬴政还要残暴。

齐桓公姜小白陵寝十分豪华，随葬品非常之多。他的陵寝被人掘开之后，发现里面有殉葬者的骸骨，横七竖八地躺在地宫里。姜小白死于宫廷政变，被竖刁、易牙、开方三个奸贼禁闭在寝殿里活活饿死，死后数十天，直到腐尸上的蛆爬出室外，才被人发现。死得如此悲惨，仍要杀人殉葬，可见当时以活人殉葬是必不可少的丧葬礼制之一。

君王老爷以活人殉葬，王公贵族富豪，乃至太后之类的女强人均争相效仿，于是以活人殉葬之风盛行一时。不过当时也有不少人反对这一残酷的做法，史籍多有记载。《战国策·秦策》记载，秦国的宣太后与大臣魏丑夫勾搭，并且爱得死去活来。宣太后病重时下令："我死后，一定要以魏先生殉葬。"魏丑夫得知后，吓得要死。他的朋友庸芮自告奋勇，去劝太后收回成命。庸芮说："太后，你老人家认为人死后还会有知觉吗？"太后答曰："当然没有知觉。"庸芮见她入了套，便说："像太后您这样英明无比的人，明明知道死人是无知觉的，为啥还要让生前所喜爱的人白白送死，把他和没有知觉的死人一起埋葬呢？先王活着时就对你很是不满，如果死人有知觉，那么你带了个男人到地下，先王岂不更加恨你，到那时，你可是悔罪都来不及呀！哪还有什么闲心和魏先生谈情说爱呢？"宣太后听他这么说，只好割爱。魏丑夫这才逃得一死。

《礼记·檀弓》记载：陈子车死在卫国，他老婆和管家谋划以活人殉葬。两人商量好后，陈子亢来了，他们便对陈子亢说："子车先生是生病而死的，病人到地下无人待候，我们打算以人殉葬。"陈子亢说："用人殉葬，不符合礼制。他虽然有病需要人待候，但应当待候他的，有谁能比他的妻子和管家更恰当呢？不用人殉葬就算了，如果一定要用人殉葬，我想用你们二位作为殉葬者最合适。"陈子车的妻子和管家大惊失色，再也不提以人殉葬的事。另有个叫陈乾昔的，他病重时把兄弟和儿子召集到床前，吩咐他的儿子陈尊己道："如果我死了，一定要把我的棺材做大，让我的两个丫环夹着我。"他的儿子说："用人殉葬不合礼制，更何况没听说有谁把殉葬者与死者装在同一口棺材的！"在陈尊己的坚持下，终于未将两个丫环埋进坟墓。

墨翟在《墨子·节葬下》中说："天子杀殉，众者数百，寡者数十；将军大夫杀殉，众者数十，寡者数人。舆马女乐皆具……此为辍民之事，靡民之财，不可胜计也。"意思是，君王杀人殉葬，多则几百，少则数十；将军和大人杀人殉葬，多则几十，少则几个。并且是车马、歌伎、舞女俱全。这种残酷的做法，害得人民无法做事，浪费民财更是无法计算。就连主张厚葬的荀况也极力反对杀人殉葬，他在《荀子·礼论篇》中说："刻死而附生谓之墨，刻生而附死谓之惑，杀生而送死谓之贼！"意思是，削减死人的随葬品而增加活人的花费叫作"墨子之道"，减少活人的花费而增加死人的随葬品叫作糊涂，而杀死活人为死人陪葬叫作凶残！

　　但是，思想家的批判并未能改变当时杀生殉死的残酷习俗。秦始皇大造陵寝，堪称空前绝后，而他的儿子胡亥则把以活人殉葬的"皇家礼制"推向顶峰。秦始皇死后，胡亥率百官与后宫妃嫔、夫人，护送死皇帝灵车，浩浩荡荡前往骊山。到了陵地，一干人等将棺椁送入地宫，胡亥突然下令："先帝后宫人等，未生子者，出焉不宜，应该殉葬！"当时，秦始皇遍掠六国美女，后宫佳丽达万余人，而妃嫔、夫人等大小老婆，绝大部分未曾生子，故此令一下，众女号啕大哭，声震四野。胡亥毫不怜悯，令有子的妃嫔走出墓圹，余皆留在圹内。性情刚烈些的，当即撞墙而死；性情懦弱些的，吓得昏倒在地。正在众佳丽魂飞魄散之际，墓圹的石门已被工匠关闭，并用土封死。无数的美女，就这样到地下继续陪伴始皇帝去了。胡亥这个一刀切的殉葬政策，也堪称空前绝后。

　　自汉代以后，绝大多数皇帝不再杀生殉死，常有皇帝死前留下遗诏，令放无子的妃嫔宫女出宫。虽然偶有帝王以活人殉葬，但均不及胡亥残暴刻毒。威名显赫的汉武帝死后，虽然殉葬了大批金银财物、鸟兽鱼鳖、牛马虎豹，但他的几千名妃子、宫女却都保住了性命。从此，除边远少数民族地区外，强制妇女殉葬的制度，基本不复存在。

　　汉代以后的六朝、隋唐、宋辽金等朝，虽然偶有以后宫活人为帝王殉葬的，但规模已比以前朝代小了很多。然而，在元明两朝，殉葬活人却突然达到了又一个高潮。成吉思汗死时，灵柩经过之处，所遇之人也"尽杀之"，"诸将负成吉思汗柩归蒙古，秘其丧，在道，遇人尽杀之"（冯承钧《成吉思汗传》）。成吉思汗的后人还用美女骏马为他殉葬："杀40名贵族美女及大汗之骏马以为殉"（何建民《中国殉葬史》），"蒙古大汗时，杀最良之马以供大汗来世之用；蒙兀没时，送葬之途次，遇人尽杀之，其数在2万人以上"（《马可波罗记》），蒙兀是成吉思汗的孙子，他的做法，就是秉承了天之骄子的祖宗爷爷的家传。

明朝，人殉甚至成为制度。明太祖死后，共陪葬及殉葬40个嫔妃，其中，除了两个嫔妃死在太祖之前，最后得以埋在太祖陵墓的东西两侧外，其余38人都是殉葬而死。而给明成祖殉葬的嫔妃人数有两种说法，一种是《大明会典》的16人；一种是朝鲜的《李朝实录》的30多人。明仁宗死后有5个妃子殉葬，分别为：贵妃郭氏、淑妃王氏、丽妃王氏、顺妃谭氏和充妃黄氏。明宣宗的景陵葬8人，所以一种说法认为殉葬人数是7人；不过从《明史·后妃传一》最后的加谥名单来看，又可能是10人。至于明景帝，史书上仅记载"诸妃嫔唐氏等"殉葬，具体人数不明。5个皇帝加起来，殉葬的嫔妃总数应在100人左右。

这些殉葬的嫔妃，多数没有子女或者地位较低。比如明宣宗殉葬10人说中，只有一人生前为妃，其余的生前不过是宫女罢了。不过也有例外。给明仁宗殉葬的郭氏生前已经是贵妃，并且育有三子，似乎不合殉葬者的"标准"。所以《野获编补遗》中感叹说："贵妃……例不当殉，岂衔上恩自裁以从天上耶！"

据史料记载，明朝的殉葬制度规定很细，哪些妃嫔应殉葬，哪些可以不殉葬，都有明文规定。凡被册封为贵妃等高等名号的，生过儿子并且儿子被封藩的，可以不殉葬；娘家原有功勋的也可"恩免"。其余的皆殉葬。

在有明一朝所有殉葬宫妃中，当数才女郭爱的从死最令人伤心同情。郭爱进入明宣宗朱瞻基的后宫仅仅20天，只有38岁的朱瞻基就死了。知道自己要殉葬，郭爱仿楚辞写下了"绝命书"："修短有数兮，不足较也。生而如梦兮，死则觉也。先吾亲而归兮，惭予之失孝也。心悽悽而不能已兮，是则可悼也。"郭爱是从朱瞻基的祖籍地安徽凤阳选进后宫的，本来是荣宗耀祖，无上光荣的事情，结果还不知是否被朱瞻基宠幸过就要殉葬。《史明·后妃列传》上有郭爱的记载，对她评价甚高，称"贤而有文"。郭爱的"绝命书"当时影响很大，继位的明英宗朱祁镇是朱瞻基的大儿子，他看到那么多鲜活的生命就这样死去，于心不忍，临死时留有遗诏，嘱废掉此恶俗，"用人殉葬，吾不忍也，此事宜自我而止，后世勿复为"。不过，朱祁镇只是让皇帝的嫔妃不用陪葬了。他以后的皇帝死后，还是有很多宫女甚至太监为之陪葬的。

朱祁镇当皇帝时曾被瓦剌俘获，此事成为中国古代帝王史中的一大耻辱；但因为罢殉葬一事，使他有了一个良好的历史形象，历史对他这一举动评价甚高，《明史·英宗后纪》给他的盖棺定论是："罢宫妃殉葬，则盛德之事可法后世者矣。"明朝史学家当时即盛赞此举，时人王世贞在《弇州山人别集》中称："此诚千古帝王之盛节。"

朱祁镇废除了帝王死后活人生殉制，但这一制度实际上到清朝也没有真正绝迹。清朝著名的殉葬事件发生在清太祖努尔哈赤身上。努尔哈赤有一个比他小31岁的宠妃乌喇那拉·阿巴亥，阿巴亥年轻漂亮，又富机智，嫁给努尔哈赤时才12岁，很快受到了努尔哈赤的青睐和宠爱，两年后就被立为大妃（相当于皇后）。阿巴亥先后为努尔哈赤生了3个儿子，即皇十二子阿济格、皇十四子多尔衮、皇十五子多铎。天命十一年（1626年），68岁的努尔哈赤病死，考虑到多尔衮、多铎与年轻的母后对汗位可能存在的威胁，努尔哈赤生前下令阿巴亥殉葬，"俟吾终，必令殉之"。阿巴亥为了保全几个儿子，盛装自尽，年仅37岁。实际上，除了阿巴亥以外，努尔哈赤生前的四位宫女也一块殉葬了。

据传，在清圣祖玄烨之前的清世祖福临、清太宗皇太极，与努尔哈赤一样，死后都有活人殉葬。一直到康熙十二年（1673年）康熙皇帝才下旨，禁止奴仆随主殉葬。康熙皇帝是1722年死的，就是说，中国帝王用活人殉葬这种残酷野蛮的制度，到了公元18世纪才算真正退出中国历史的舞台。

## 骇人听闻的殉葬手段

活人殉葬曾一度在历史上绝迹，直到1398年，历史倒写——朱元璋死后，那些还没来得及生育的可怜妃嫔，就被告知要陪皇帝殉葬。这些殉葬的妃嫔叫朝天女。今天的考古专家们曾在山东益都苏埠屯一个普通小王的墓里发现了39具殉葬人骨架或者头骨，可谓残忍之至。

洪武二十八年（1395年），朱元璋的次子秦王朱樉死后，朱元璋就命人以两名王妃殉葬，以陪伴自己躺在地下孤独的儿子。洪武三十一年（1398年），朱元璋死后，他的孙子朱允炆继位，朱允炆遵遗诏、依古制，凡没有生育过的后宫嫔妃，皆令殉葬。但是当时场面混乱，加上负责此事的官员出于某种不可告人的目的，把不少已经生育过的妃嫔也列入了陪葬之列。

明史研究专家马渭源认为，为朱元璋殉葬的那些嫔妃都是上吊死的。"朱元璋死后，那些没有生育的妃子，都得到了上面的命令，要上吊自杀。"殉葬那天，所有被列入殉葬名单的宫女和妃嫔都被集中到一个屋子。这个屋子里安放了一把把太师椅，每个太师椅的上方都悬挂着七尺白绫。宫女妃嫔们在侍臣和太监的逼迫下，无奈地站到太师椅上，然后将自己的头伸进了那早已系好的套扣……当然，有的宫女会被这样的场面吓呆了，颤抖地坐在了地上，这个时候那些太监就强行把宫女扶上太师椅，然后把那个套扣套在了宫女的头上，随后搬走了椅子。

而多数情况下，殉葬的妃嫔则被带到另一个房间，让她们吃饭。这"最后的晚餐"相当丰富，但由于即将到来的死亡的恐惧，恐怕谁也无心食用，多半情况是泪流满面，现场哭声震天，史书记载朱棣的殉葬者即如此。在晚餐进食完毕之后，便有专人将她们引入大堂。据朝鲜《李朝实录》记载，当时的情境是这样的：

> 帝崩，后宫殉葬者30余人。当死之日，皆饷之于庭。饷撤，俱引升堂。哭声震殿阁。堂上置大小床，使立其上。挂绳圈于上，以头纳圈中。遂去其床，皆雉颈而死。韩氏临死，顾谓金黑曰："娘，吾去！娘，吾去！"语未竟，旁有宦者去床，乃与崔氏俱死。诸死者之初升堂也，仁宗亲入辞决。韩氏泣，谓仁宗曰："吾母年老，愿规本国。"仁宗许之。

这一段便是在描述殉葬前的情景，大堂之上，放有许多小床，让这些殉葬的妃嫔分立其上，将头纳入床上的绳扣之中，而后去床，使其吊死，然后送入墓中。上面记载中的金黑是韩氏的乳母，当初随年幼的韩氏从朝鲜而来。据明人王世贞《弇山堂别集》记载，韩氏来华时至多十二三岁，殉葬的时候也就二十二三岁。韩氏死后金黑又在中国生活了二三十年，后来回国，上面的记载就是她回国后的回忆。

除了逼其吊死，将殉葬者"毒死"也是常见的手段。朱元璋的殉葬宫妃是怎么处死的，民间另有说法。其中一种说法就是给被选定的宫妃强行灌食水银。水银是剧毒，食后即死。为什么使用水银呢？据说被水银毒死的殉葬者，其尸体长久不腐，多年内仍栩栩如生。

马渭源认为，这种灌水银的死法没有必要。"不过，明代文人笔记里面写到，在明代确实有人被灌水银而死的。被灌水银的人，先是被一种中药熏得失去了知觉，然后，在头部切开一块，执行人手持铜勺，而不是像现在这样用针管，往切开的部位里面倒水银。"马渭源强调，古代文人写这种刑法都是非常意会的，并没有交代细节，但可以想象，这种死法是"惨不忍睹"的，然而对那些死者而言，这样所忍受的痛苦却可以小一些。

还有一种殉葬方法是"活埋"，将殉葬者手脚捆住，摆成一定姿势（造型），随即快速埋土。为了让殉葬者失去反抗能力，有时会使用麻醉剂一类的东西，让其"安乐死"。在考古发掘中发现，有的殉葬女性四肢存在被绳索捆绑的痕迹，这应该是当时被强行殉葬的。有的殉葬女人屈肢侧身，脸朝男性，则是死后（也可能未死）被摆弄成的姿态，是一种造型，自然死亡者是不可能有那种"规定动作"的。1987 年发现的河南濮阳西水坡 45 号墓，墓主为一壮年男子，仰身直肢葬，头南足北。墓室的东、西、北三个不同方向有 3 个龛室，内各有一具小孩的尸骨，朝向不一。专家认为这 3 个小孩就是殉葬，被活活弄死后摆出形状的。

当然，结束殉葬者生命最直接，也是最省事的手段当是"砍头"。但这种手段为后世弃用，原因是不能保留全尸。所以，砍头多在早期或人牲中使用，在奴隶社会奴隶主墓穴考古中，时常会发现殉葬者的头被有规则地排列在一起，而尸身则另摆一处，推测生前曾遭砍头。还有一种，古人筑墓有用人头作祭的习俗，在墓穴开挖的不同阶段，都会将人头与猪头、狗头一样砍下来，当作"牲"来作祭。

目前考古发掘出的殷墟 M1001 号墓中，殉葬者超过 164 人，与墓主同穴有 96 人。附近大片祭祀坑内有大量的人体骨架，全部尸首不全，这些殉葬者被结束生命时都应该是砍头。WKGM1 号墓的墓室内有规则地摆放着 34 颗人头，这些都是殉葬者的头颅，也应该是遭砍后葬入的。1972 年在山东益都发现的"亚丑国"墓地，内有一座四墓道大墓，共有 48 名殉人；另有一座大墓，墓室四角各放置武士头一个。殷墟发现了大量的殉人葬坑，疑多是参加筑墓的奴隶。这么多人不可能是一个一个杀掉的，很可能是集中起来，通过武力手段解决。

有时，除了极亲密的配偶，殉人死后并不能获得与墓主同居一室的待遇。能被安置在地宫前耳室内，已算是一种幸运和良好待遇。在众多的殉葬者中，有的只是头颅置于墓室口或墓道内。在殷墟 M1550 王陵遗址西区东北部墓，墓底中心有腰坑，内埋 1 犬。四角各有 1 坑，每坑内埋 1 人，北墓道近墓室口部有每行 10 个的人头骨数列。还有放之于棺椁四周，如河南濮阳西水坡 45 号墓的殉人摆放方式。生前受到墓主宠爱或器重的，会有葬具，如棺木装殓；否则则不给葬具，裸身而埋。罗泊湾汉墓的 7 名殉人便得到了安葬，有棺有席。如果是现场殉杀的，可能就不一样了，齐桓公墓有人殉葬，但"骸骨狼藉"，很可能就是匆忙中的行为。

## 沉寂在地下的瑰丽宝藏

帝王陵墓内有千奇百怪的陪葬品，除了金银财宝之外，还有一些陪葬品也是价值连城。可能当初的墓葬主人没有想到随他入墓的物品有多大价值，但是对于后人来说，这是了解当时历史状况的重要依据，碑刻、字画、瓷器、陶器，这上面附录的文字，随时都可能透露出重要的信息。例如，殷墟出土的甲骨就是研究商周历史的重要依据。

### 一、甲骨

甲骨就是中国古代占卜时所用的龟甲和兽骨。其中龟甲又被称为卜甲，多用龟的腹甲；兽骨又被称为卜骨，多用牛的肩胛骨，也有羊、猪、虎骨及人骨。因而，卜甲和卜骨，被合称为甲骨。

中国在新石器时代晚期就已出现了占卜用的甲或骨，至商代甲骨盛行，到周初或更晚仍有甲骨。商周时期的甲骨上还契刻有占卜的文字——甲骨文。甲骨作为陪葬宝物，主要是在商朝时期。在商代，宫廷里会有一位地位极高的占卜官，他平时会准备好甲、骨，每当商王要决定一项活动，或询问一件事情的时候，他就会拿出一片甲或骨，在其背面挖上槽或凿上几个洞；然后用燃烧的木枝去炙，炙到一定温度，甲或骨会爆开一些裂缝。占卜官根据这些缝的深浅或走向来判断天意，并向国王报告。国王即据此决定一切行动。事后，占卜官还要把该事的结果刻在这片甲骨上。这便是甲文，又称甲骨卜辞，是我国已发现的最早的文献记录。

甲骨本身非常珍贵，因为它能预知吉凶，乃至生死，而且甲骨通常与巫术结合，所以商王希望死后也能带上这些宝物，可以得到鬼神的保佑；另外也是希望自己在未知的死亡世界里能够得到安慰和寄托。

甲骨文的发现纯属偶然。1899 年，清王朝国子监祭酒、金石学家王懿荣从一味中药"龙骨"上面，发现了一种不认识的古代文字。经过研究得知，这种"龙骨"有的是龟甲，有的是牛肩胛骨。后来，人们就把刻在甲骨上的文字叫作甲骨文。由于最先发现甲骨文的是王懿荣，因此，他也被誉为"甲骨文之父"。

甲骨文被发现之后，引起了学术界的轰动。但是，古董商人为了垄断财源，对甲骨的来源秘而不宣，以后又谎称出自河南汤阴、卫辉等地。直到 1908 年，学者罗振玉才首先访知甲骨出土于河南安阳的小屯村一带。于是他派遣自己的亲属去安阳求购，又亲自前往安阳进行实地考察，先后共搜集到近二万片甲骨，并于 1913 年精选出两千多片编成《殷墟书契》（前编）出版，随后又编印了《殷墟书契菁华》（续编），为以后甲骨文的研究奠定了基础。

实际上，甲骨文的发现之地——安阳小屯村一带为商之首都，共经历了八代十二王，历时 273 年。后人称这段历史为殷朝，因而此地也被称为殷都。殷都被西周废弃之后，便逐渐沦为废墟，后人称之为"殷墟"。殷墟占地面积约 24 平方公里，大致分为宫殿区、王陵区、一般墓葬区、手工业作坊区、平民居住区和奴隶居住区。城市的布局严谨而合理。同时，从其规模及出土文物来看，它不仅是当时全国，而且是东方的政治、经济、文化中心。千百年以后，商王大墓的陪葬品甲骨，随着气候的变迁与时间的推移，才逐渐出现在了农民耕种的地面上。当地农民发现这种骨头后，认为它们是古代龙的骨头。同时，他们还发现这种骨头具有止血等作用，尤其是用这种骨头的粉末来治疗外伤和一些妇女病，疗效更为显著。因此，他们便将其收集起来卖到药店。在被王懿荣"发现"以前，千百年来，被吃掉的"龙骨"——甲骨文不知有多少。

继罗振玉之后，又有许多著名的学者对甲骨文进行了卓有成效的考释和研究，遂形成一门专门的学问——甲骨学。董作宾、罗振玉、王国维、郭沫若并称为"甲骨四堂"，被誉为甲骨学研究的一代宗师。

司马迁在《史记·殷本纪》中，详细记载了商王朝的世系和历史。过去，史学界有许多人对这些记载将信将疑，直到甲骨文的发现，才终于将其看作信史。半个多世纪以来，殷墟出土的带字甲骨共约16万片之多，所用的单字也有4500多个。它是迄今为止在中国发现的自成体系的最古老的文字。甲骨文的发现，对于研究商周时期的历史具有不可估量的价值。长眠于地下的王公贵族们肯定不会相信，后人对于甲骨的兴趣，竟然远远大于同期出土的青铜器。而在甲骨之后，最引人注目的珍宝便是古时的青铜器。

## 二、青铜器

青铜器，作为商周时期的又一大陪葬宝物，在当时的社会是非常普遍的。而且，商周时期的青铜器种类也颇多，著名的有司母戊鼎和四羊方尊。同时，在商王的墓葬中，陪葬有大量的青铜器。这些青铜器部分是用来祭祀祖先和鬼神，也有的是日常生活用品，比如酒器，等等。又如，在我国西南成都平原的三星堆就发现了很多青铜器，其中包括人面立人青铜器，以及造型奇特的青铜树等。此外，青铜器的制作还需要高超的合金技术，

四羊方尊

掌握好铅、铜、锡的比例，才能锻造出质量上乘的青铜器。所以，把青铜器作为陪葬品，一方面说明了墓主的地位和等级；另一方面也反映了人们对鼎器文化的崇拜。

四羊方尊是商朝晚期偏早的青铜器，属于祭祀用的礼器，也是中国现存商代青铜器中最大的方尊。它重34.5公斤，器身方形，方口，大沿，颈饰口沿外侈，每边边长为52.4厘米，其边长几乎接近器身58.3厘米的高度。此外，颈部高耸，四边上装饰有蕉叶纹、三角夔纹和兽面纹，尊的四角各塑一羊。其中，肩部四角是四个卷角羊头，羊头与羊颈伸出器外，羊身与羊腿则附着于尊腹部及圈足上。尊腹即为羊的前胸，羊腿则附于圈足上，承担着尊体的重量。羊的前胸及颈背部饰鳞纹，两侧饰有美丽的长冠凤纹，圈足上是夔纹。方尊肩饰高浮雕蛇身而有爪的龙纹，尊四面正中即两羊比邻处，各一双角龙首探出器表，从方尊每边右肩蜿蜒于前居的中间。全体饰有细雷纹。器四角和四面中心线合范处均设计成长棱脊，其作用是以此掩盖合范时可能产生的对合不正的纹饰。

四羊方尊在地下沉睡了三千多年以后，于1938年4月被湖南省宁乡县黄材镇龙泉村的村民姜景舒发现。由于四羊方尊有着不凡的外形和如黑漆般的色泽，让姜景舒以为挖到了"乌金"。于是，很快就有源源不断的人前来参观、抚摸。为了避免四羊方尊被络绎不绝的参观者损坏，姜景舒不得不请当地乡绅出面维持秩序。只是防不胜防，方尊一个羊头的细小的角尖还是被弄掉了，再也没找回来。同年5月，黄材镇的一位名为张万利的古董商以400块光洋购得四羊方尊。但是，这400块光洋到了姜景舒手里，实际只有248块——中间已经经过当地保长、甲长和乡绅的层层盘剥。张万利买进四羊方尊以后，很快便转手到了长沙，随即被当时的政府没收，交由湖南省银行收藏保管。1938年下半年，湖南省银行为躲避战乱，西迁到湖南西部的沅陵县。不久，四羊方尊就在日军的空袭中，碎成二十多块。1952年，在中国人民银行湖南省分行的仓库中，找到四羊方尊的碎片。1954年5月，湖南文管会的文物修复专家张欣如修复了四羊方尊，1959年被中国历史博物馆（今国家博物馆的前身）调至北京。

### 三、古时兵器

古代处于冷兵器时代，所以铸造武器非常讲究。帝王将相的佩剑都是宝剑，他们把佩剑看作是一种地位和身份的象征。此外，很多人也非常喜欢剑，所以打造出的刀剑往往是精品。他们将剑等兵器看作宝贝，死后也不舍得与它们分开，所以很多宝刀、名剑都跟着主人进入了另一个世界，以延续他生前的荣耀。越王勾践剑和吴王夫差矛便是如此。

举世闻名的越王勾践青铜剑于 1965 年 12 月在湖北省江陵望山 1 号墓的一座楚国贵族墓中出土。出土时，此剑装在黑色漆木剑鞘内，剑与鞘吻合较紧，剑身寒光闪闪，毫无锈蚀。宝剑全长为 55.6 厘米，剑身

赵王勾践青铜剑

长 46.6 厘米，剑格宽 5 厘米，剑首外翻卷成圆箍形，内铸有间隔只有 0.2 毫米的 11 道同心圆。同时，剑身上还布满规则的黑色菱形暗格花纹，剑格正面镶有蓝色琉璃，背面镶有绿松石。除此之外，靠近剑格的地方还有两行鸟篆铭文，是为"越王勾践，自作用剑"八个字。

越玉勾践剑虽然已深埋于地下 2300 多年了，但至今仍然光洁如新，寒气逼人，锋利无比，20 余层纸一划而破，因而享有"天下第一剑"的美誉。可见《战国策·赵策》所记"夫吴、越之剑肉试则断牛马，金试则截盘医"决非杜撰；《越绝书·宝剑篇》也曾记有名剑鉴赏家薛烛对剑的评论："手振拂扬，其华淬如芙蓉始出。观其瓬，烂如列星之行；观其光，浑浑如水溢于塘其断，岩岩如琐石；观其才，焕焕如冰释……虽复倾城量金，珠玉竭好犹不能得一物。"而《庄子·刻意篇》则云：吴越之剑"押而藏之，不敢用也，主之至也"，其声价之重自不待言。

越王勾践剑如此珍奇，可与其相媲美的则是吴王夫差矛。吴王夫差矛于 1983 年 11 月在湖北省江陵县马山的一座楚国贵族的墓葬中出土。此矛冶铸精良，保存完好，长达 29.5 厘米，器身遍饰菱形几何花纹，

锋刃锐利，下部镌有两行错金铭文"吴王夫差，自乍（作）自甬（用）"八字。矛身两面脊上均有血槽，血槽后端各铸一兽头。

越王勾践剑和吴王夫差矛被人们称誉为我国古代兵器中的"双璧"。而两者都出土在楚墓，这难道只是巧合吗？对此，有些考古学家和史学家认为这是礼赠和赏赐的缘故。由于吴越出宝剑，故在吴、越两国与其他国家的交往中，勾践剑与夫差矛作为贵重的礼物被送到了楚国。但是，另外有些学者认为是出于战争和掠夺的原因。在历史上，战争是古代文化传播的重要纽带，而吴戈越剑作为一种文化的象征或者战后的战利品，也随着战争来到了当时的楚国。

还有人认为，历史上楚越曾有姻亲，楚惠王之母系越王勾践之女，所以作为陪嫁，勾践剑留在了楚。当然也不排除有其他可能性，比如，通过民间而流失到楚国，毕竟当时国家的疆域是非常小的。无论如何，历史早已远去，关于勾践剑和夫差矛的"相逢"，仍然有待于考古学家的进一步探索与考证。

### 四、水银

众所周知，水银是一种化学元素，学术上的名称叫汞。它具有去除恶疮、治疗疥癣的药用价值，还具有去腐的功能。这是人们在墓葬之中随葬水银的一个原因。

大规模使用水银的陵墓，当属秦始皇陵墓。司马迁在《史记·秦始皇本纪》中记载秦始皇陵墓内：以水银为百川、江河、大海，机相灌输。上具天文，下具地理。1981年12月，中国地质工作者首次运用汞量测量法对秦始皇陵地宫进行了测试。他们惊奇地发现，在秦始皇陵封土中心，有一个面积约为1.2万平方米的强汞异常区，这初步证实了《史记》中记载的真实性。2003年，中国考古队再次利用地球物理勘查技术，对秦始皇陵进行了无损勘查。经过周密分析，再次发现地宫里的水银正如司马迁描绘的那样：以百川、江河、大海为蓝本。保守估计至少有100吨水银！

另外，还有一些专家分析，在陵墓中使用水银，目的不仅是为了营造恢弘的气象，更有保尸的意图，甚至可以利用硫化汞（水银）的有毒气体来防止盗墓贼的入侵。因而，在春秋战国时期的贵族墓冢里，以"水银为池"的情况并不鲜见。但是，在地宫里用水银象征"百川、江河、大海"并"相机灌输"，却是秦始皇陵所独有的。

　　但是，人们感兴趣的还不止这些。这至少 100 吨的水银是来自何方呢？对此，有些人认为，水银是来自巴郡一个叫"清"的寡妇。司马迁《史记·货殖列传》中说，秦代的巴郡有个寡妇名叫"清"，数代垄断丹砂开采的生意，秦始皇曾为她修筑了一座豪华的纪念碑——怀清台，以表彰她的"贞节"。另外，《史记》又说："江南"出丹砂。《华阳国志·巴志》也记载："涪陵郡出茶叶、丹砂……"，而魏晋时期的刘琳则引述《续汉志》对这项记载作了注释："丹砂主要产于涪陵、丹兴（今黔江境）二县。"同时，魏晋时代的涪陵郡，就在秦朝巴郡的范围内，而先秦古籍《逸周书》更记载了西周时巴人向周成王"献丹"的史实。这个史实说的是，周武王攻克商王朝之后，于第二年便去世了，其子成王召开诸侯大会。此时，生活在三峡地区的濮人（被巴国征服的土著部落）就曾向周王室进贡过丹砂。由于丹砂原产于巴地，而巴郡又是距咸阳最近的一个丹砂产地，所以秦陵地宫的水银很可能是由巴郡寡妇清提供的。

　　另外，还有一种观点认为，水银是来自于陕西南部的旬阳。按照地理位置来推想，秦始皇陵的水银来源应该不止一个渠道。但可以肯定的是，其中距离最近的一条线，便是来自于陕西南部的旬阳。旬阳是一座非同一般的城市。汉江和旬河正好在此交汇，此处便形成了一个天然的太极图，所以旬阳县就成为历史上有名的"太极城"。大自然的鬼斧神工既赋予了旬阳县神奇的自然景观，同时也赋予这块土地丰富的矿产资源，成为当时全国最大的汞锑矿产基地。在旬阳县公馆镇附近的矿山上，考古学家们找到了大量的古矿洞。这些矿洞共有一百多个，最深的有几百米，最浅的也有十几米。从外观上看，这些矿洞是扁形的，人刚好能够爬进去。对于此现象，有专家认为，这是因为古时开采条件有限，是沿着矿脉打进去的，所以只能勉强进去一个人。另外，从矿洞外面所结的足有一寸厚的古锈，也可以判断出它的年代非常久远。老矿洞的存在，也证明了旬阳县开采汞矿的久远历史。同时，在旬阳县出土的文物又给人们提供了新的线索。

在古代，水银的一个重要用途就是制造鎏金青铜器，而在此地出土的战国时期的文物无疑已经证明了。同时，这些文物也向我们传达了这样一个信息，早在秦朝以前，旬阳就已经是一个重要的城镇了。战国时代，旬阳正处于秦、楚两国的交界地带，虽说位于山区，陆路交通十分不便，不过险要的地理形势、便利的水路运输又让这里成为秦、楚两国的必争之地。公元前221年，秦国灭掉楚国，终于占领了著名的旬阳，也占有了水银的蕴藏地。当然，秦始皇陵的山川湖海之谜还没有完全解开。毕竟在秦始皇地宫没有发掘之前，谁也不能确定秦始皇陵内是否真有水银做成的山川湖海。但是水银被广泛用于陵墓中，是一个不争的事实。

### 五、古时兵俑

在远古时代，陶器是一种生活必需品，也是这一时期陪葬的必需品。中国最早的陶器资料出现于新石器时代早期。后来，在仰韶文化、马家窑文化、大汶口文化、龙山文化等文化遗址，以及商、西周至秦汉的遗址发掘中，陆续出土了大量的陶器，依其种类可分为彩陶、墨陶、白陶、印纹陶、彩绘陶器等。

从远古墓葬中发掘的大量陶器来看，其种类繁多，技艺精湛，已经达到了相当高的水平。另外，在秦汉时期的墓葬中，还会经常发现陶俑的存在。这些陶俑形象逼真传神，大多是仿真人、真马制成的。在这当中，秦兵马俑坑便是典型的代表。它大约由8000件陶俑、陶

秦始皇陵兵马俑

马组成，形态各异，个性十足。从个体比例来看，这些陶俑基本符合人体结构的一般规律。可见，当时的工匠已经掌握了古人所总结的关于人体比例搭配的规律，比如"行七坐五盘三半"、"三拳一肘"、"头脚一样大"，等等。

秦俑的烧制工艺精致、准确、科学。在烧制技艺方面，秦俑模塑结

合，以塑为主。具体地说，就是俑的脚、腿部分，用堆塑法制成；躯干部分，用泥条盘筑法成型；衣服和铠甲，用贴、捏、刻等手法做成。其中，俑的头部制作是最为复杂的：第一，用粘贴的手段，将俑的头后部塑成；第二，用粘贴手段将耳朵、头发、发髻等部分贴刻而成；第三，运用刻的手段，将五官和胡须刻画出来。当然，这些仅仅是秦人在制作陶俑时的基础工艺。

当分件制作完成以后，秦俑的组合就成了能否成型的关键。高大、厚重的秦俑，如果制成后站不稳，那怎么办？秦朝工匠们发明了脚踏板。脚踏板是秦俑组合的基础，它一可起到加固和稳定的作用；二可突出秦俑的整体美感。组合工艺的第二个手段，就是用泥钉将手和胳膊套合、固定起来。这一工艺必须在泥质未干的状态下完成，如果时间把握不好，很难将手和胳膊套合而成。

泥俑制好后，经过一系列的打磨，就可以入窑烧制了。秦人制俑大多选用优质的细黄土，再加上少许的石英砂。这样烧出来的俑，不但泥质细腻，而且色泽纯正。秦朝工匠们在秦俑出窑之后，均以不同颜色涂之，而在着色程序上，一般是按先涂生漆，接着敷白，然后平涂彩绘的步骤进行。尽管现在已经看不到色彩的全部，但从目前已出土的陶俑身上所残留的色彩来看，两千年以前的秦俑在调色技术方面已经达到了相当高的水平。假如没有人为的损坏，俑坑不是用木头做梁，防氧化技术再高超一点的话，那么我们看到的将是一个更加令人激动的场面——身穿迷彩服的威武之师，踏着整齐的步伐挺进古老的战场。

## 六、玉器

先秦时期，玉器是权力、财富和身份的象征，只有权贵人物如族长、巫师等，才有资格佩戴各式的玉器。而这些人死后，往往把这些生前所佩戴的饰物带入坟墓。随葬的玉器也被称为玉冥器。真正意义上的玉冥器是出现在周至汉这一段历史时期。当时的人们相信，以玉器堵塞死者的各个窍穴，就能阻止真神出窍，防止元阳外泄，因此，这一时期的墓葬中出现了大量的玉窍塞、玉璧板，等等。其中，比较有代表性的是广州南越玉墓出土的大批玉冥器，这些玉器是专门为死者特制的，比如，玉冥器所用的玉块或玉琮往往多切一刀，以示与实用之物相区别。

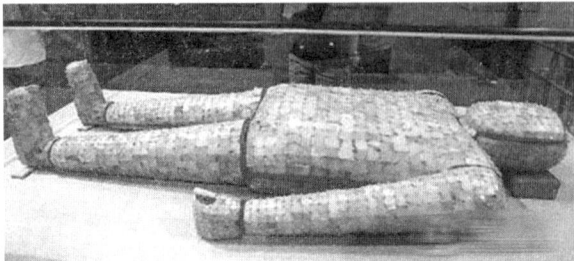

金镂玉衣

而自汉以后，厚葬之风渐渐收敛，故而专门用于殓葬的玉器也渐为少见，而大多的墓葬则以死者生前所用的实用器物陪葬了。通常，专用的玉冥器有各种玉窍塞，如口含的玉、蝉、玉耳塞、玉眼盖等。此外，还有死者手中所握之玉猪，背后及胸前所垫盖的玉璧板等。那么，玉冥器为何常常要被做成蝉、猪等动物的形状呢？古人认为，蝉是从地下爬出来的，只吃露水就可以引吭高歌。故而，蝉被认为可以重生，所以玉蝉一般含在嘴里。而猪则代表了农耕文化的金钱，而玉又价格不菲，所以古人经常用它来陪葬。

在所有的出土玉器中，最为奢华的当属西汉中山靖王刘胜墓所出土的金镂玉衣了。刘胜的金镂玉衣，全长1.88米，由2498片和1100克金丝编缀而成。玉片的大小和形状，根据人体各个部位设计而成，绝大多数呈长方形和方形，特殊部位则采用长条四边形、多边形、梯形和各种三角形。玉片一般长4.5厘米、宽3.5厘米、厚0.2—0.35厘米，表面磨光，四角有小孔，用以穿缀金丝。金丝则一般长4—5厘米、直径0.035—0.05厘米，含金量为96%。整个玉衣分头罩、上衣、裤筒、手套和鞋五大部分。各个部位周缘用织物或铁条锁边，加固成型。这是能考证出准确年代最早的（公元前113年），也是考古发现最完整的玉衣。当然，除了金镂玉衣，还有几件陪葬品：玉蝉、玉猪和9个门塞。此外，刘胜之妻窦绾墓中也出土了一套完整的金镂玉衣，系窦绾殓服，全长1.72米，由2160片玉片和700克金丝编缀而成。

由于金镂玉衣象征着帝王贵族的身份，因此，有着非常严格的工艺要求。汉代还专门设立了从事玉衣制作的"东园"，技艺高超的工匠在这里对大量的玉片进行选料、钻孔、抛光等十多道工序的加工，并把玉片按照人体不同的部分设计成不同的大小和形状，再用金线相连。

制作一件中等型号的玉衣所需的费用，相当于当时 100 户中等人家的家产总和。

虽然当时的皇室贵族奢望自己的尸骨不坏，也迷信"玉能寒尸"，并且为了使尸体不朽，用昂贵的玉衣作殓服，还使用九窍器来塞其九窍，可谓费尽心机，但结果却适得其反。由于金缕玉衣价格昂贵，往往招来许多盗墓贼，以致"汉氏诸陵无不盗掘，乃至烧取玉匣金缕，骸骨并尽"。其实，即使那些盗墓贼没有光临，当考古工作者打开那神秘的洞室时，企求"金身不败"的墓主人也早已化作了一捧泥土，所剩下的也就是一件精美绝伦的玉衣了。

### 七、古时神器

神器，是指古代用来通天以及与神沟通交流的器物，包含鼎、鼓、钟、剑、斧、壶、塔、琴，等等。在出土的所有神器中，以博山炉最为受人关注。

博山炉又有博山香炉、博山香薰、博山薰炉等名，是中国汉晋时期常见的焚香所用的器具。炉体呈豆形，上有盖，盖高而尖，镂空，呈山形，山形重叠，其间雕有飞禽走兽。炉下有底座，有的遍体饰云气花纹，有的鎏金或金银错。于炉内焚香时，轻烟飘出，在炉体四周缭绕，造成了山景朦胧、群兽浮动的自然效果，仿佛传说中的海上仙山"博山"（汉代盛传海上有蓬莱、博山、瀛洲三座仙山），因此，被统称为博山炉。关于博山炉的制作质料，初为铜质素面，后随工艺技术的发展，外表施以鎏金，或错金、银。实际上，博山确有其地，在蓬莱以西的山东淄博市博山区境内。博山区全境多山，几无平坦之地，"博山"即在该区东南。自古博山一带（古称颜神镇）是我国古代陶瓷、窑业的重要产地。博山炉之名即寓炉盖似群山之外观，又合产地之名。

博山炉

博山炉主要流行于汉代，而汉代人使用博山炉主要有三大作用：一是古人以博山炉为神器，用此烧香祈祷以达神明；二是古人席地而坐，燃香草可以洁室除湿，怡人心脾；三是达官贵人有熏衣染被的习惯，用从国外输入的蕙草熏香衣被，以显示华贵。西汉之前，人们主要使用茅香，即将薰香草或蕙草放置在豆式香炉中直接点燃，虽然香气馥郁，但烟火气很大。到了汉武帝时，南海地区的龙脑香、苏合香传入中土，并将香料制成香球或香饼。在香球或香饼下置炭火，用炭火的高温将这些树脂类的香料徐徐燃起，香味浓厚，烟火气又小。与此相适应，便出现了形态各异、巧夺天工的博山炉。

当然，像博山炉这种奢侈品也只有那些帝王将相等贵族方能享受。随着奢靡之风愈演愈烈，帝王诸侯们又在香料之中添加催情之物，以满足自己的淫欲。因而博山炉又成为情欲的一种象征。这在古人的文学作品中可见一斑。南朝民歌《杨叛儿》："暂出白门前，杨柳可藏乌。欢作沉水香，侬作博山炉。"描写的便是只有南朝民歌里才会出现的性爱的欢乐。而"沉水香"和"博山炉"，便是男女生殖器含蓄的比喻。李白也写有一首《杨叛儿》：

君歌《杨叛儿》，妾劝新丰酒。何许最关人？乌啼白门柳。乌啼隐杨花，君醉留妾家。博山炉中沉香火，双烟一气凌紫霞。

就连豪放不羁的李白也须借着博山炉来描写性爱，可见博山炉的催情作用。

现今发现的比较有名的博山炉，是西汉鎏金银竹节高柄铜薰炉和汉代中山靖王刘胜墓的错金博山炉。错金博山炉通体错金，炉盘饰错金流云纹，炉身的盘和座是分铸后用铁钉铆合的。盘上部及盖铸出高低起伏、峻峭的群山，山间则点缀以猎人和野兽，刻画出一幅生机盎然的狩猎画面。同时，圈足饰错金卷云纹，座把透雕成三龙跃出水面，龙首顶托龙盘，勾画出沟通天人的神山图景。

据《两京杂记》记载：长安巧工丁缓善做博山炉，能够重叠雕刻奇禽怪兽以做香炉的表面装饰。博山炉工艺之繁，远远超过了后来所出现的五足或三足香炉。此外，北宋考古学者吕大临《考古图》也曾记载："香炉像海中博山，下盘贮汤使润气蒸香，以像海之四环。"

除了博山式香炉之外，魏晋南北朝时期还出现了青瓷或白瓷的敞口三足和五足炉。民间所用的带耳式瓷制香薰也常见于此一时期出土的文物之中。而且，炉耳颇具实用性，为的是便于提携挪动，其装饰作用与实用效果达到完美的结合。此外，附属于香炉的器物尚有香铲、香拨、香箸、香匣种种，都是添香和燃香时的用具。

## 八、石器

说来也奇怪，石头值几个钱呢？用它作为陪葬品不丢人吗？但是，陪葬的石器不单单是石头，实际上还是一种精致的艺术。此外，一些陪葬品中的石器用料考究，有的是上好的花石、大理石、汉白玉石、昆仑玉石、蓝田玉石，所以宝贵程度相当高。在随葬的石刻艺术品当中，唐太宗昭陵六骏的石刻就是非常珍贵的陪葬宝物。当然，石器不仅会陪葬在墓主人的墓穴中，更多的还会在墓葬的外面作为死者的陪护。在这里我们介绍一下汉武帝茂陵的石刻秘密。

后元二年（公元前87年），汉武帝死于长安五柞宫，入殡未央宫前殿。史载，梓棺内武帝口含蝉玉、身着金缕玉匣，"匣上皆镂以蛟龙鸾凤龟麟之象，世谓之蛟龙玉匣"。有诗说："武帝遗寝峙荒墟，名将佳人左右扶"，而人们现在在茂陵发现了13座陪葬墓，除武帝宠爱的李夫人墓在茂陵西北外，其余陪葬墓均在茂陵以东。文献记载，陪葬茂陵的有公孙弘、上官安、上官桀、敬夫人、李延年等，其中能确定名位的有：卫青墓、霍去病墓、金日磾墓和霍光墓。

马踏匈奴

而在这当中，石刻最多的茂陵陪葬墓便是霍去病墓。当时，霍去病去世以后，武帝为纪念他的赫赫战功，特在茂陵旁修建了一座象征祁连山的墓冢，境界逼真，墓上还有各种巨型石刻群，手法简练，气势浑厚，达到了形神兼备的艺术化境，是我国最早、最大、最完整的大型石刻群，在国际上享有极高的声誉，素为中外艺术大师所瞻仰。想当年，鲁迅曾到茂陵参观过，并留下了"唯汉人石刻气魄深沉雄大"

的高度评价；而新中国成立以后，时任中国科学院院长的郭沫若，在视察茂陵时曾强调指出："霍去病墓石刻是国粹。"

现在，霍去病墓前还留有清乾隆年间陕西巡抚毕沅所立的"霍去病墓"石碑一通。此外，他的封土上还堆放着巨石，墓前陈列着石人、石马、石虎、石象、石牛、石鱼等14件。其中"马踏匈奴"石雕高1.68米，长1.90米，历来被公认为霍去病墓石刻中的主体雕刻，是一件有代表性的纪念碑式的杰作。它以写实与浪漫相结合的手法，使用一人一马对比的形式，构成了一个高下悬殊的抗衡场面，揭示出了正义力量不可摧毁的主题。在此基础上，雕刻家把马的形象刻画得坚实有力、姿态威武、气宇轩昂，似乎象征着当时汉军实力的强大，具有凛然难犯的庄重气派。从画面上看，马腹下的匈奴人，仰卧地上，左手握弓，右手持箭，双腿蜷曲，作狼狈挣扎状，蓬松零乱的须发，更显得惊慌失措，声嘶力竭，带着既不甘心就缚，又无可奈何的表情。这显然是用以歌颂霍去病将军的业绩，以昭示出来犯者的下场。其表现技法是运用圆雕、浮雕以及线刻的综合方式，使作品显得更为朴实、浑厚，题材处理得也相当大胆而且巧妙，有丰富的表现力和高度的概括性。

总之，霍去病墓前的这组大型石雕作品，是我国目前所发现的时间最早、最完整的大型陵墓石刻艺术珍品。它们都是用巨石，按其自然形状顺势雕琢而成的。其刀法含蓄有力，刻工流畅，线条清晰，寓意深刻。有的注意形式，有的突出表象，有形有态，生动活泼，是难得的西汉石雕珍品。

## 九、字画

在历史上，字画也是非常重要的陪葬宝物。由于我国古代书法艺术辉煌灿烂，书法家们曾留下了大量的宝贵佳作，因而收藏书法也是古代上至帝王将相、才子佳人，下至平民百姓、下里巴人的普遍爱好。有些收藏者由于爱好书法，所以希望死后这些作品也能够长伴自己左右。因而，把书法作品作为陪葬品也是情理之中的事情。在这当中，最有名的便是号称天下第一行书的王羲之的《兰亭序》。据说它陪葬在了唐太宗的昭陵之中。然而事情并非如此简单，其间尚有颇多曲折。

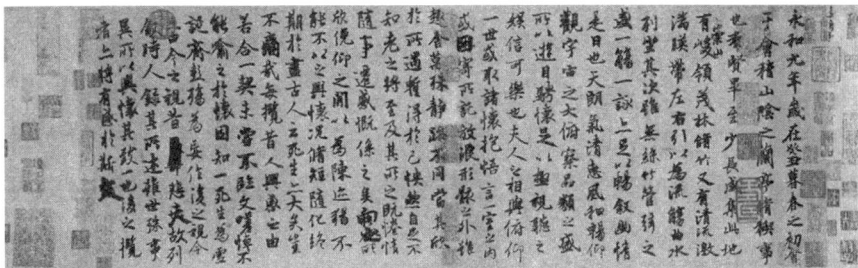

《兰亭序》

唐人记兰亭之事有两种版本。《隋唐嘉话》记《兰亭》帖流传经过道：

王右军《兰亭序》，梁乱，出在外。陈天嘉中为僧众所得……果师死后，弟子僧辩才得之。太宗为秦王后，见拓本惊喜，乃贵价市大王书，《兰亭》终不至焉。及知在辩才处，使萧翼（一说欧阳询）就越州求得之，武德四年入秦府。贞观十年，乃拓十本以赐近臣。帝崩，中书令褚遂良奏："《兰亭》，先帝所重，不可留。"遂秘于昭陵。

但是，北宋李昉主编的《太平广记》所收何延之《兰亭记》的记载却大有不同。何文称，王羲之自重《兰亭》，"留付子孙，传掌至七代孙智永"。智永"年近百岁乃终，其遗书付弟子辩才"。至贞观中，太宗锐意学二王书，仿摹真迹备尽，唯《兰亭》未获。后访知在辩才处，三次召见，辩才诡称经乱散失不知所在。房玄龄荐监察御史萧翼以智取之。萧翼隐匿身份，与辩才诗酒书文交往，得其悬于屋梁之《兰亭》真迹，乃乘隙私取此帖长安复命。太宗命拓数本赐太子诸王近臣，临终，语李治："吾欲从汝求一物，汝诚孝也，岂能违吾心也？汝意如何？"于是，《兰亭》真迹便葬入了昭陵。何延之自云，以上故事系闻辩才弟子元素于永兴寺智永禅师故房亲口述说。

两个版本的故事情节虽异，但是《兰亭》真迹埋入昭陵的说法却无二致。不过，此事的论断并非铁板一块，其后又有余波出现。据《新五代史·温韬传》，后梁耀州节度使温韬曾盗昭陵："韬从埏道下，见宫室制度，宏丽不异人间，中为正寝，东西厢列石床，床上石函中为铁匣，悉藏前世图书，钟王笔迹，纸墨如新，韬悉取之，遂传人间。"依此记载，则《兰亭》真迹经"盗陵贼"温韬之手又复见天日了。然而，此后

《兰亭》真迹的消息便杳如黄鹤，其下落如何，更是成为谜中之谜了。另外还有人认为，王羲之的《兰亭序》可能是陪葬在唐高宗和女皇武则天的乾陵，但由于乾陵尚未发掘，所以一直无法得到证明。

## 十、瓷器

瓷器作为陪葬宝物，可谓历史悠久，而且也是陪葬的必陪物品。著名的瓷器有唐朝的唐三彩、越窑的青瓷、邢窑的白瓷；宋朝时候有著名的哥窑的冰裂纹瓷器；明朝有景德镇的青花瓷。其中，唐三彩更是享誉世界，然而它们却遭到盗墓贼的严重破坏。

作为有名的瓷器，唐三彩是一种盛行于唐代的陶器，以黄、白、绿为基本釉色，后来人们习惯地把这类陶器称为"唐三彩"。实际上，唐三彩的生产至唐代已有1300多年的历史了，它吸取了中国国画、雕塑等工艺美术的特点，采用堆贴、刻画等形式的装饰图案，线条粗犷有力，以造型生动逼真、色泽艳丽和富有生活气息而著称。

三彩骆驼

1905—1909年，陇海铁路修筑期间，洛阳北邙山一带因工程而毁坏一大批唐代墓葬，发现为数众多的唐三彩随葬品。常见的出土唐三彩陶器有三彩马、骆驼、仕女、乐伎俑、枕头等。尤其是三彩骆驼，背载丝绸或驮着乐队，仰首嘶鸣，那赤髯碧眼的骆俑，身穿窄袖衫，头戴翻檐帽，再现了中亚胡人的生活形象，使人联想起当年骆驼叮当漫步在"丝绸之路"上的生动情景。

另外，1997年3月，西安市公安局破获了一起买卖"唐三彩"的案件，起获11竹筐、近400公斤的三彩瓷片。这11竹筐数以千计的三彩瓷片，均为质量很高的白胎黏瓷，成分纯正无瑕，而且凝结力、耐损力极强。于是，专家们就外部彩釉作了初步的甄别鉴定，认为其颜色调配绝非一般民间艺工所能操作，系唐代皇室的专门御工御窑、能工巧匠手下之品，其色泽、匀度、耐蚀耐损的程度，都充分显示了唐代高超的技艺水平。